AF258764

LA DÉCADENCE

DU

« SILLON »

L'ABBÉ EMMANUEL BARBIER

La Décadence

du

« Sillon »

HISTOIRE DOCUMENTAIRE

EN VENTE :

NANCY	PARIS
E. DRIOTON, Libraire	Librairie P. LETHIELLEUX
12, RUE DU FAUBOURG STANISLAS	22, RUE CASSETTE, 22

LA DÉCADENCE DU SILLON

AVANT-PROPOS

J'offre au lecteur un nouveau recueil de documents sur le *Sillon*.

Par eux, il jugera de sa situation présente.

Si le terme de *décadence*, dont je me sers pour la qualifier, avait besoin de justification, je dirais que la prospérité ou le déclin d'un mouvement de rénovation religieuse et sociale, tel que le *Sillon* disait l'être, se doit prendre du point de vue de sa fidélité à ses principes, des fruits que l'application en produit, du crédit et de l'appui qu'il trouve près des gardiens de la morale et de la religion.

Superflue pour une catégorie de lecteurs, cette justification demeure nécessaire pour une autre encore fort nombreuse; j'espère que ceux-ci la trouveront, complète, dans ce nouvel écrit.

Le parti pris et l'animosité contre les personnes, ou la vaine et mesquine satisfaction d'une victoire personnelle, n'en ont pas dicté un seul mot. Mais celui-là ne se trompera pas, qui en trouvera toutes les pages inspirées par une franche et vigou-

reuse aversion pour les funestes utopies, les dévia-
tions lamentables et l'action malfaisante d'une École
dont le tort capital a été d'attirer à elle, sous de spécieuses promesses, une foule de jeunes âmes généreuses, pour en stériliser les forces, en les détournant de la vraie voie et du vrai but.

Novembre 1907.

CHAPITRE PREMIER

Le Nouveau livre d'or du Sillon

Il est bien passé, le temps, cependant encore si rapproché de nous, où, sans paraître outrecuidant à une foule de catholiques et au clergé, le *Sillon* pouvait se prétendre *béni et encouragé par l'Église universelle* (1).

Notre tâche va être de raconter ce changement, d'en exposer les causes, et de les raisonner.

Ayons la modestie de dire dès ce début que, si la décadence du *Sillon* justifie avec éclat nos prévisions et nos critiques, ses causes, en ce qui touche l'abandon des autorités épiscopales, ne donnent à nos idées qu'un triomphe incomplet. C'est une des conclusions qui se dégageront de cette étude.

I. — L'ancien prestige.

Lorsque M. l'abbé Desgranges qui, aujourd'hui, a rompu avec Marc Sangnier, comme presque toute l'élite intellectuelle du *Sillon*, fut chargé de répondre à mes premières critiques, il put écrire avec vérité :

(1) *Le Sillon*, 25 février 1905.

Depuis que le *Sillon* est devenu nettement, sous la direction de Marc Sangnier, un mouvement d'action démocratique, il n'a cessé de recevoir du Souverain Pontife et des plus illustres membres de l'Épiscopat les plus précieux encouragements.

Si tant de jeunes prêtres et de jeunes catholiques se sont donnés sans réserve à la *Cause*, c'est que leur confiance personnelle a été puissamment corroborée par les plus formelles approbations.

Pas une année ne s'est passée sans que Léon XIII ou Pie X aient exprimé au *Sillon* leur paternelle confiance ; et c'est presque chaque semaine que, sur un point ou sur l'autre de la France, un de nos Évêques, à l'occasion de ces multiples Congrès régionaux qui révèlent la si extraordinaire intensité de notre vie, félicite les militants de son diocèse de leurs efforts et de leurs succès.

Nous avons rempli tout un livre de ces documents pontificaux et d'un choix de lettres ou allocutions épiscopales. Il nous faudrait un fort volume pour en donner une édition complète (1).

Sans nous arrêter à l'énumération de ces nombreux témoignages, désormais périmés, il sera utile de reproduire quelques-uns des principaux, ceux dont le Sillon faisait état plus hautement, et dont, à des points de vue divers, nous aurons à faire ressortir plus tard la vraie portée.

Parmi les approbations épiscopales, une des plus saillantes fut celle de Mgr Delamaire, évêque de Périgueux. Il écrivait le 30 juillet 1904 :

Mon cher monsieur Sangnier,

Je ne vois pas d'inconvénient à ce que vous parliez de tout ce que je fais dans mon diocèse en faveur du *Sillon*, surtout si cela peut contribuer à accentuer l'estime que j'ai pour votre Œuvre et pour vous.

(1) *Les Vraies idées du Sillon*, p. 3.

Votre but est, je le sais, de faire servir la France par de généreuses jeunes âmes auxquelles vous assurez une foi pure par la soumission filiale au Pape et la grâce par le culte de la Sainte Eucharistie. Un tel programme ne peut mériter que les plus chauds encouragements, tout en donnant pour l'avenir les meilleures garanties.

Ce sont ces principes si nettement et si fièrement proclamés par vous et par toute votre vaillante jeunesse du *Sillon* qui m'ont toujours porté depuis vos premiers jours d'existence jusqu'à l'heure présente, à vous accorder mon appui, sans compter.

J'ajoute que si, malgré votre pur *Credo* catholique et dans le feu et les poussières de la bataille quotidienne pour Dieu et pour sa France aimée, vos chers petits soldats du Christ viennent à se heurter contre quelque rare pierre d'achoppement ou à tomber en quelque imperfection de détail, vous ne devez ni vous en effrayer, ni vous en décourager. Si l'Eglise ne voulait à son service que des impeccables et des infaillibles, elle devrait sur l'heure se déclarer vaincue et renoncer à la lutte.

Il suffit pour nous tranquilliser, nous, vos chefs, de vous voir tels que vous êtes, des fils confiants et dociles du Pontife romain et des Evêques. Cette sage et surnaturelle déférence nous donne la certitude qu'à l'heure du danger un signe de l'un quelconque de vos Pères dans la foi aura la vertu de vous sauver de l'erreur et de vous garder dans la vérité.

Courage donc, cher monsieur Sangnier, *et poursuivez en toute paix d'esprit et de cœur votre magnifique campagne du réveil social et chrétien;* la grâce de Dieu est avec vous et ne vous abandonnera pas, j'en ai la conviction personnelle très vive et très profonde. Agréez, avec ces réconfortantes paroles que je suis si heureux de vous adresser, la nouvelle expression de mes sentiments les plus largement dévoués.

Peu de temps avant le Congrès de Périgueux,

qui valut à Marc Sangnier cette lettre de Mgr Delamaire, le cardinal Merry del Val avait adressé à celui-ci le billet suivant (avril 1904) :

Le Saint-Père, informé du Congrès du *Sillon* qui aura lieu à Périgueux le 9 de ce mois, m'a confié le soin de faire connaître à Votre Seigneurie Illustrissime et Révérendissime qu'il suivra les développements de ce Congrès de ses vœux ardents pour sa réussite et pour l'obtention du noble but qu'il se propose ; Sa Sainteté s'est complue à encourager LES SAGES INITIATIVES DU SILLON *et, dans l'espérance d'en voir toujours les bons résultats au service de la religion pour le réveil de la foi et des sentiments catholiques,* Elle a béni de grand cœur Votre Seigneurie et tous ceux qui assisteront aux séances du susdit congrès.

Heureux d'avoir été chargé de ce message, je m'empresse de me dire avec des sentiments de particulière estime de Votre Seigneurie Illustrissime et Révérendissime le serviteur.

CARDINAL MERRY DEL VAL.

Et deux ans plus tôt, le cardinal Rampolla écrivait à Marc Sangnier (17 décembre 1902) :

ILLUSTRISSIME SEIGNEUR,

J'ai déposé entre les mains du Saint-Père les opuscules que Votre Seigneurie a bien voulu me remettre en même temps que son aimable lettre. Il m'est très agréable de vous faire savoir que *le but et les tendances du Sillon ont hautement plu à Sa Sainteté. Pour cette raison, Elle bénit de tout cœur les efforts que les membres de cette œuvre entendent faire pour promouvoir le véritable esprit catholique dans le sein de la société et Elle en espère le succès désiré.*

En vous répétant les témoignages de ma considéra

tion distinguée, j'ai le plaisir d'être de Votre Seigneurie
le tout dévoué serviteur.

Cardinal RAMPOLLA.

Mais le dernier encouragement public qui vint
de Rome au *Sillon*, à l'occasion du congrès de
Paris (février 1905), fut, malgré de claires réserves,
celui dont il triompha le plus bruyamment, parce
qu'il contenait un appel à la bienveillance et à la
faveur de tout l'épiscopat. On aurait même pu y
voir un avertissement indirect au petit nombre d'é-
vêques qui ne cachaient pas leurs inquiétudes et
leur désapprobation.

C'est pour ces motifs que Sa Sainteté loue Votre
Eminence (1) de la faveur accordée aux jeunes gens du
Sillon et désire qu'Elle continue à les encourager de sa
précieuse bienveillance, assurée qu'ils sauront accueillir avec docilité les conseils que Votre Eminence croira
devoir leur donner pour la continuation de leur œuvre,
ses progrès et son plus grand bien. *L'auguste Pontife
ne doute pas que l'exemple de la faveur de Votre
Eminence aura pour effet de concilier à l'Association
du Sillon la bienveillance et la faveur des autres
illustres membres de l'épiscopat français.*

II. — L'abandon.

Qu'en est-il advenu ?

Ici, nous avons d'abord à relater les faits. L'exposé en est nécessaire avant de dégager leur signification.

Il serait superflu de revenir sur les blâmes épis-

(1) Lettre au cardinal Richard.

copaux qui s'étaient manifestés sous forme de lettres d'approbation adressées à l'auteur des *Idées* et des *Erreurs du Sillon*.

Pendant plus d'un an encore, les jugements si précis et si fermes des archevêque et évêques de Cambrai, Quimper, Nancy, Montpellier, Beauvais et de Liège, demeurèrent à peu près sans écho parmi leurs collègues.

Mais à partir du mois d'août 1906, ceux-ci manifestent coup sur coup, au *Sillon*, et de tous les côtés à la fois, leur défaveur.

C'est, en premier lieu, Mgr Deramecourt, évêque de Soissons, qui avait déjà fait passer dans sa *Semaine religieuse* un avertissement significatif. Peu de temps avant sa mort, à la fin de la seconde retraite ecclésiastique du diocèse (31 août 1906), il tint à ses prêtres le discours suivant, qu'on trouve reproduit dans *la Vérité française :*

Un mot sur le mouvement du *Sillon*. Oh ! ne le prenons pas au tragique. Ce que je demande, c'est une prière charitable pour que Dieu éclaire ce nouveau prophète qui a nom Marc Sangnier, et qui nous inspire de légitimes inquiétudes. J'aurais voulu lui faire comprendre qu'il ne suffit pas d'avoir été élève de polytechnique et officier d'artillerie pour trancher les graves problèmes qu'il aborde chaque jour. J'aurais voulu qu'il refît sa philosophie, qu'il approfondît la théologie. Je m'étais même employé, mais en vain, à lui procurer un guide sûr...

Sangnier est un enfant gâté que quelques déceptions ont aigri.

Il sent le besoin de se tourner constamment vers ceux qu'il appelle les adversaires de droite et pour lesquels il est beaucoup plus dur que pour les adversaires de gauche. Pour ceux-ci, il est plein d'amab...te; pour nous il en a beaucoup moins.

Il sent le besoin de dire aux prêtres des paroles amères, pleines de dédain... s'appliquant à les mettre en défiance vis-à-vis de leurs châtelains, vis-à-vis même de leurs supérieurs hiérarchiques. Ainsi encore traite-t-il les évêques, se plaisant, comme dans son lamentable discours de Brest, à en mettre un bon nombre au-dessous du bon larron.

Et ces jours derniers, ne voyait-on pas, à la porte de la cathédrale de Soissons, entre les mains des jeunes gens du *Sillon*, un grand écriteau avec ce titre « : Le *Sillon* et l'évêque de Quimper ? »

Il sent le besoin de s'isoler, de se soustraire même aux directions les plus obligatoires.

Tout cela est blâmable et doit être condamné.

Ce que je condamne, ajouta sa Grandeur, c'est l'esprit du *Sillon*, esprit de dénigrement, esprit de division, de désunion.

Cette désunion, le *Sillon* l'a voulue malgré les efforts de la jeunesse catholique pour l'empêcher.

Je le sais, bien des évêques s'inquiètent de tout cela. Et non pas seulement ceux de Nancy et de Quimper, que l'on a traités avec si peu de respect, mais bien d'autres encore. Je sais tel évêque qui, visitant ses séminaristes à la veille des vacances, leur a déclaré que ceux qui voudraient rentrer au séminaire avec l'esprit du *Sillon* feraient mieux de rester chez eux.

Nous n'en sommes pas là. M. le Supérieur m'a bien promis qu'à la rentrée, rien de l'esprit du *Sillon* ne trouverait créance ici.

Et pour nous, unis dans la charité, nous resterons forts pour la défense des doctrines romaines.

Voici, à la même époque un communiqué, du *Bulletin religieux* du diocèse de Bayonne, en réponse à des prêtres qui, n'ayant pas assisté à la retraite ecclésiastique, demandaient qu'on leur précisât la ligne de conduite à suivre vis-à-vis du *Sillon*. Après quelques citations empruntées au programme du *Sillon*, ce communiqué ajoute :

Le *Sillon* fait donc œuvre politique, c'est son droit ; s'il se réclame de la religion, c'est pour assurer le succès de son œuvre politique. D'ailleurs, le *Sillon* s'affirme comme œuvre laïque, indépendante ; il redoute même la présence d'un trop grand nombre de prêtres comme pouvant compromettre le caractère de laïcité de son entreprise.

Mgr l'évêque a rappelé aux prêtres qu'ils ne devaient pas, en tant que prêtres, s'inféoder à un parti, ou en favoriser quelqu'un. A titre privé, ils peuvent être républicains, royalistes, impérialistes ; comme prêtres, dans l'exercice de leur ministère, ils doivent se tenir sur le terrain constitutionnel, selon la volonté de l'Eglise qui, de tout temps, en tout lieu, commande à ses ministres de reconnaître et de respecter les pouvoirs établis. Cela observé, le prêtre n'est l'homme d'aucun parti ; il est et doit être le serviteur exclusif de la religion quand il parle et agit comme curé ou vicaire.

Il y a un mois, de très honorables royalistes, voulant organiser leur parti, demandèrent à Mgr l'évêque de leur désigner un prêtre. Mgr l'évêque répondit par un refus.

Le *Sillon* veut fonder une République démocratique. Pour les mêmes raisons, Mgr l'évêque défend à ses prêtres de se mêler à ce mouvement.

Un peu avant, rectifiant une interview de *l'Express du Midi*, Mgr Dubois, évêque de Verdun, approuve les déclarations par lesquelles les Sillonnistes se disent catholiques, disciples de l'Evangile, puis il ajoute :

Mais le *Sillon* vise autre chose. « Il a pour but, dit

« M. Marc Sangnier, de réaliser en France la Républi-
« que démocratique. Ce n'est donc pas, à proprement
« parler et directement, une œuvre catholique, c'est un
« mouvement laïque, ce qui n'empêche pas qu'il soit
« aussi un mouvement profondément religieux. »

Si j'entends bien — et c'est ainsi qu'ils se présentent
— les *sillonnistes* sont ou veulent être individuellement
des catholiques ; le *Sillon*, mouvement laïque et religieux, ne saurait être compté au nombre des œuvres,
dont le but particulier est de se mettre à la disposition
des évêques et des curés pour les aider dans leur ministère propre ; il s'occupe d'action sociale selon les règles
de la démocratie chrétienne, sans cependant se confondre
avec elle.

Or, c'est dans cette attitude du *Sillon* que gît le danger, si souvent dénoncé en ces derniers temps. Il manque
aux déclarations de M. Marc Sangnier la clarté qui dis-
sipe toute appréhension...

Au mois de septembre, Mgr du Vauroux, nouvel évêque d'Agen, écrit au supérieur et aux directeurs de son grand séminaire :

Je suis heureux de trancher devant vous, mes chers
Messieurs, un regrettable débat. Il s'agit ici du *Sillon*.
Celui-ci mérite assurément des égards à cause de la
droiture de ses intentions, du courage avec lequel il
affirme, malgré le respect humain, la sincérité de sa foi,
et des services qu'il a rendus en maintes circonstances.
Mais son fondateur et président a pris une attitude, fort
nette d'ailleurs, *qui ne nous permet pas de coopérer
à son œuvre.*

Dans une lettre écrite le 14 août dernier au directeur
du journal *la Croix*, lettre imprimée à part, et qu'il a
bien voulu nous communiquer, ainsi, je le suppose, qu'aux
autres membres de l'épiscopat, M. Marc Sangnier a
écrit ces mots : « Le *Sillon* a pour but de réaliser en
France la république démocratique. Ce n'est pas à pro-

prement parler et directement une œuvre catholique, en
ce sens que ce n'est pas une œuvre dont le but particulier est de se mettre à la disposition des évêques et des
curés pour les aider dans leur ministère propre. »

Je remercie M. Sangnier de cette déclaration, elle me
met à l'aise. Nous ne poursuivons pas, nous, membres
du clergé, ni ne devons poursuivre jamais un but politique. Nous acceptons loyalement, selon les conseils de
Léon XIII et je puis ajouter suivant l'esprit de l'Eglise,
la forme républicaine comme étant celle du gouvernement
légal de la France, mais ne nous inféodons à aucun
parti. Nous ne sommes ni républicains, ni royalistes,
nous sommes uniquement, en tant qu'évêques et prêtres,
des hommes d'Eglise. *Il n'est donc pas possible à mon
clergé de se mettre à la tête d'un mouvement destiné
à réaliser une conception politique.*

En mars 1907, Mgr Lemonnier, évêque de
Bayeux, ancien vicaire général de Mgr Fuzet, fait
insérer, dans le dernier numéro de la *Semaine religieuse*, la note officielle suivante :

Diverses circonstances nous ont montré l'opportunité
de déterminer, par des instructions précises, quelle doit
être l'attitude de notre clergé et notamment des directeurs d'œuvres de jeunesse, à l'égard du mouvement dit
« sillonniste ».

Sincèrement désireux de développer en eux-mêmes et
autour d'eux la ferveur de la vie chrétienne, les membres
du *Sillon* protestent toutefois, par l'organe de leurs
chefs les plus autorisés, que le progrès religieux n'est pas
l'objet propre de leur entreprise, mais seulement une
condition de succès. Le but direct et caractéristique de
leur association est la réalisation d'une *forme préférée
d'organisation politique et sociale :* l'établissement de
la *République démocratique*. (Lettres de M. Marc
Sangnier au *Matin* et à *la Croix*, août 1906.)

Dans ces conditions, il convient de rappeler que l'action propre du prêtre doit rester en dehors des opinions politiques. Uniquement soucieux de rendre les âmes plus chrétiennes, le prêtre de Jésus-Christ se gardera bien de restreindre l'efficacité de son influence morale, en se posant en champion d'une entreprise politique particulière : s'y inféoder serait s'aliéner la confiance des tenants, tout aussi sincères, sans doute, de doctrines différentes. Notre attitude, tout au contraire, sera celle qu'a si bien définie saint Paul, ce grand modèle des hommes apostoliques : *Græcis ac Barbaris, sapientibus et insipientibus debitor sum* (Rom., I, 14). *Factus sum Judæis tanquam Judæus... iis qui sub lege sunt, quasi sub lege essem... iis qui sine lege erant tanquam sine lege essem... Factus sum infirmis infirmus... Omnibus omnia factus sum, ut omnes facerem salvos* (I Cor., IX).

En conséquence :

1° Nul prêtre appliqué au ministère des âmes dans notre diocèse ne s'inscrira parmi les associés du *Sillon ;*

2° Aucun, non plus, ne s'emploiera à propager l'influence de cette association politique ;

3° Les directeurs et aumôniers des *Œuvres catholiques de Jeunesse* seront particulièrement soucieux de conserver à ces institutions leur caractère d'*apostolat chrétien*, et de n'en pas faire des centres d'influence politique particulière, soit « Sillonniste », soit autre ;

4° Les jeunes gens qui fréquentent nos cercles et patronages demeurent libres d'adhérer, *par ailleurs*, soit au *Sillon*, soit à tel autre centre d'influence politique conforme à leurs convictions personnelles ; mais ces associations d'un autre ordre doivent demeurer distinctes de l'œuvre catholique : autres seront leurs réunions, autres leurs directeurs. Au patronage, où tous seront reçus avec la même cordialité, les membres de ces associations diverses ne doivent plus avoir qu'une même prétention : cultiver en eux la *vie chrétienne*.

Sous ce titre. : *le Sillon et le clergé*, la *Semaine religieuse* de Rennes publie une série de documents sur lesquels le nouvel archevêque, Mgr Dubourg, fonde les mesures qu'il édicte. Elle reproduit d'abord le texte de Mgr Lemonnier, qu'on vient de lire, puis elle ajoute :

Nous insérons de nouveau la note du *Bulletin du diocèse de Reims* dont nous avons donné connaissance dans notre dernier numéro :

« Au cours de la récente assemblée plénière du clergé et des catholiques de *Reims*, M. l'abbé Lejeune, archiprêtre de Charleville, a formulé les deux vœux que voici :

« 1° Que l'administration diocésaine ne permette pas l'émiettement des forces dans plusieurs œuvres rivales;

« 2° Ne seront reconnues comme œuvres catholiques que les œuvres qui accepteront l'autorité de l'évêque.

« Avant l'adoption de ces vœux, le second avait provoqué cette question de la part d'un des membres : « Votre pensée est-elle d'exclure le *Sillon* des œuvres que vous qualifiez catholiques ? — Le *Sillon*, demande M. Lejeune, est-il œuvre catholique ? — Non, répond très nettement un sillonniste, M. Leroy-Demaison. Le *Sillon* a pour but de réaliser la République démocratique, il n'est pas une œuvre catholique. Cette déclaration loyale et d'une parfaite clarté est à noter et à retenir. »

Sous le titre : « A retenir », la *Semaine religieuse* de Nevers dit :

« M. Paul Sabatier, protestant, qui semble s'être donné ou avoir reçu cette mission spéciale : *Protestantiser l'esprit des catholiques*, a publié, dans le numéro de janvier de *Hibbert journal*, un article où il dit : « Il est bien sûr que les *Semaines sociales*, ainsi que le *Sillon*, si loin qu'ils puissent se croire de Loisy et de Fogazzaro, sont les manifestations, sur un terrain différent, d'une seule et même poussée de sève. »

Enfin, à la suite de ces trois citations, la *Semaine*

religieuse de Rennes publie cette déclaration de Mgr Dubourg :

La conclusion qui se dégage de ces trois documents et des autres documents similaires ayant trait à la même question paraîtra à tous les esprits judicieux de la plus évidente clarté.

La *règle inflexible* du diocèse de Rennes est que le prêtre, constitué par son caractère sacré l'homme de tous sans exception et sans acception de parti ou d'opinion, doit faire uniquement de la *religion*, et jamais de *politique* dans l'exercice de son ministère et dans la direction des œuvres dont il a la charge : restaurer le règne du Christ dans l'individu, dans la famille et dans la société, voilà son but principal et sa très noble mission : *Instaurare omnia in Christo.*

Or, le *Sillon* n'étant pas, de l'aveu de ses partisans eux-mêmes, une *Œuvre catholique*, et ayant un caractère nettement *politique*, l'autorité diocésaine, après s'être entourée des lumières des conseillers les plus sages, les plus dénués de parti pris et les plus dévoués à la sainte Église, estime qu'il est impossible, dans ces conditions, que les membres du clergé puissent, sans manquer au principe établi plus haut, prendre part aux travaux du congrès du 1er avril.

En conséquence, dans l'intérêt même du sacerdoce et pour le plus grand bien des âmes, l'*abstention* se commande et s'impose d'elle-même.

En avril, la *Semaine religieuse* de Meaux, dans sa partie officielle, publie la note suivante :

L'action du *Sillon*, ou plutôt un mouvement sillonniste, se répand dans le diocèse de Meaux. Consulté à ce sujet, Mgr l'Évêque croit opportun de faire publier, dans la *Semaine religieuse*, l'article suivant tiré de celle de Bayeux. Il en recommande la lecture attentive à tous les prêtres, et en particulier aux Directeurs des Cercles et des Patronages.

Suit l'Ordonnance de Mgr l'évêque de Bayeux, qu'on a déjà lue.

Au mois de mai, dans une lettre adressée au Supérieur de son Grand Séminaire, Mgr de Cabrières s'exprime ainsi :

Vous savez que, pratiquement, j'aime, j'honore et je professe le respect de la liberté, dans les domaines où elle est vraiment chez elle. Je conçois donc, même quand je devrais en souffrir intimement, qu'on ne partage pas mes opinions; mais je n'en ai pas moins le devoir de surveiller l'action de quelques jeunes gens, rendus plus téméraires par leur âge, et qui s'engagent par eux-mêmes, ainsi que ceux ou celles sur qui ils peuvent agir, dans des voies politiques indécises, mal définies, et qui me semblent dangereuses.

Le jour même où l'on m'apprenait que, dans une réunion privée, devant quelques dames spécialement invitées, de jeunes orateurs avaient chaudement recommandé l'œuvre du *Sillon*, *le Journal des Débats* publiait une lettre de M. Sangnier, fondateur et inspirateur de cette œuvre, dans laquelle il disait expressément : « Le *Sillon* n'est pas une œuvre confessionnelle catholique ; c'est un mouvement laïque ! » Qui ne voit dès lors que les prêtres n'ont ni à patronner ce mouvement, ni surtout à s'y mêler directement. Ils n'ont évidemment pas, s'ils connaissent de près ou de loin des sillonnistes, à les aider « dans l'effort » que le *Sillon* se sent obligé de faire pour atteindre son idéal, et pour pratiquer « les vertus difficiles » que « la République exige plus que toutes les autres formes de gouvernement » !

Je n'approuve pas non plus que des journaux, vraiment politiques, soient ou affichés, ou distribués à la porte de nos églises, et qu'ils viennent, pour ainsi dire, porter jusque dans le lieu saint les agitations douloureuses, trop souvent stériles, qui nous obsèdent sur les places publiques et presque au seuil même de nos demeures.

Que deviendrions-nous si, quand nous allons nous recueillir et prier, nous voyions et nous entendions, comme les jours d'élection, des crieurs enroués nous fatiguer de leurs réclamations en faveur de tel ou tel journal?

Notre pays souffre déjà si profondément des divisions qui se perpétuent dans son sein! Gardons-nous d'y ajouter des divisions nouvelles.

Que les ministres de Dieu, sans renoncer comme citoyens à leurs attaches ou à leurs penchants, songent plutôt à rapprocher, à rassembler, à grouper étroitement les fidèles dans l'unité souveraine de la foi. Que, loin d'inaugurer des sentiers nouveaux, des routes encore incertaines, pour y introduire les âmes, ils les mènent dans les voies larges et sûres, ouvertes par la tradition, et protégées par l'autorité du suprême Pasteur.

Mgr de Cabrières emprunte, pour corroborer ces sages conseils, les paroles graves que Pie X venait de prononcer, au dernier Consistoire public, sur les périls doctrinaux de l'heure présente.

Croirait-on que *l'Eveil démocratique* du 12 mai ne craignit pas de travestir les paroles de l'éminent prélat, au point de les présenter comme un témoignage de faveur à l'égard du Sillon! Mgr de Cabrières estima qu'il n'était pas de sa dignité de s'adresser à ce journal pour le prier de rectifier, et il écrivit au supérieur de son grand séminaire une nouvelle lettre, où il rétablit sa pensée et précise ses avertissements :

Mon cher Supérieur. —Quand je vous communiquais, il y a quelques jours, mes pensées et mes désirs, relativement à la formation actuelle de nos séminaristes et de nos jeunes prêtres, j'étais loin de penser que cet épanchement paternel entre vos confrères, nos jeunes gens et moi, allait devenir un sujet de controverses pénibles. Sous la plume de personnes bien opposées d'opinions, cette lettre s'est transformée en un encouragement pour le *Sillon*, ou bien, ce qui est plus étrange encore, en une sorte de désertion vis-à-vis des idées dont je me suis toujours fait un devoir et un honneur d'entretenir le culte au dedans de moi-même.

« A ce dernier égard, je n'ai, ce me semble, rien à dire; et je ne puis qu'être surpris qu'il y ait des hommes qui doutent si facilement de la fermeté d'un caractère et de la constance d'une fidélité traditionnelle.

« *Quant au* Sillon, *je n'ai pas cru que ce fût un encouragement, ni surtout une* APPROBATION, *que de donner à nos prêtres le conseil exprès « de ne point patronner ce mouvement, ni surtout de ne pas s'y mêler directement.* »

« J'ai horreur des expressions violentes, surtout quand je m'adresse à des prêtres dont je connais la conscience, et qui ne m'ont jamais donné lieu de douter, ni de leur respect, ni de leur obéissance. Il me suffit de leur exprimer mes jugements sous une forme assez précise, pour que le chemin du devoir leur apparaisse clairement; et j'ai eu la consolation d'être si bien compris, dans cette circonstance, que, spontanément, plusieurs de ceux, dont on m'avait signalé les tendances *sillonnistes*, m'ont assuré qu'ils conformeraient scrupuleusement leur conduite à mes conseils.

« Quand j'ai parlé d'*aider* les « sillonnistes », s'il s'en rencontrait dans le diocèse, « dans l'effort qu'ils jugent eux-mêmes nécessaire pour pratiquer les vertus difficiles que la République exige plus que toutes les autres formes de gouvernement », je ne faisais que citer une phrase de la lettre de M. Marc Sangnier, publiée par *les Débats. Et cette « aide » ne se rapportait nullement à la propagation des théories du Sillon — ce qui eût été en contradiction manifeste avec les conseils que je donnais;* — elle répondait seulement à la demande que m'avaient adressée les jeunes prêtres, pour savoir si je leur permettrais de prêter encore, le cas échéant, le secours de leurs connaissances spéciales en théologie, en écriture sainte ou en histoire, aux « sillonnistes » qui éprouvaient le besoin de se renseigner sur des questions étrangères à leurs études professionnelles.

« De cette permission, qu'il eût été injuste de refuser, de cette condescendance envers des esprits que nous devons croire sincères, et qu'il est bon d'éclairer, *il serait difficile de conclure que j'approuve le* Sillon *et que j'encourage ses partisans.*

« Un des disciples les plus mesurés de M. Marc Sangnier, M. L. Cousin, admet, en effet, sans hésiter, que « les camarades » du *Sillon* entendent travailler aussi ardemment à l'apostolat de la République démocratique qu'à l'apostolat chrétien. « Et par là même, il justifie toutes les appréciations, portées par plusieurs évêques, sur l'inconvénient grave qu'il y aurait pour les prêtres à se mêler à un mouvement mal défini, et que son principal promoteur déclare « ne pas ressembler à la *démocratie chrétienne,* et n'être pas, comme elle, quelque chose qui découle nécessairement de la religion et qui s'impose à tous les catholiques. »

« Dans le même numéro de *l'Eveil démocratique,* où M. Ch. Hoog TIRAIT A LUI le passage de ma lettre relatif au *Sillon,* j'ai pu lire, sous la signature de M. Marc Sangnier qui, sans doute, allait faire en Corse une conférence, cette étrange déclaration... »

Suit une assez longue citation, que Mgr de Cabrières apprécie ainsi :

Comment nier qu'il n'y ait, dans cette fin d'article, un mouvement poétique et la trace d'un élan d'âme véritable !

Mais, comment nier davantage que, sous ces phrases sonores, nulle idée claire ne se montre, et que la ma-

gie des mots fait au contraire ressortir le vague absolu
de la pensée, chez celui qui se propose d'apporter, dans
l'île française, au sein de l'indifférence sereine de la nature, « l'angoisse des querelles où s'use notre activité et
où s'exaspère la fièvre de nos contemporains... » !

*Loin donc de conseiller à nos jeunes prêtres et à
nos jeunes gens de donner à leur prosélytisme l'unique objet de développer le « Sillon »*, je les exhorte à
se dévouer à des œuvres pratiques, telles que les patronages, les conférences théologiques, historiques ou littéraires, et les cercles d'études, sans omettre jamais, ni
la visite fréquente des pauvres, ni l'exercice fréquent de
la charité.

Sur ce terrain si large, il n'y a pas de dangers à
prévoir.

*Au contraire, les nouveautés, les formules indéci-
ses, l'espérance chimérique de « baptiser », de « cano-
niser » mên des* OPINIONS TRÈS ÉLOIGNÉES DE LA FOI
VÉRITABLE, *tout cet ensemble de notions confuses, au
sein desquelles se débattent les intelligences de notre
temps : ce modernisme, en un mot, sorte de Protée insaisissable, dont les formes sont multiples mais dont l'es-
sence ne varie pas, doivent* NOUS INQUIÉTER PROFONDÉ-
MENT, *parce qu'ils menacent la religion des plus
grands périls. Et il ne serait pas étonnant que Pie X
songe à les condamner!*

Mésaventure significative, le *Sillon* tenant un
congrès à Bordeaux (avril 1907), ses membres
font insérer dans les journaux et semaines religieuses cette note :

Le vénérable cardinal Lecot, très respectueusement
prévenu de la tenue du Congrès, voulut bien le bénir et
s'offrit à présider tout ce que l'on voudrait.

Mais *l'Aquitaine, Semaine religieuse* de Bordeaux, a aussitôt publié, en tête de sa Chronique diocésaine, cette « RECTIFICATION » :

« Nous devons rectifier cette nouvelle inexacte.

« Son Éminence a été, il est vrai, prévenue peu de jours à l'avance de la tenue du congrès. Mais jamais il n'a été question, ni de bénédictions, ni de présidence du Cardinal.

« Le Sillon, manœuvrant avant tout sur un terrain politique, le vénéré prélat ne pouvait que se récuser, si on lui avait demandé le moindre concours officiel. »

Mais voici qui prend plus d'importance. Mgr Gieure, évêque de Bayonne, à son retour de Rome, au printemps de 1907, écrit à l'archiprêtre de Saint-Martin, à Pau, la lettre suivante, qu'il fait publier dans le *Bulletin religieux* de son diocèse :

« Cher monsieur l'Archiprêtre, —... Dans l'une des audiences que le Saint-Père a daigné m'accorder, il fut question d'œuvres de jeunesse, de séminaires.

« — Avez-vous dans votre diocèse des œuvres de jeunesse ? me demanda le Saint-Père.

« — Oui, nous avons surtout des Œuvres de Jeunesse catholique, et d'autres groupes se rapprochant de celui-là par leurs tendances et leur esprit ; quoique ne portant pas le même nom.

« — Avez-vous *le Sillon ?*

« — Oui, nous avons quelques groupes, trois ou quatre, peu nombreux.

« Le Saint-Père poursuivit: J'AI DES CRAINTES AU SUJET « DU *Sillon.* Quelques évêques de France m'ont écrit « pour me demander ce que j'en pensais. *J'ai lu les* « *discours de Marc Sangnier; j'ai lu aussi quelques-* « *uns de ses articles ;* TOUT CELA M'INQUIÈTE. *Ces jeunes* « *gens suivent une voie fâcheuse : Viam sequuntur* « *damnosam...*

« *Je n'aime pas que les prêtres entrent dans cette
« Association* ; ils paraissent se laisser guider par des
« laïques. Or, ils sont constitués, eux, pour guider et
« conduire. En outre, c'est un mouvement purement
« laïque, nullement confessionnel ; en définitive, ces
« jeunes gens poursuivent un idéal politique, et pas
« autre chose, tout en se plaçant en dehors de la hiérar-
« chie catholique. Les prêtres ne doivent pas se mêler
« à ce mouvement ; donnez-leur ce conseil : *Ne dent
« nomen huic associationi*. Toutefois, soyez bon pour
« ces jeunes gens ; ils sont sincères et généreux... »

« Ces paroles du Saint-Père sont textuelles. Je les avais
écoutées en silence. Quand le Saint-Père se fut tu, je lui
dis : « Très Saint-Père, je ne saurais assez vous dire ma
« joie ; ces avertissements, cette consigne que vous me
« donnez, je les avais déjà donnés, identiques, à mes
« prêtres, en août dernier. Je suis heureux de me trouver
« en communion de pensées avec mon Chef et mon Père. »

« Et Pie X ajouta aimablement, avec un gracieux
sourire : « Et le Pape est satisfait d'être en communion
« de pensées avec ses Évêques. »

« A la suite, le Pape s'étendit longuement sur l'organisation projetée des Séminaires italiens, et il parla
avec émotion de l'erreur qu'il venait de condamner peu
de jours avant : le *modernisme*. « Ne laissez à aucun
« prix pénétrer cette erreur dans l'enseignement de votre
« Séminaire, s'écria-t-il ; à vous, je redis ce que j'ai
« écrit aux évêques italiens : Veillez sur les professeurs ;
« que leur enseignement soit de la plus pure orthodoxie,
« sans concession aux idées fausses du jour. Et gardez-vous
« d'appeler aux Ordres tout élève qui manifesterait du
« goût pour ces idées ; on se repent toujours de les avoir
« laissés avancer ; on ne regrette jamais de les avoir
« écartés... »

« Je donnai au Saint-Père l'assurance que dans notre
Séminaire, grâce à Dieu ! nous n'avions rien à redouter
de ce péril ; la bonne doctrine y était enseignée.

« Je voulais vous écrire quelques lignes seulement, cher monsieur l'Archiprêtre, et voilà que ma lettre s'allonge... Je ne le regrette pas; il y a, en effet, des choses qu'il faut dire avec netteté. Notre foi s'en éclaire et notre conduite se règle avec plus de facilité et de sécurité. Conclusion : les directions données aux prêtres pendant la retraite, et plus tard précisées par le *Bulletin* relativement au *Sillon*, sont renouvelées et confirmées.

« Nous ne comprendrions pas l'empressement de certains prêtres à se faire les propagateurs acharnés, à ciel ouvert ou en secret, de cette œuvre, alors que ses chefs sont les premiers à demander aux prêtres et aux évêques une grande réserve, les invitant à se mêler à eux très discrètement, de peur de les compromettre par leur présence ou leur action.

« En outre, *nous espérons bien que certaine action souterraine, par les écrits ou par la parole, action qui s'exercerait dans certains milieux et sur certains jeunes gens, cessera.* Dans l'Eglise, ce sont les évêques qui, soumis aux volontés et aux conseils du Pape, donnent des directions aux prêtres et aux fidèles. Les prêtres s'y soumettent simplement ; ils se gardent bien d'en donner d'autres, et surtout d'en donner de contraires. Ils se taisent quand ils n'arrivent pas à approuver.

« Agréez, cher monsieur l'Archiprêtre, la nouvelle assurance de ma vieille affection.

« ✝ Fr. Marie, évêque de Bayonne.

« P.-S. — Je vous ai demandé, il y a déjà un mois, de ne pas permettre la vente de *l'Eveil démocratique* à la porte de votre église. Cette interdiction, je l'étends à toutes les églises de notre diocèse. Je ne veux pas que les fidèles pensent que les prêtres endossent la responsabilité de tout ce qui s'écrit dans cette feuille. »

D'autre part, Mgr Bougoüin, récemment nommé au siège de Périgueux, confirme le témoignage de

Mgr Gieure et en atteste la conformité avec ce que lui-même a recueilli de la bouche du Saint-Père.

Trouvant sans doute, et non à tort, que la situation finissait par se gâter, Marc Sangnier avait pris le parti d'accomplir lui aussi son voyage *ad limina*, qui suivit de très près celui de Mgr Gieure. Nous aurons à en parler plus loin. Ce que nous avons à rapporter ici, c'est la réponse faite par la *Semaine religieuse* de Reims à l'espèce de concordat entre Rome et lui, que le chef du *Sillon* prétendit avoir rapporté de ce voyage. Une circulaire polycopiée relatant les points de cet accord (1), ayant été adressée par Marc Sangnier à nombre de feuilles ecclésiastiques ou politiques, la *Semaine religieuse* de Reims la fit suivre de ces cinq observations :

« 1° Dans l'Eglise, quand une œuvre reçoit une approbation, il appartient, non à celui qui l'a obtenue, mais à l'autorité elle-même, d'en faire connaître, par un acte authentique, les termes et la portée. Les lignes ci-dessus ne sont contresignées par personne ; on omet de nous

(1) 1° Le *Sillon*, mouvement laïque, se propose de réaliser en France une République démocratique honnête, juste et fraternelle. Sa situation est parfaitement légitime. Il use d'un droit que nul ne saurait songer à lui contester ;

2° Le *Sillon* veut puiser dans le christianisme une force et des vertus sociales autant qu'individuelles. Les prêtres se doivent aux sillonnistes comme à tous ceux qui recourent à leur ministère. Ils ne peuvent que souhaiter voir, grâce au *Sillon*, le peuple se rapprocher de l'Eglise, et que de se féliciter de l'utile influence religieuse du *Sillon*, partout où ils la constatent ;

3° Si, comme citoyens, les prêtres peuvent avoir des opinions et des préférences politiques et sociales particulières, comme prêtres ils sont à tous, et, par conséquent, leur place n'est pas, d'une façon générale, parmi les propagandistes publics, ni les membres militants du *Sillon* ;

4° Dans des cas particuliers, ils peuvent se départir de cette réserve et prendre part à la propagande extérieure du *Sillon;* mais alors il faut évidemment que leur évêque y consente.

dire à qui ont été présentées ces « conclusions » et qui les a agréées ; elles ont, par conséquent, tout juste la valeur d'un article de *l'Eveil démocratique*. Notons en passant qu'elles diffèrent notablement d'autres déclarations parues dans cette feuille.

2° Si nous avions la fatuité de vouloir apprendre aux officiers l'étendue de leurs obligations professionnelles, le dernier des sous-lieutenants pourrait doucement sourire en nous lisant. Nous ne reconnaissons à aucun laïque le droit de donner des leçons de ce genre au clergé. Pour nous montrer notre devoir et nous délimiter notre tâche, nous avons nos évêques ; c'est eux seuls qui nous donnent notre consigne, c'est à eux seuls qu'au jour de notre ordination nous avons promis obéissance. Or, dans la circonstance présente, nos évêques ont parlé et nous savons ce qu'ils ont dit.

3° Nous ne pensons pas que le *Sillon serve à rapprocher les peuples de l'Eglise*, et bon nombre de personnes, dont les avis ont pour nous la plus grave importance, ne se félicitent pas le moins du monde de l'influence que cette organisation politique peut exercer. Le Pape a dit tout récemment à Mgr l'Evêque de Bayonne, en parlant des sillonnistes : *Ces jeunes gens suivent une voie dangereuse — Viam sequuntur damnosam.* Cette parole, certifiée *textuelle* par Mgr Gieure, dans une lettre datée du 21 mai dernier et reproduite ici, suffit à faire connaître aux catholiques ce que Rome pense du *Sillon*.

4° Non seulement les prêtres ne peuvent pas être « les propagandistes publics ni les membres militants du *Sillon* », mais il leur est interdit de donner leur nom à ce groupement ; la recommandation du Saint-Père à l'Evêque de Bayonne n'est pas moins précise à cet égard : *les prêtres ne doivent pas se mêler à ce mouvement — Ne dent nomen huic associationi.* C'est formel et d'une précision qui exclut toute ambiguïté.

5° Les prêtres et les hommes d'œuvre les mieux à

même d'apprécier le *Sillon* regrettent profondément de voir que, par suite de l'orientation actuelle de ce mouvement, des trésors de jeune activité, de générosité réelle et de zèle ardent soient dépensés pour la réalisation d'une vague conception politique, au lieu d'être consacrés à un but beaucoup plus élevé et plus noble : la défense de l'Eglise.

C'est, sans doute, à ces observations que répond la note suivante de *l'Éveil démocratique* :

Quelques prêtres n'ont pas été pleinement satisfaits de la note que Marc Sangnier *a rapportée de Rome sur le clergé et le Sillon*. Certains même ont paru assez portés à la reprocher au Président du *Sillon*. Nous nous contenterons de faire remarquer que cette note, que Marc Sangnier tint à lire au cardinal Merry del Val afin de s'assurer de son exactitude, n'est que le résumé des paroles recueillies sur les lèvres du Pape et du Secrétaire d'Etat.

Le Président du Sillon ne se serait pas permis d'adresser des instructions aux membres du clergé.

La note en question *ne doit donc être considérée que comme l'expression authentique des désirs du Pape.*

Ni plus, ni moins !

Mgr Germain, archevêque de Toulouse, se dégage, lui et son clergé, de la propagande de *l'Eveil démocratique* vendu à la porte des églises de son diocèse, croit que « certaines tendances doctrinales de la rédaction sont de nature à exciter la vigilance des bons catholiques », rappelle que « nombre d'évêques se sont expliqués déjà sur ce point en termes qui sont loin d'exprimer une pleine confiance et des encouragements », et termine en disant que « la sympathie dont il est pénétré à l'égard de certaines personnalités plus ou moins engagées dans le mouvement dont *l'Eveil démocratique* est l'organe, l'ont empêché de dire plus tôt son avis » ; mais « qu'il lui semble aujourd'hui que le moment est venu de ne plus le cacher aux amis qui l'ont interrogé ».

Au mois de juillet 1907, la *Semaine religieuse* de Grenoble publie les avis suivants donnés par Mgr Henry aux élèves de son grand séminaire. Après avoir parlé du modernisme et condamné en termes transparents la revue *Demain*, le prélat ajoutait :

Il y a encore, chers jeunes gens, la question sociale : il n'en est même pas de plus actuelle. Je reconnais que le clergé ne s'en est peut-être point assez préoccupé et qu'il aurait dû le faire, ou le mieux faire, avant que fût creusé si profondément entre le peuple et lui le fossé qui aujourd'hui les sépare. Mais, en matière sociale également, il y a école et école. Et je crois remplir un devoir de ma charge en vous en désignant une à laquelle vous ne sauriez, en votre qualité de clercs, adhérer et vous inféoder : je veux parler du « Sillon ». Je n'entends prononcer à son sujet aucune condamnation. Ma pensée, en ce qui le concerne, ne va pas plus loin que celle du Souverain Pontife qui s'est borné à manifester quelques appréhensions sur quelques-unes de ses tendances. Il est certain, d'autre part, que les jeunes gens qui se sont enrôlés sous sa bannière vont à l'action avec un entrain, une ardeur, un esprit de prosélytisme qui sont un exemple. Mais quand il ne justifierait pas les craintes qu'il a fait naître, quand même on ne serait pas fondé à lui reprocher de manquer de doctrine et de principes, ou d'en avoir de trop incertains, il reste toujours qu'il se présente comme un groupement politique autant que social, et plus politique encore que social. M. Marc Sangnier, dont je ne méconnais pas le talent, qui est remarquable, s'est donné pour mission d'établir en

France la République démocratique et je ne nierai pas que c'est son droit; seulement, c'est aussi le nôtre, et c'est mieux encore notre devoir de ne pas nous engager à sa suite sur le terrain où il s'est placé, la loi de notre ministère étant qu'il faut nous tenir, comme prêtre, en dehors et au-dessus de tous les partis.

Pour combler le fossé dont je parlais tout à l'heure, pour renverser l'antinomie qu'on prétend qui existe entre la démocratie et l'Eglise et que ceux-là sont les plus ardents à dénoncer qui en profitent et qui en vivent en l'exploitant, ce n'est pas trop du concours de toutes les bonnes volontés, de tous les efforts réunis des catholiques. Or, cette union nécessaire, tellement indispensable que sans elle nous ne pouvons être voués qu'aux défaites, s'il est vrai qu'il n'y a qu'un terrain où on la puisse établir; le terrain social, il est non moins vrai qu'il n'y a qu'un drapeau à l'ombre duquel elle ait des chances de se réaliser: celui de la Charité selon l'Evangile : tout autre drapeau que celui-là serait pour nous diviser, non pour nous unir.

Un congrès du *Sillon* devait avoir lieu à Saint-Quentin, le 15 septembre. Au cours de la retraite pastorale, Mgr Péchenard, successeur de Mgr Deramecourt, fit à ses prêtres une conférence dans laquelle il fut amené à parler du *Sillon*. Voici en quels termes la *Semaine religieuse* de Soissons résume ses paroles :

Au cours de sa deuxième conférence, Monseigneur s'est ouvert à son clergé sur un sujet grave et délicat. Il l'a fait, a-t-il déclaré, sans passion, en parfaite connaissance de cause, dans le sentiment d'un grave devoir de conscience à remplir, après y avoir longtemps réfléchi, après avoir beaucoup prié et fait prier. « Il s'agit, » a dit Sa Grandeur, « d'un groupement de jeunesse que « vous connaissez, et pour lequel un congrès régional « est annoncé à Saint-Quentin le 24 septembre. »

Or, voici textuellement ce que dit Monseigneur :

« Je dois dire que ce groupement de jeunesse ne
« m'inspire plus aucune confiance ; il ne m'inspire que
« des défiances. Il rend un très mauvais service à notre
« jeunesse. Je ne sais si la parole que l'on prête au Pape
« est authentique, elle doit l'être ; en tout cas, je la fais
« mienne : *Viam sequuntur damnosam.* Il doit y
« avoir à Saint-Quentin, le 24 septembre, un congrès
« régional de cette association ; j'interdis absolument à
« tous les ecclésiastiques d'y assister, et j'entends par là
« les ecclésiastiques dans le sens le plus large. Je l'inter-
« dis aux prêtres en leur défendant d'y envoyer des
« jeunes gens soit directement, soit indirectement. Je
« l'interdis aux élèves du grand séminaire et aux élèves
« du petit séminaire. Si un prêtre contrevenait à ma
« défense, qu'il sache qu'il manquerait d'une manière
« formelle à l'obéissance qui m'est due. Si c'était un
« grand ou un petit séminariste, qu'il sache que je ne le
« recevrais plus au séminaire. »

Monseigneur montra ensuite, par un certain nombre
de faits locaux, comment la participation à cette association engendre rapidement, surtout chez les jeunes, un
esprit de critique, d'irrespect et d'indiscipline vraiment
intolérable. Il dit avec une émotion qu'il ne pouvait dissimuler :

« Je lutterai énergiquement contre l'invasion de cet
esprit d'indiscipline dans le diocèse dont j'ai la charge,
et je le combattrai tant que j'en serai capable. »

La *Semaine religieuse* ajoute :

Tout commentaire affaiblirait la portée de ces graves
paroles.

Prononcées après sérieuse réflexion, en une circonstance solennelle, par un prélat si autorisé, elles indi-
quent à tous les catholiques dignes de ce nom le jugement qu'ils doivent adopter au sujet d'une association

dont le Pape a dit que les membres « suivent une voie dangereuse ».

En septembre, c'était le tour de Lyon. Le vénérable cardinal Coullié faisait insérer dans sa *Semaine religieuse* la note suivante :

Son Eminence, apprenant par les journaux qu'un congrès, organisé par le *Sillon*, doit se tenir à Lyon les 28 et 29 septembre, recommande expressément à ses prêtres et aux élèves de ses séminaires de ne prendre aucune part aux travaux ni aux réunions de ce congrès.

La même abstention devrait être strictement observée si quelque autre assemblée, provoquée par le même groupement, avait lieu quelque autre part dans le diocèse de Lyon.

Le 12 septembre, Mgr l'évêque de Saint-Dié, au congrès sacerdotal d'Epinal, déclare à ses prêtres que le *Sillon* émet des idées « ouvertement et absolument mauvaises ».

A la même époque, une note émanant d'un ami du *Sillon*, désireux de prévenir l'effet d'un nouveau coup, passa dans *l'Univers* du 27 septembre. Elle disait en termes tourmentés :

Voici exactement, d'après la *Semaine religieuse* de Châlons, en quels termes Mgr Latty a parlé du *Sillon*, à ses prêtres réunis pour la deuxième retraite pastorale :

« Avant de clore son entretien du jeudi, Monseigneur voulut revenir sur la question des œuvres sociales, qu'il avait touchée, en passant, à la fin de la première retraite.

« Un congrès du *Sillon* va se tenir, à Reims, dans quelques jours. Une note officielle de l'archevêché nous apprend que cette réunion n'a pas reçu l'approbation de l'autorité diocésaine. Est-ce dire au clergé qu'il ne doit pas y paraître ?...

Quant aux membres laïques de cette association, au but qu'ils poursuivent et aux défiances qu'ils rencontrent, « j'ai dit, ajoute Sa Grandeur, que je n'ai pas moi-même pris position. Je n'avais pas à le faire. Nous n'avons pas, chez nous, de groupe sillonniste, sauf dans une paroisse ; et encore, je pense qu'on s'y tient dans les limites nécessaires de la sagesse, de la prudence, de la docilité chrétienne.

« A vrai dire, j'aurais préféré qu'on y maintînt l'institution première d'un cercle d'études. Qu'il y ait là certaines questions de doctrine mêlées à beaucoup d'autres, c'est inévitable ; mais le mélange y est à l'état flottant, vague, imprécis ; et il ne semble pas que la foi y soit directement intéressée. C'est pour cela, sans doute, que le Saint-Siège s'est abstenu, jusqu'ici, de se prononcer sur le fond même de l'Association. Du reste, il y a dans cette jeunesse de la générosité, de la bonne foi, de l'ardeur, du désintéressement. Faut-il la décourager ? Non, mais la traiter avec bonté, ne pas la perdre de vue, l'éclairer sur les dangers possibles d'un mouvement un peu aventureux, la mettre en garde contre l'esprit de témérité et d'indépendance... »

Mais trois ou quatre jours après, la *Semaine religieuse* de Châlons rectifiait ainsi :

Un correspondant châlonnais a envoyé au journal *l'Univers* un télégramme où était rapporté d'une manière très incomplète et, partant, inexacte, ce que Mgr l'évêque avait dit, dans la dernière retraite pastorale, à propos du *Sillon*.

Cela nous oblige à dire ici qu'un prêtre du diocèse ayant demandé la permission d'aller assister au congrès sillonniste de Reims, Monseigneur lui fit répondre qu'il devait s'en abstenir, au cas où Mgr l'archevêque de Reims n'autoriserait pas son clergé à y assister. Ce prêtre s'est abstenu.

Mgr l'évêque de Châlons a donné le même avis et fait

la même recommandation aux prêtres qui ont pris part aux deux retraites pastorales.

Et plus explicitement encore, avec de plus graves avis, la *Semaine religieuse* de Châlons publiait au commencement d'octobre, sous la rubrique « actes officiels », la note suivante :

On a voulu nous engager dans les intérêts du *Sillon*, c'est peine perdue. Nous avions évité, jusqu'ici, de nous en occuper : nous en dirons encore un mot aujourd'hui, et nous désirons que ce soit le dernier.

Nous n'avons, dans notre diocèse, qu'un tout petit groupement de ce nom ; et, comme nous l'avons dit au cours de nos retraites pastorales, nous connaissons trop bien le robuste bon sens de nos Champenois pour craindre qu'ils se laissent entraîner aux séductions d'aucune aventure ou d'aucune utopie, sous quelque titre que ce soit.

Ce groupement avait été, d'abord, un simple cercle d'études. Nous l'avons dit, redit, et nous le répétons encore : nous regrettons qu'il n'ait pas conservé la forme première de son institution.

Cependant, il y a là des jeunes gens qui comptent parmi nos meilleurs catholiques: ils sont ardents pour le bien, ils veulent le faire, et ils le font selon leurs moyens. A l'occasion du Congrès sillonniste de Reims, on nous avait prié de ne rien dire qui pût les peiner en les « discréditant » ; et, en effet, nous avions tâché de concilier les convenances de diverses sortes que nous avions en face de nous. Nous croyions y avoir réussi.

Par malheur, il s'est trouvé un correspondant plus ou moins châlonnais qui a voulu faire du zèle, et qui a envoyé à un journal de Paris deux ou trois phrases, habilement arrangées, de l'un de nos entretiens à la dernière retraite pastorale. A les lire séparées du reste, on pouvait nous prendre pour un patron du *Sillon*. — Ah ! mais, non.

Ce n'est pas que nous ne puissions devenir sympathique à cette association : nous voudrions, au contraire, être en état d'y applaudir et d'animer aux luttes généreuses une jeunesse éprise du double amour du Christ et du peuple. Mais nous ne le pouvons faire qu'à une condition : c'est que le *Sillon* se mette en bons termes avec l'épiscopat et lui fasse bénir ses statuts. — En vérité, pourquoi ne le voudrait-il pas ?

Jusque-là, nous nous en tiendrons au groupe de nos chers et vaillants Sparnaciens ; et nous les traiterons avec bonté, sans trop regarder à l'étiquette qu'ils se sont subsidiairement donnée. Ainsi que nous l'avons dit à la retraite pastorale, « nous comptons sur la paternelle vigilance de M. l'archiprêtre d'Epernay », pour nous représenter auprès d'eux. Il n'aura pas de paroissiens plus confiants, ni d'auxiliaires plus actifs ; et eux-mêmes auront plus à cœur que personne d'être dociles aux enseignements de l'Eglise, aux directions de la dernière Encyclique, et notamment à la recommandation qui vise les questions et les œuvres sociales. En un mot, la phalange des jeunes d'Epernay ne le cédera en rien à celle de Châlons, ni à celle de Vitry ; elles formeront, à elles trois, l'avant-garde de la belle armée diocésaine, distinctes dans leur caractère et leur action, mais unies par la même foi et le même patriotisme, et prenant leurs conseils, non à Paris, non dans une assemblée de rencontre, mais auprès de ceux qui, par leur situation hiérarchique, ont tous les titres à la confiance et à l'attachement des catholiques de choix.

Nous espérons, du reste, qu'aucun événement extraordinaire ne viendra, comme à Reims, troubler cet état de paix.

Nous lisons dans *le Dimanche* (*Semaine religieuse d'Amiens*) ce communiqué :

Une réunion du *Sillon* d'Amiens doit avoir lieu à

Amiens, le dimanche 6 octobre : Mgr l'évêq.. interdit à ses prêtres d'y prendre part.

A la fin de septembre, encore, dans une conférence à son clergé, réuni pour la retraite, Mgr Bonnefoy, archevêque d'Aix, s'est exprimé ainsi au sujet du « Sillon » :

Jusqu'à ces derniers temps, le « Sillon » s'affirmait et agissait comme une œuvre catholique. Il a fait du bien en portant avec succès la doctrine du Christ dans les milieux hostiles, et il a mérité qu'on loue et qu'on admire la plupart de ses initiatives.

Mais, par une évolution qui a affligé ceux qui s'intéressaient à ce mouvement de Jeunes, le « Sillon » est devenu une organisation politique qui se propose de réaliser en France la République démocratique.

Que, dans le diocèse, il n'y ait pas eu les excès qui ont été commis ailleurs, à Quimper, par exemple ; que, parmi les sillonnistes, il se trouve des âmes sincères, généreuses, ardentes à défendre et à propager leur foi religieuse, il serait injuste de ne pas le reconnaître. Mais le « Sillon » a voulu être un parti politique, il a donc librement affronté tous les ennuis et toutes les déceptions qui sont l'apanage d'un parti politique. Je suis obligé de vous dire que nous ne pouvons pas le suivre.

Vis-à-vis du « Sillon », tenez-vous, mes chers Messieurs, dans la réserve la plus absolue. L'Eglise n'appartient à aucun parti.

La Semaine religieuse de Toulouse, où le Sillon fut en si grand honneur, a publié récemment (10 novembre 1907) les résultats d'une enquête ouverte par elle dans les différents diocèses sur la situation présente du *Sillon*. Nous en extrayons les réponses suivantes :

Nantes, 18 octobre 1907.

Le mouvement sillonniste est sans importance chez nous. Pendant deux ou trois ans, on a cherché à faire la propagande en criant *l'Eveil démocratique* à la porte de quelques églises, mais sans grand succès. Aussi Mgr l'Evêque de Nantes s'est borné, aux retraites ecclésiastiques, à recommander fortement à ses prêtres de ne favoriser en rien ce mouvement et à adresser une paternelle semonce à deux jeunes professeurs qui avaient assisté une ou deux fois à des réunions privées du *Sillon*. En résumé, les tentatives des sillonnistes, à Nantes, ne comptent pas. On y laisse ce mouvement mourir de sa belle mort.

Vannes, 18 octobre 1907.

Le *Sillon* a quelques groupes dans le diocèse. Plusieurs sont dirigés par des prêtres têtus (*sic*). A Vannes, les sillonnistes sont une douzaine; on en rit. Le clergé, en général, ne les approuve pas. A Lorient, le petit congrès que tint Marc Sangnier a été nuisible à sa cause. Son langage blessa les hommes d'œuvres catholiques et fut applaudi par les socialistes.

Mgr l'Evêque, à une retraite de professeurs de séminaires, leur défendit expressément de se mêler du *Sillon*, surtout d'en dire un mot devant les élèves. La défense épiscopale avait eu pour cause un incident du grand séminaire dont l'autorité n'a pas connu pourtant toute la gravité. L'intention formelle de Monseigneur souvent exprimée est que son clergé s'abstienne et mette en garde la jeunesse contre le *Sillon*, dont l'attitude confirme les défiances du Pape.

Luçon, 27 octobre 1907.

Je ne connais aucun groupement de *Sillon* existant dans le diocèse. Tout au plus pourrais-je dire que des ecclésiastiques isolés sont sympathiques aux idées du *Sillon*. Il est sans honneur chez nous et il y a tout lieu de croire qu'il ne s'y implantera pas. Les sentiments de notre évêque ne sont pas douteux et l'une de ses plus vives appréhensions serait de voir les sympathies pour le *Sillon* se propager dans son jeune clergé.

Angers, 19 octobre 1907.

Il y a eu, en Anjou, quelques groupements du *Sillon*. Ils n'y sont pas en honneur. Ils ont été l'objet d'un blâme de la part de notre évêque. Monseigneur a prié le président du Cercle catholique d'expulser de la société les jeunes gens faisant partie du *Sillon*.

Mende, 22 octobre 1907.

Le *Sillon* fut implanté chez nous il y a environ cinq ans. Ses membres ont été favorablement accueillis par le clergé, qui voyait en ces jeunes gens des auxiliaires paroissiaux. L'heure est venue où l'Évêque a dû élever la voix, discrètement d'abord, sans être compris, plus ferme ensuite, et enfin est venue une explication catégorique devenue nécessaire. A la suite d'une retraite, la conclusion a été qu'il fallait franchement jeter le *Sillon* pardessus bord. Le *Sillon* est donc mort chez nous.

Chartres, 16 octobre 1907.

On parle peu du *Sillon* chez nous, depuis surtout qu'un mouvement s'est dessiné et fortifié dans le clergé de France contre M. Marc Sangnier et son plan de politique. Notre évêque, comme bien d'autres prélats, a blâmé ouvertement les sillonnistes.

Enfin, voici, de Mgr Bougoüin, évêque de Périgueux, un acte plus significatif et plus complet que tous les autres. Marc Sangnier, devant faire une conférence à Périgueux, Mgr Bougoüin a publié l'interdiction suivante :

Pour répondre aux questions qui Nous sont adressées, Nous déclarons vouloir nous conformer à la conduite de plusieurs de nos vénérés collègues. En conséquence, dans le sentiment d'un grave devoir à remplir, après avoir réfléchi et prié, Nous défendons à tous les prêtres de Notre diocèse, d'une manière absolue et en invoquant l'obéissance qui nous est due, d'assister non seulement à ladite conférence, mais aux autres conférences ou congrès du *Sillon*. Nous étendons cette défense, sous peine d'exclusion, aux élèves de Notre petit et de Notre grand séminaire.

Nous, réprouvons aussi l'achat et la lecture des journaux *la Justice sociale* et *l'Éveil démocratique*, et Nous les défendons à tous les « ecclésiastiques » soumis à notre juridiction.

Périgueux, le 9 octobre 1907.

HENRY-JOSEPH,
évêque de Périgueux et de Sarlat.

Cependant, parmi tous ces actes épiscopaux, une place à part est due à ceux de Mgr Delamaire.

Devenu coadjuteur de Cambrai, il préluda par la note qu'on va lire, adressée aux supérieurs des nombreux collèges ecclésiastiques du diocèse, et publiée par *la Croix du Nord* :

Il est interdit à MM. les professeurs de traiter des questions sociales au cours de leur enseignement régulier ou dans des groupements particuliers d'élèves. Ces groupements seront prohibés sous quelque nom qu'ils se fassent.

Il est permis, il est même recommandé à MM. les supérieurs d'instituer dans leur collège en faveur des grands élèves des conférences (ou cercles d'étude) dans lesquelles, sous leur direction et sur un programme arrêté par eux, les jeunes gens seront initiés à l'apologétique étendue à l'étude des questions sociales à leur portée.

MM. les professeurs qui, après l'accomplissement consciencieux de leur devoir professionnel, voudront s'appliquer à l'étude des questions sociales, devront éviter la lecture, au moins en public, des livres et journaux à doctrine suspecte et entachés d'hostilité contre l'enseignement traditionnel de l'Eglise et d'insoumission aux directions de l'autorité hiérarchique du Pape et des évêques : *l'Eveil démocratique* lu par beaucoup sans défiance, ne paraît pas exempt de cette tendance.

A l'extérieur, MM. les professeurs ne devront s'affilier à aucun groupement revêtaut un caractère politique et ne prendront la direction d'aucun groupe sans l'assentiment de M. le supérieur.

Il est permis toutefois, il est même recommandé à MM. les professeurs qui y sont aptes, de donner des conférences, de prononcer des discours de circonstance tout aussi bien que de prêcher partout où MM. les curés et directeurs d'œuvres diocésaines leur demanderont ce service.

Cette note fut bientôt suivie d'un document beaucoup plus complet, dont le texte doit trouver intégralement ici sa place. Il est écrit sous forme de lettre à un supérieur de collège et parut dans *l'Univers* des 17 et 18 juillet 1907 :

Mon cher Supérieur,

A la demande que vous m'avez faite de quelques commentaires sur la récente circulaire que vous avez reçue au sujet des études sociales et de la lecture de *l'Eveil démocratique* dans les collèges, j'avais répondu d'abord, vu certaines raisons non sans valeur, que j'inclinais plutôt vers le silence.

Toutes réflexions faites, cependant, et en présence des prières très instantes qui me viennent de tous côtés et qui me font croire que je puis réaliser un grand bien en disant toute ma pensée, je me décide à le faire.

Evidemment, et vous l'avez parfaitement deviné, la vraie question qui me préoccupait en envoyant cette circulaire, bien qu'elle n'y soit pas nommée, c'était celle du *Sillon*.

Les doctrines sociales dont il est parlé et que je ne veux pas laisser traiter au collège ne sont pas les doctrines sociales, objet nécessaire de la philosophie classique, mais celles dont la discussion appartient aux questions brûlantes du jour ; de même que les groupements que j'y interdis ne sont pas les groupements charitables ou autres, traditionnels dans nos maisons, mais les groupements divers à tendances politiques, et surtout les groupements sillonnistes. Tel était le vrai sens de mes instructions.

Toutefois et bien au-dessus de ces consignes intérieures, dont la prudence ne peut être contredite par personne, ni professeurs, ni parents, il y a une question de principe qui se pose, *celle du « Sillon » en lui-même.* Cette question est de celles, je crois, sur lesquelles il est vraiment utile de s'expliquer sans retard, pour éclairer une situation dont le vague et l'équivoque pèsent lourdement sur une foule de jeunes âmes. Différer davantage de parler clair et net sur ce point si grave pourrait avoir les plus tristes conséquences, celle notamment de frapper d'impuissance et de stérilité d'admirables énergies que les épreuves présentes de l'Église et de la patrie réveillent un peu de tous les côtés dans la nouvelle génération.

Cette révélation de ma pensée intime au sujet du *Sillon* ne sera pas sans me coûter, parce que je sens la peine qu'elle va causer à beaucoup de jeunes gens que j'aime pour leur foi vive en Notre-Seigneur et pour leur dévouement aux classes populaires. Mais il faut cependant qu'elle soit faite.

Il le faut d'abord, dans l'intérêt du *Sillon* lui-même, qui, modifié en quelques-unes de ses tendances, amélioré comme esprit général, peut encore faire du bien à beaucoup de jeunes gens.

Il le faut aussi pour faire comprendre aux sillonnistes

que les témoignages d'affection que je leur accorde souvent, les applaudissements que je donne aux œuvres excellentes qu'ils réalisent en divers endroits, ne doivent pas être considérés comme une approbation de leur rattachement au *Sillon* quel qu'il soit.

Il le faut enfin, et non moins, pour mettre bien en lumière les motifs de mon changement personnel d'opinion à l'égard de leur mouvement.

Il y a quelques années, en effet, j'avais manifesté une certaine confiance dans ses résultats, tandis que, maintenant, je parle beaucoup plus volontiers des craintes qu'il m'inspire : crainte qu'il ne soit une cause de ruine pour ceux qui le suivent ; crainte qu'il ne soit une occasion de graves dommages pour la sainte cause de la religion, déjà si compromise dans notre chère patrie.

Et je ne suis pas le seul à être anxieux. Le Saint-Père, dans sa haute sagesse, nombre d'évêques, dans leur connaissance approfondie du pays, une foule d'hommes de bien, à l'esprit aussi large que bienveillant, ne cessent de dire, depuis quelques mois surtout, que ce mouvement les inquiète et qu'ils redoutent de sa part, un jour ou l'autre, une grave déviation vers quelque abîme.

C'est contre lui tout un ensemble d'impressions défavorables dont il est temps, ce me semble, de dégager les causes, en opérant soigneusement le triage de ce qui est faux ou dangereux, parmi les multiples choses qu'entreprend ou accomplit la fiévreuse activité de ses chefs.

Ce travail d'éclaircissement sera peut-être un peu ardu, car j'ai devant moi un corps de doctrines assez imprécis et des directions diverses très ondoyantes qui prêtent à toutes sortes d'échappatoires ; j'espère cependant atteindre mon but sans trop de difficultés, grâce à la connaissance sérieuse et déjà ancienne que j'ai du *Sillon* et de tout ce qui s'y rattache.

Parmi les observations que je prendrai la liberté de faire sur lui et sur les caractères de son action, observations qui sont loin d'épuiser la question, je crois devoir recommander principalement à votre attention, cher Supérieur, celle relative à « sa posture équivoque à l'égard de la hiérarchie catholique », car c'est là, à mon avis, qu'est le vrai vice de la constitution. Les autres points, moins importants, que je toucherai sont les suivants : son changement d'attitude au point de vue politique, le mauvais esprit de son organe principal et enfin l'incorrection de ses procédés de propagande.

I

SON CHANGEMENT D'ATTITUDE AU POINT DE VUE POLITIQUE

Après avoir dit et répété pendant plusieurs années qu'*il ne faisait pas de politique*, le *Sillon*, tout à coup, s'est présenté comme *un mouvement et un parti principalement politiques*.

Il est vrai qu'avant le changement de front il s'affichait déjà nettement républicain ; mais le fait de se déclarer tel dans un pays dont le régime est constitutionnellement démocratique n'est pas suffisant à lui seul pour dire qu'on fait de la politique. Il est beaucoup de Français républicains qui, pour toutes sortes de raisons, ordinairement mauvaises, n'en font pas et ne veulent pas en faire. C'était à cette époque l'état d'esprit de Marc Sangnier, le chef du *Sillon*, nous l'avons constaté plusieurs fois nous-même, en ce temps-là, dans nos conversations avec lui.

Depuis lors, il est entré dans la politique proprement dite, prenant une attitude qui n'est pas du tout l'affaire des enfants et des mineurs qu'il va recruter dans nos patronages et dans nos œuvres de jeunesse.

Là, en effet, on peut traiter, dans une certaine mesure, des principes de morale naturelle et chrétienne qui servait de base à l'activité politique, mais c'est tout, et l'on doit s'y tenir. Ce n'est pas d'ailleurs que nous blâmions en soi la transformation du *Sillon* sur ce point, mais nous nous plaignons de ce que, subitement, la foule de nos jeunes gens qui vivaient sous son influence aient été lancés, sans que nous en ayons été prévenus et comme par surprise, dans la politique pure (1).

II

SA POSTURE AU MOINS ÉQUIVOQUE A L'ÉGARD DE L'AUTORITÉ RELIGIEUSE

En effet, s'il ne dit pas formellement dans ses organes officiels, il y laisse du moins entendre que *les questions politiques et économiques, étant choses temporelles, ne regardent pas le prêtre*, mais les seuls laïques : doctrine absolument fausse, dont l'application marque de sa part un fléchissement visible, si inconscient qu'il soit, dans le sens anticlérical ou franc-maçon des vieux Césariens d'autrefois et des étatistes de toutes les époques.

La vérité est cependant bien claire en cette matière et nous pouvons la résumer tout entière d'un mot en disant que si, en théorie et *in abstracto*, dans un livre, par exemple, ou dans un cours de philosophie, un catholique est complètement libre de choisir telle ou telle forme politique comme la plus parfaite à ses yeux, les choses changent totalement dès qu'il veut traduire sa théorie en actes civiques. Ces actes, en effet, étant toujours bons ou mauvais, utiles ou dangereux, tombent par cela même et nécessairement sous l'appréciation du prêtre, de droit divin maître ès-sciences morales et directeur tant public que secret des consciences catholiques.

Voilà le principe, et il est tellement indiscutable que le clergé du monde entier est unanime à l'appliquer partout où l'état des esprits lui permet de le faire utilement.

(1) Il est incontestable que cette nouvelle attitude du Sillon ne manque pas d'habileté tactique. Elle lui permet d'abord de donner satisfaction à une certaine opinion, qui voit de très mauvais œil toute ingérence du clergé dans la politique; elle lui permet ensuite d'échapper à la direction effective des évêques qui, contraints eux-mêmes de compter avec cette opinion, sont ramenés à laisser les sillonnistes faire chez eux tout ce qui leur plaît, en attendant qu'ils veuillent bien en sortir pour venir demander quelques conseils à l'Église.

Maintenant, qu'un évêque en particulier ait défendu hier ou défende demain à tels ou tels prêtres de se mêler de politique, cela n'infirme en rien la doctrine générale. Que, d'autre part, les évêques veillent à ce que le prêtre ne se livre jamais en chaire aux débats passionnés du dehors sur des intérêts matériels étrangers à la morale et au bien de la religion, qu'ils lui interdisent également toute attaque contre les personnes, rien de plus juste comme mesure et de moins contradictoire. Ils connaissent d'ailleurs mieux que personne leur devoir en ces questions délicates, et ils n'ont pas besoin, pour s'y conformer, que les fidèles viennent le leur rappeler.

Ceux qui prétendraient leur interdire plus ou moins directement de contrôler ainsi d'autorité et *motu proprio* les catholiques dans leur activité politique ou économique, restreindraient et dénatureraient de la façon la plus grave la mission générale qu'a la sainte Eglise de tout renouveler et instaurer dans le Christ. Ce serait la tenir à l'écart au moment même et dans l'ordre de choses où les hommes ont le plus besoin d'elle. La politique, en effet, est comme le champ clos où se donnent rendez-vous pour la lutte toutes les vertus comme tous les vices; l'économie politique à son tour ne peut organiser quoi que ce soit sans s'adresser au travail humain et sans s'exposer, par conséquent, à violer la justice et l'humanité dont la morale chrétienne est la principale et très efficace gardienne. Nous n'ignorons pas à ce sujet, d'ailleurs, que les sillonnistes font appel au clergé pour lui demander ses conseils à leurs heures de doute, et c'est ce qu'ils s'empresseront de nous objecter pour se dérober à nos conclusions; mais il reste vrai que cette déférence se produit dans des conditions telles qu'elle tourne beaucoup trop souvent à une sorte de négation pratique de la véritable autorité de l'Eglise.

« Ne vous occupez pas de nous, aiment à nous dire certains d'entre eux; quand nous aurons besoin de vous nous irons vous chercher. »

Comme si l'Eglise avait à attendre que ses fidèles, ouvriers ou patrons, commerçants ou écrivains, politiciens ou économistes, viennent s'ouvrir à elle des abus qu'ils commettent pour blâmer ces abus et pour les réprimer.

Elle a, au contraire, le droit d'intervenir quand elle veut, comme elle veut, et dans la mesure qu'elle-même juge opportune et bonne.

S'il en était autrement, les erreurs et les vices auraient licence de la ravager de la façon la plus meurtrière et la plus douloureuse sans qu'elle puisse donner signe de vie.

Le prêtre n'est pas simplement une sorte de Bible vivante, un *Codex* de dogme ou de morale que des catholiques vaguement protestantisés consultent quand cela leur plaît et dont ils soumettent les décisions à leur libre examen ; il est toute autre chose et surtout beaucoup plus il est un véritable pasteur, un chef qui protège, réprimande et régit tous les baptisés, à l'heure qu'il choisit et sous le seul contrôle de son évêque et du Pape ; un chef qui fait cela sans attendre que l'individu ait examiné la question de savoir si l'autorité s'est renfermée ou non dans les limites de sa juridiction propre.

Bien des sillonnistes, nous en sommes convaincus, ne se reconnaîtront pas dans l'attitude que nous attribuons, non sans motif, à plusieurs d'entre eux. Nous ne nous en étonnons pas, car la soumission complète de ceux-là à l'Eglise ne fait doute pour personne. Mais il n'en est pas moins vrai que l'idée de Marc Sangnier de vouloir dans sa « méthode » que le prêtre soit simplement et uniquement un « conseiller » aboutit, en dernière analyse, à ce résultat. C'est d'ailleurs une question de fait, et le fait le voici :

A côté des nombreux sillonnistes irréprochables, édifiants même, dont nous venons de parler et pris surtout parmi ceux qui ont pour chef un curé fondateur de *Sillon* ou un aumônier pour ainsi dire élu par ses jeunes gens, dont la sympathie affectueuse fait accepter l'autorité, il est d'autres jeunes gens que toute observation, toute critique des supérieurs hiérarchiques et même de l'évêque à l'endroit des principes du *Sillon* ou de leur application, quelle qu'elle soit, indisposent et irritent comme des actes de malveillance voulue ou tout au moins comme des manifestations d'esprits peu ouverts à l'intelligence des nécessités modernes.

Ces sillonnistes que, sans aucun doute, Marc Sangnier n'hésiterait pas à renier s'il les connaissait, ne balancent jamais entre deux affirmations contraires, l'une de leur chef d'école et l'autre de l'autorité religieuse, sauf pourtant celle du Pape (supposant peut-être qu'il n'interviendra pas). Des deux, c'est toujours et immanquablement celle de M. Sangnier qu'ils trouvent la moins faillible et la plus sûre.

Pleins de foi et servilement « suiveurs » à l'égard d'un laïque sans mission, ils sont d'une absolue indépendance vis-à-vis du prêtre dont ils n'acceptent la direction, disent-ils, que sur le terrain religieux, en se réservant bien soigneusement d'ailleurs de décider où commence ce terrain et où il finit, et en supprimant ainsi le droit qu'a l'Eglise de tracer elle-même les limites du spirituel et du temporel.

Après ces précisions, les esprits sages comprendront notre anxiété en présence d'un « mouvement » qui, à un moment donné, fut si généreux et si plein de promesses et qui, soudain, laisse s'en aller vers de si mauvaises voies une partie de ceux qu'il a entraînés. Si nous le laissions descendre ainsi sans frein et sans répression, vers ces tendances déplorables, ce serait, il nous semble, frapper d'impuissance les grands efforts que nous faisons depuis si longtemps déjà pour crér l'union de tous les catholiques, sous la houlette des évêques : ce serait livrer à l'ennemi toute une phalange de braves enfants qui, s'ils étaient restés étrangers au *Sillon*, eussent été prêts à donner l'exemple du dévouement le plus généreux au peuple et à l'Eglise dans la plus parfaite et la plus féconde discipline.

A ces motifs d'inquiétude, que nous venons d'énumérer et que nous avons exposés nous-mêmes en plusieurs circonstances à des sillonnistes de marque, les intéressés ne nous ont répondu (eux qui ne veulent pas être des « théologiens ») que par l'adage de l'école *in dubiis libertas*, et en se réclamant de ce qu'ils appellent « la seule liberté des enfants de Dieu », c'est-à-dire par des maximes qui, si respectées qu'elles soient de nous, n'ont pas ici leur application.

Il ne s'agit pas, en effet, dans la direction que nous voulons leur donner, d'imposer aux esprits des opinions philosophiques ou politiques discutées parmi les auteurs classiques, *il s'agit uniquement de conduite pratique*, il s'agit d'obtenir l'obéissance quand le curé, le supérieur de collège ou l'évêque estiment dangereuses telles lectures ou telles études spéciales dans tel milieu déterminé, croient telle ligne de conduite compromettante pour la cause catholique en certaines circonstances très précises, etc.

Qu'on invoque la liberté des opinions sur le terrain de la spéculation, nous n'y voyons pas d'inconvénient; mais qu'on le fasse comme soldat dans le rang et sous le feu de l'ennemi, devant des ordres donnés qui ne lèsent en rien la conscience, c'est décréter le règne de l'anarchie parmi nous et notre impuissance absolue.

Quand a-t-on vu un bon fils dire à son père, un bon soldat à son capitaine, un bon élève à son maître : « Je ne suis pas certain que votre commandement soit le meilleur à donner, je doute même beaucoup de son utilité, donc je refuse l'obéissance. Si vous voulez que je m'incline devant votre volonté, démontrez-moi que vous avez raison ! »

Les sillonnistes eux-mêmes raisonneraient-ils ainsi à l'égard des instructions qui leur arrivent de Paris, signées de Marc Sangnier? Qu'ils essayent de le faire et ils verront avec quel empressement leur chef les excommuniera et les séparera de lui : « Obéissez, ou allez-vous-en ! »

leur dira-t-il, comme il l'a dit, non en propres termes, mais équivalemment, à un si grand nombre de ses camarades de la première heure.

La pratique de l'*in dubiis libertas* ne peut être en usage dans le *Sillon* à l'endroit des directions ou des consignes du maître, parce que ce serait la ruine de « la cause » comme ce serait la ruine et la fin de toute famille et de toute société qui la subiraient.

A ces griefs formulés contre le *Sillon* : poussée de mineurs dans la politique, limitation du champ d'action de l'Eglise, crainte malséante et malsaine des empiétements de l'autorité religieuse, nous pourrions en ajouter plusieurs autres : théories paradoxales, alliances pratiquement scandaleuses, propagation inconsciente, mais réelle, du mouvement socialiste, méconnaissance du danger pour certains auditoires d'entendre certains sujets, manie de la persécution, effets navrants de perdition pour certains, tant prêtres que laïques ; mais nous ne voulons pas entrer dans cette voie, parce qu'il faudrait alors écrire tout un livre et que ce n'est pas le cas de le faire. Nous nous bornerons donc à ce qui précède, jugeant qu'il y a, dans ces quelques considérations, matière suffisante à de sérieuses réflexions et preuve manifeste que ce n'est ni l'esprit républicain du mouvement sillonniste, ni même son caractère démocratique qui nous a refroidi à son égard, mais de graves raisons tant religieuses que sociales, qui s'imposent à la réflexion de tout homme soucieux de la paix entre catholiques et des moyens de faire régner Dieu sur nos sociétés modernes pour les réformer et les sauver.

III

LE MAUVAIS ESPRIT DE SES ORGANES OFFICIELS, « ÉVEIL DÉMOCRATIQUE » ET DIVERSES REVUES SILLONNISTES RÉGIONALES.

Limitons nos observations à *l'Eveil démocratique*,

elles s'appliqueront de soi aux autres publications dans la mesure du besoin.

Or, ce journal, qui atteint en ce moment un assez fort tirage, dit-on, et qui possède une influence si considérable sur sa clientèle, pour qui Marc Sangnier est comme une sorte d'oracle, ce journal ne cesse d'attaquer le personnel des militants catholiques.

Au lieu de se borner à faire du républicanisme, de la démocratie, de la chronique sociale, et à pousser ses lecteurs au dévouement envers les classes populaires, ce que nous ne songerions pas à blâmer, il ajoute à cela une campagne incessante de détraction, soit directement, soit par insinuation, contre les meilleurs et les plus dévoués défenseurs de la cause catholique.

Il s'en prend successivement, et d'ailleurs presque toujours injustement, à la droite du Parlement, à l'*Action libérale*, à la Jeunesse catholique, à des évêques et à la cour de Rome elle-même, témoin sa chronique des papiers Montagnini, il y a quelques mois.

Cette attitude est d'un effet déplorable près des jeunes gens qu'elle amène à traiter dédaigneusement, du haut de leurs 18 ou 20 ans, des autorités sociales ou religieuses qu'il leur serait infiniment plus profitable de savoir entourer de leur respect et de leur considération. L'œuvre du catholicisme français qui, sans avoir fait tout ce qu'il aurait pu faire au point de vue social, a néanmoins fourni un effort immense dans ce sens depuis une vingtaine d'années, leur est à peu près inconnue.

De même que pour certains primaires, élèves naïfs de l'école révolutionnaire, la vraie histoire de France ne commencerait qu'en 89, de même, pour eux, l'action sociale des catholiques dans notre pays ne semblerait dater que de Marc Sangnier, avant qui rien de sérieux n'aurait été, même tenté, en faveur des classes populaires.

A quoi servent ces dédains, à quoi servent ces engouements ? Nous ne le voyons pas, mais .nous voyons très bien le mal qu'ils opèrent dans les esprits que tout porte, en notre milieu social si imprégné de naturalisme, à l'orgueilleuse exagération du moi et à une folle indépendance vis-à-vis des autorités sociales.

Si la presse sillonniste veut pratiquer une ardente et vigoureuse polémique pour donner du montant et de l'intérêt à ses articles, qu'elle laisse les catholiques tranquilles, et qu'elle se tourne encore plus qu'elle ne le fait maintenant contre l'innombrable armée de faux républicains qui déshonorent et ruinent le régime, contre les trop nombreux protestants qui sont en France les pratiquants et les propagandistes de la « restriction mentale », contre celles de nos écoles qui ne sont plus que des foyers d'impiété formelle et d'immoralité ? La besogne, certes, ne manque pas à qui veut combattre le bon combat pour la vérité et pour la justice, sans s'adonner à démolir l'influence et les œuvres de ceux qui sont pour nous non seulement des alliés, mais des frères.

IV

LES PROCÉDÉS SOUVENT DÉSOBLIGEANTS DE SA PROPAGANDE

Il ne suffit pas qu'une cause soit bonne en elle-même pour gagner les cœurs, il faut aussi qu'elle soit intelligemment servie et défendue. Il y a longtemps qu'on a dit que rien n'est dangereux comme un maladroit ami.

Or, si les sillonnistes ont du zèle, ils en ont souvent beaucoup trop, et un zèle qui parfois affecte des formes très désobligeantes pour les voisins et pour les émules.

Si les directeurs de patronage, les supérieurs de collège, les curés de paroisses agissaient entre eux au sujet des enfants, des élèves et des fidèles comme certains sillonnistes agissent pour se recruter à l'égard des autres œuvres de jeunesse, ce serait immédiatement la désunion la plus profonde et la plus regrettable entre une foule d'œuvres excellentes et tout à fait recommandables.

De tout temps, à propos de professions et d'œuvres de tout genre, il fut convenu entre les gens délicats qu'on

s'interdirait absolument de marcher sur les brisées les
uns des autres. Que tous les sillonnistes se fassent un
devoir étroit de cette délicatesse, et ils verront tomber
immédiatement une foule d'attaques que leur ardent
esprit de prosélytisme a provoquées.

Qu'ils s'imposent, en particulier, une grande réserve
et une parfaite déférence à l'égard du clergé, et cette
pacification si désirable s'accentuera bien davantage
encore ! Le curé et l'évêque sont pères, et comme tels ils
n'acceptent pas qu'un autre vienne leur prendre leurs
fils spirituels pour les endoctriner à sa manière et leur
inculquer, sans contrôle, les idées qui lui plaisent.

Que le *Sillon* cesse tout à fait de se recruter en sujets
non majeurs, ou bien alors qu'il n'entreprenne rien avec
les enfants d'une paroisse ou d'un établissement catholique quelconque, sans l'assentiment du supérieur en
charge approuvé lui-même par l'evêque. Faire le contraire est extrêmement dangereux et produira toujours
rapidement les fâcheuses conséquences que l'on sait :
mise à l'index par l'autorité pastorale, antipathies aiguës
entre divers groupes d'une même jeunesse chrétienne,
détractions mutuelles, guerres sourdes et parfois même
publiques, etc.

Marc Sangnier ne pense pas à tout cela quand il
pousse ses disciples à aller de l'avant dans la conquête
des jeunes de nos patronages et de nos collèges. Ses intentions sont droites, sans doute, et il ne veut que le
bien, mais cependant il aboutit au mal, à un grand
mal même, celui d'amener des catholiques à se détester
les uns les autres, lui qui cependant prêche si souvent
et si justement, selon l'ordre du Sauveur, l'amour des
adversaires et des ennemis.

Ce dernier reproche que nous venons de formuler
contre les sillonnistes est de ceux qu'en général on accepte difficilement ; nous avons cependant la confiance
qu'ils reconnaîtront, en y réfléchissant, combien il est fondé, et combien il y a lieu pour certains sillonnistes d'en

faire état et de veiller à ne plus le mériter, s'ils ne veulent pas, à un moment donné, soulever contre eux comme une coalition de toutes les œuvres catholiques de jeunes gens et d'hommes.

Vous avez maintenant, cher Supérieur, ma pensée tout entière sur la grave question que les circonstances m'ont amené à élucider dans l'intérêt présent et futur de nos maisons d'éducation diocésaines. Puissent ces considérations vous servir à atteindre mieux encore l'idéal que vous poursuivez, ainsi que vos distingués collègues, avec tant de dévouement : former des jeunes chrétiens qui entrent dans la vie, non seulement avec la générosité et la vaillance de leur âge, mais aussi avec la maturité et la circonspection précoces des âmes élevées à l'école du seul vrai Maître, Jésus-Christ.

Instruits en son nom par vous, ces jeunes gens n'oublieront jamais que son Église, c'est lui-même, et que quiconque veut avoir la vraie vie doit être en communion étroite et parfaite avec elle; ils n'oublieront jamais que les hommes les plus remarquables par leur science, leur foi, leur abnégation et leur dévouement ne sont pas de ceux qui peuvent sauver Israël s'ils ne sont pas entés par l'Église sur le Christ lui-même ; ils n'oublieront pas, enfin, que l'Église, pratiquement, c'est l'évêque, et que discuter ses instructions, c'est faire œuvre de mauvais catholique et méconnaître l'autorité suprême du pape dont il est tout à la fois, dans son diocèse, le cœur qui aime, l'œil qui surveille et la voix qui commande. Et quand ils seront bien pénétrés de cet esprit, quels que soient pour eux dans l'avenir le souci des grandes affaires ou les séductions du monde, ils sauront tout dominer, et, sans crainte aucune de s'égarer, pratiquer le christianisme social le plus généreux, en allant vers nous, vers nos chers ouvriers et vers tous les humbles, pour les aimer fraternellement et pour tenter par tous les moyens légitimes d'améliorer leur sort matériel et de sauver leurs âmes.

Vous ne conclurez donc pas, cher Supérieur, des graves avertissements que nous avons jugé utile de donner dans cette lettre, à la nécessité pour vous de contenir l'élan vers les œuvres sociales que votre direction intelligente a suscité au cœur de vos grandsélèves, mais seulement au devoir qui vous incombe plus que jamais de continuer, comme vous l'avez si bien fait jusqu'à présent, à régler cet élan, à lui ouvrir des voies sûres, à lui donner un but digne de son principe si noble et si pur: amour tout chrétien du peuple et de la patrie.

Je vous adressais naguère toutes mes félicitations pour le bien que vous n'avez cessé de faire dans le beau collège qui vous a été confié ; je suis heureux de vous les renouveler aujourd'hui, priant Dieu qu'Il daigne bénir de plus en plus votre œuvre et celle de vos pieux et dévoués collaborateurs.

Agréez...

† FRANÇOIS
archevêque de Métymne, coadjuteur.

Enfin la suprême désapprobation vint de Rome même, où Marc Sangnier s'était rendu avec l'espoir d'y enlever un flot de bénédictions qui couvrirait tant de défaveur.

La *Semaine religieuse* de Cambrai, du 25 mai 1907, en donnait la nouvelle en ces termes :

Nous recevons d'une personne que nous savons être sûrement informée la communication suivante :

« Une dépêche de Rome annonçait, il y a quelques jours, que M. Marc Sangnier venait d'être reçu par le Saint-Père. Cela tenait en dix mots ; aucun commentaire, aucun détail.

« Que signifiait ce laconisme inquiétant, auquel nous sommes si peu habitués quand il s'agit des faits et des gestes du chef du *Sillon*?

« Depuis que le *Sillon* s'est senti assez fort pour renier

le caractère d'action essentiellement catholique par lequel il avait séduit Rome, l'épiscopat, une grande partie du clergé, des catholiques français, et ne plus craindre de s'avouer un mouvement essentiellement politique, l'Eglise a commencé de lui retirer un appui dont il a tant abusé.

« Alarmé, sans doute, de l'isolement et de la désaffection qui le menacent, M. Marc Sangnier était parti pour Rome, d'où il se flattait de revenir béni, blanchi et triomphant.

« Qu'en a-t-il été ?

« Le lendemain de ses audiences, le *Secolo* de Milan annonçait, dans un télégramme reproduit par la *Petite République*, que M. Marc Sangnier avait été reçu par le Pape avec une froideur marquée, et que le cardinal Merry del Val lui avait simplement lavé la tête. Le texte porte qu'il lui donna un vrai savon.

« Des renseignements particuliers nous permettent de confirmer l'exactitude de cette information.

« Il est à noter, en outre, que la conférence donnée à Rome par l'orateur du Sillon, en cette circonstance, n'a point eu lieu à la Chancellerie apostolique, comme, précédemment, celles de MM. Brunetière et Fonsegrive, mais dans le local privé d'une société ouvrière.

« Un bref compte rendu de l'*Osservatore romano* n'y signale, parmi les solennités ecclésiastiques, que la présence de Mgr Faberi. Mais ce que ce journal ne dit pas, et que nous sommes cependant en mesure d'affirmer, c'est que Mgr Faberi, secrétaire du Cardinal-Vicaire, assistait à la réunion comme surveillant délégué par son éminent chef.

« *L'Eveil démocratique* du 19 mai nous fait connaître les impressions de M. Marc Sangnier. Il se vante à son public d'avoir reçu à Rome le même accueil que dans ses précédents voyages ; mais, par modestie, il s'abstient de préciser aucun détail et de rapporter aucun fait. A l'en croire, rien n'est changé dans les dispositions de la Cour

romaine à son égard ; et, naturellement, ce lui est une
occasion nouvelle de dénoncer, comme un tissu de calomnies perfides et haineuses, les simples faits et propos,
parfaitement indéniables, qu'on a relevés à sa charge
et sur lesquels il refuse invinciblement de s'expliquer.

« Ce bluff, que de hauts personnages pourraient seuls
dissiper, égarera peut-être quelque temps encore la jeunesse fanatisée par M. Marc Sangnier ; mais il est un
point sur lequel il est impossible de le tolérer et qui
appelle, dès aujourd'hui, un démenti formel et un défi.

« M. Marc Sangnier ose dire qu'il a constaté avec joie
la faveur dont jouit à Rome son idée d'une collaboration
active avec ceux qui ne partagent pas la même foi positive que nous, pour la défense de la civilisation chrétienne.

« Cela ne peut signifier autre chose, pour ses adeptes,
que l'approbation par le Saint-Siège de cet accord entre
les jeunes gens du *Sillon* et les *Unions chrétiennes*
protestantes, en vertu duquel, selon les déclarations
antérieures de M. Marc Sangnier et les faits déjà acquis,
les membres de l'un et de l'autre culte, se réunissant
dans une communauté d'œuvres, et dans celle d'un
même idéal chrétien en vue de constituer un parti moral
et social nouveau, à l'exclusion des catholiques qui ne
partagent pas ce même idéal.

« C'est là un indigne abus de l'autorité la plus sainte.

« Je m'inscris en faux contre cette audacieuse asser-
tion, et mets M. Marc Sangnier au défi de citer un seul
nom, un seul mot ou un seul fait, tant soit peu précis,
pour la justifier.

« Ce défi, il se gardera bien de le relever, parce qu'il
sait qu'il s'attirerait sans retard un démenti du Vatican.

« Et l'on peut juger, par ce trait, de la confiance qu'il
mérite pour le reste. »

Avec son incomparable talent de répliquer sans

répondre, Marc Sangnier adressa la lettre suivante à la *Semaine de Cambrai*.

Monsieur le Directeur, — On vient de me communiquer ici la *Semaine religieuse* du 25 mai.

Pourquoi vous acharnez-vous ainsi contre nous ? Mais nous nous consolons de votre attitude peu bienveillante en songeant à toutes les marques de paternelle bonté qui nous ont été prodiguées à Rome par le Pape et par les cardinaux.

Je ne réfuterai pas les multiples erreurs que j'ai relevées dans les nombreuses pages que vous nous consacrez. Vous trouverez dans les numéros de *l'Eveil* des 19 et 26 mai, ainsi que dans le numéro du *Sillon* du 25 mai, le rapport exact de ce qui s'est passé à Rome. Quant à *la Petite République*, qui devient pour la circonstance une de vos sources d'informations religieuses, vous pourrez vous reporter à la réponse que je lui ai envoyée.

Enfin, monsieur le Directeur, malgré votre défi, dont la forme d'ailleurs est fort peu 'courtoise, j'affirme que le cardinal Merry del Val lui-même m'a approuvé quand je lui ai dit que, selon le conseil donné autrefois par Léon XIII, nous voulions combattre *avec tous les honnêtes gens*, et nous entendions défendre, avec le concours de tous, *la civilisation chrétienne*, menacée par le nouveau paganisme immoral et antireligieux qui désole la société présente.

Veuillez croire, monsieur le Directeur, à ma considération distinguée.

La nouvelle de l'accueil sévère que Sangnier trouva à Rome était exacte. Celui qui écrit ces lignes en a la connaissance certaine. Il n'est pas libre de divulguer les sources de ses informations ; mais aucun de ceux à l'estime desquels il tient ne mettra en doute ce qu'il affirme, du moment qu'il y engage sa parole sacerdotale.

J'ajouterai donc qu'en dépit des dénégations audacieuses de Marc Sangnier et malgré son bluff, l'exacte vérité, nous nous en portons garant, est qu'il a été mal reçu par le Saint-Père, qui coupa court à ses instances, en lui disant : « *Ni vous, ni votre œuvre ne pouvez recevoir la bénédiction apostolique* (1). »

Il y avait un témoin à cette audience pontificale, personnage ecclésiastique, chaud partisan du *Sillon* et des démocrates chrétiens.

Et, d'ailleurs, sans même insister sur le témoignage du jugement papal rapporté par les évêques de Bayonne et de Périgueux, le lecteur s'est bien déjà douté que le revirement opéré parmi nos prélats à l'égard du *Sillon* était l'effet d'un changement de dispositions constaté par plusieurs d'entre eux au Vatican.

III. — Fidèle faveur.

Il faut cependant reconnaître que le *Sillon* con-

(1) La *Semaine religieuse* de Cambrai dit, dans son numéro du 6 octobre 1907 :

Nous lisons dans une lettre autographe de S.G. Mgr Gieure, évêque de Bayonne : « C'est dans l'audience du lundi vingt-neuf avril dernier que le Saint-Père, très spontanément, m'a fait ses déclarations au sujet du *Sillon*. A ce même moment, M. Sangnier était annoncé et attendu à Rome... *Le Saint-Père fut très catégorique, le cardinal Merry del Val le fut bien davantage.* » L'audience où l'Évêque de Bayonne recueillit les paroles du Saint-Père eut donc lieu exactement quinze jours avant celle accordée au Président du *Sillon*. Ce dernier n'obtint pas une ligne signée du Pape dont il pût se servir en faveur de son entreprise. Le Saint-Père était d'ailleurs parfaitement au courant de la question ; il dit à Mgr Gieure : « *J'ai lu les discours de Marc Sangnier ; j'ai lu aussi quelques-uns de ses articles : tout cela m'inquiète.* » — Il sera curieux de rapprocher de preuves aussi convaincantes les remontades de Marc Sangnier, que nous rapporterons plus loin.

serve encore des appuis parmi les évêques et le clergé; aussi fait-il de grands efforts pour entretenir ces vestiges de l'ancienne faveur.

Il en tire habilement parti, pour opposer au blâme des uns l'approbation des autres et continuer d'en faire à sa guise.

Relevons, parmi ces documents, les plus dignes d'attention. L'éloge n'y va pas toujours sans quelque réserve, commandée par une prudence qui désormais s'impose, mais enfin la faveur y est hautement avouée.

C'est d'abord un plaidoyer du *Bulletin religieux* de la Rochelle, à propos de la lettre si caractéristique de Mgr Gieure :

Ce document, dont on fait grand bruit dans la presse, nous oblige à revenir sur une question toujours controversée. Espérons-nous y répandre un peu de lumière et de bonne foi? Hélas ! nous savons combien les préjugés sont tenaces et qu'il est difficile d'amener les gens à réfléchir sur les malentendus qui les divisent. Essayons cependant. On nous rendra pour le moins cette justice que nous ne fuyons pas les questions irritantes, et faisons tout, au contraire, pour aboutir à une solution équitable.

Ici même, au mois de septembre dernier, nous disions: Il y a une question du *Sillon*. Elle mérite d'être examinée de sang-froid, dans un esprit de droiture et de charité. Le *Sillon* est un mouvement complexe, qui évolue sans cesse. Impossible de le fixer dans une définition exacte et définitive. Il est une vie avec ses aspects changeants et ses déconcertantes métamorphoses. A part deux ou trois aspirations fondamentales et qui n'ont absolument rien d'hétérodoxe, le *Sillon* est une succession d'essais, de tâtonnements, d'idées encore mal définies, auxquelles il faut laisser le temps de se tasser, de se préciser, de se coordonner. Et tout cela bouillonne en des âmes jeunes, ardentes, sincèrement et intensément catholiques, éprises de vérité, de justice et d'amour (1).

Rien d'étonnant qu'un pareil mouvement présente des points obscurs, accuse des tendances inquiétantes. Plus d'une fois, en causant avec des sillonnistes, nous avons nous-même fait des réserves, demandé qu'on donnât à certaines idées une expression plus claire et pour ainsi dire scolastique.

Le meilleur service à rendre aux sillonnistes, qui sont des jeunes gens pleins de bon vouloir, serait donc de suivre avec attention leurs idées, de leur signaler les points faibles, les principes douteux, les développements théologiques ou sociaux qui ne sont pas d'une rigoureuse orthodoxie. Mais ce travail demanderait de la loyauté, ni exagération, ni parti pris. C'est-à-dire qu'il devrait être fait dans un tout autre esprit que *les Erreurs du Sillon* de M. l'abbé Barbier (2).

(1) Il est difficile de mieux dire... pour la condamnation du *Sillon*. Qu'est-ce donc, dans le milieu de la foi catholique, que ce mouvement sans doctrine, sans boussole? Qu'est-ce que cette vie constamment changeante, devenue le grand espoir du catholicisme en France? Il y a là un foyer de contradictions sans fin et une porte ouverte à toutes les nouveautés que l'Église réprouve.

(2) Il a été fait justice de cette attaque, par une réplique montrant le cas à en faire. En voici la fin :

« Ce n'est pas la première fois, monsieur l'abbé, que je suis obligé de vous demander une rectification. La solution heureuse que vous avez su donner à de premières difficultés me fait espérer que nous sortirons facilement de celle-ci.

« Quand j'ai publié *Rome et l'Action libérale*, vous aviez écrit que ce livre était un « pamphlet » contre M. Piou, et m'accusiez de *le traîner aux Gémonies*. Puis, vous faisant inconsidérément l'écho d'un bruit calomnieux, vous ajoutiez que mon *Cas de conscience* avait été condamné par Rome.

« Je vous adressai une réponse, où je faisais justice de cette calomnie et vous portai respectueusement le défi de relever, dans mon livre, une seule expression violente ou blessante à l'égard de M. Piou.

« Vous avez bien voulu me répondre par le billet suivant, que j'ai conservé comme un monument de désinvolture:

« L'abbé Léandre Poivert accuse réception à M. l'abbé Barbier de sa lettre qui paraîtra dans le numéro d'octobre. J'avoue que l'expression « traîner aux Gémonies » n'avait, dans ma pensée, qu'un

Il faudrait aussi que l'on reconnût et proclamât très haut la parfaite sincérité, la générosité d'âme et le dévouement des sillonnistes. On leur doit cette justice de saluer en eux l'élite intellectuelle et morale de nos jeunes catholiques. Nous pouvons en parler à l'aise, nous qui avons créé dans le diocèse un des premiers groupes de Jeunesse catholique, à une époque où cette association éveillait dans la presse conservatrice les mêmes défiances qu'y éveille aujourd'hui le *Sillon*; nous qui sommes encore, à l'heure actuelle, directeur d'un groupe important de l'A. C. J. F. Certes, nous chérissons d'un égal amour tous ces jeunes gens, à qui nous nous efforçons de faire du bien. Mais la vérité nous oblige à dire que les meilleurs que nous ayons formés nous-même ou connus assez intimement, les plus vibrants, les plus agissants, les plus épris d'apostolat social, de droiture et de chasteté furent des sillonnistes. L'A. C. J. F. n'a commencé à montrer une vitalité pleine de promesses qu'à partir du moment où elle s'est sentie concurrencée et devancée par le *Sillon*, à telle enseigne qu'à lire la plupart des articles parus dans *la Vie Nouvelle* on ne saurait dire s'ils sont plus Jeunesse catholique que *Sillon*.

Tous les évêques qui ont cru devoir prendre la détermination d'interdire à leurs prêtres une action positive dans le *Sillon* ont rendu hommage à la bonne volonté

sens doucement ironique, *car la critique que vous faites de la ligue Piou est courtoise dans les termes*, bien qu'inopportune, à mon avis, et injustifiée.

« Sur le point de l'*Osservatore Romano*, *j'ignorais absolument que ce communiqué n'eût aucun caractère officiel*, et qu'il eût été désavoué. Mais le jugement que vous portez sur ce journal m'est d'autant plus précieux que j'ai étonné une grande partie des curés du diocèse pour l'avoir exprimé moi-même à l'occasion de l'article sur les élections, et que je vois les partis adverses, vos amis comme les miens, jouer de l'*Osservatore* avec candeur. »

« Dans l'attente d'une seconde réponse, aussi aimable, je vous adresse, monsieur l'abbé, l'expression de mes sentiments respectueux.

Emm. Barbier.

et à la sincérité des sillonnistes. Le Pape n'y manque pas, comme on le voit dans la lettre de Mgr Gieure. Pourquoi toute la presse conservatrice et religieuse n'en use-t-elle pas de même avec *le Sillon ?* Que signifient ces ordures déversées à pleine hotte par *le Jaune* et ces diatribes envenimées de *l'Autorité ?* Est-ce en les traitant de « fumistes », d' « énergumènes », de « gamins vicieux », de « voyous soudoyés par l'or de Sangnier », est-ce en dénaturant ou en tronquant des textes, comme nous en avons donné la preuve dans notre dernier numéro, qu'on espère sauver l'orthodoxie mise en péril par les témérités de quelques jeunes gens (1) ?

S'il y a dans les discours, dans les écrits de Marc Sangnier et de ses amis des erreurs doctrinales, des tendances dangereuses, que Rome les signale. Mgr de Bayonne nous affirme que le Pape a eu des craintes au sujet du *Sillon.* Les a-t-il encore? Si oui, nous ne tarderons pas à le savoir. Le Pape dira sa pensée, précisera ses conseils et ses critiques, et, soyez-en bien convaincus, il n'est pas un sillonniste qui ne se range promptement et filialement à l'avis du Pape, dès que le Pape aura parlé (2).

En attendant, nous devons, comme nous l'avons dit, traiter les idées avec justice et les personnes avec amour. Les prêtres, surtout ceux qui, par l'exercice de leur ministère, ont affaire à tous, ne doivent prendre aucune part active à la propagande du *Sillon.* C'est une vérité

(1) Le *Sillon* joue à l'égard des *Jaunes* le rôle du gamin qui se plaint d'avoir été battu par un camarade, mais en se gardant bien de dire qu'il l'avait d'abord injurié de son mieux. Les *Jaunes* ne se piquent pas de réponses académiques.

(2) Ce sont là un langage et des prétentions inadmissibles chez des catholiques, et qu'on est surpris de voir approuver par un prêtre. L'autorité du Pape est-elle la seule dans l'Église? N'est-ce pas aux évêques, tout d'abord, qu'il appartient de relever et de corriger les erreurs ? Leur voix s'est élevée ; quel cas en a-t-on fait ? Quel cas fait-on même ici du jugement du Pape rapporté par un évêque ? Ces subterfuges pitoyables sont un grand amoindrissement de la discipline catholique. Et la théorie selon laquelle, tant que Rome ne condamne pas, la liberté est entière et personne n'a rien à dire, ne saurait être émise par les catholiques même les moins éclairés.

de bon sens que nous n'avons cessé de prêcher, nous que l'on accuse, bien à tort, d'admiration sans réserve pour le *Sillon*. Nos préférences ne vont pas aux idées, mais aux personnes. Quand de jeunes sillonnistes désireux de travailler et de s'instruire, à un âge où tant d'autres ne songent qu'à se laisser vivre, viennent dire au prêtre : « Monsieur l'abbé, enseignez-nous notre religion, que nous savons mal, et donnez-nous l'amour du Christ, dont nous avons besoin pour notre œuvre démocratique », le prêtre ne peut que se pencher sur ces âmes assoiffées d'idéal, et, sans partager toutes leurs conceptions politiques et sociales, leur donner ce Verbe divin qu'elles implorent.

Voilà le rôle du prêtre au *Sillon*. Ç'a toujours été, ce sera toujours le nôtre. Est-ce clair ?

Quelques jours après, *le Bulletin religieux* de la Rochelle revenait sur le même sujet, et ajoutait ces réflexions empreintes d'un parfait esprit sillonniste :

Notre article sur *le Sillon*, reproduit dans *la Croix*, *l'Univers* et divers journaux de province, nous a valu de nombreuses lettres d'amis inconnus, qui tous se déclarent réconfortés et consolés par la courageuse franchise de notre langage.

Puissions-nous avoir travaillé à l'apaisement, si désirable, sur cette irritante question ! Tous ceux qui nous lisent avec attention doivent reconnaître que nous ne visons à rien autre chose qu'à faire cesser envers de jeunes catholiques, que le Pape proclame « sincères et généreux », une guerre sans merci, poursuivie à coups de procédés d'une acrimonie et parfois d'une injustice révoltantes.

Ils suivent une voie *semée d'écueils*, c'est entendu (1).

(1) Qui n'admirerait cette ingénieuse traduction du *Viam damnosam*, et l'argumentation non moins heureuse par laquelle on donne

N'est-ce pas le cas de tous ceux qui estiment que la défense religieuse ne suffit pas aux efforts des catholiques de France et qui dans le louable dessein de faire pénétrer un peu d'idéal dans les milieux essentiellement réfractaires au catholicisme, s'aventurent sur le terrain des questions économiques et sociales ? Dès lors qu'on ne se contente plus d'être catholique sans épithète, mais que l'on est catholique et quelque chose de plus, que l'on met sa foi au service d'une action positive dans le domaine des contingences, on suit une voie « semée d'écueils ». Est-ce que la politique de *l'Action française*, à laquelle, par une singulière inconséquence, on permet que se mêlent certaines personnalités très en vue du clergé séculier et régulier, n'a pas aussi ses dangers ?

De savoir qu'on navigue à travers les écueils oblige à être prudent. C'est à l'Église, par l'organe de son chef infaillible, à dire aux jeunes catholiques aventurés sur une mer pleine de récifs : « Attention ! Ouvrez l'œil ! » Cela, le Pape l'a dit très paternellement, comme à des fils dont la docilité ne fait aucun doute. Ils lui répondent : « Très Saint-Père, nous ne sommes point des théologiens, encore moins des exégètes (1). Nous nous occupons de choses temporelles, qui tiennent par quelques rapports à la doctrine dont vous avez la garde. S'il nous arrive d'errer, avertissez-nous, reprenez-nous. Tout ce que vous aurez condamné dans nos principes ou dans nos méthodes, nous l'abandonnerons aussitôt, sans regret, sans murmure. Vous serez pleinement, toujours, et filialement obéi. » Que veut-on de plus ! Quand de jeunes catholiques tiennent ce langage, a-t-on le droit

à conclure que le Pape a parlé du *Sillon* pour n'en rien dire, puisque, pour tout le monde, la voie est *semée d'écueils !*

(1) Il ne suffit pas de dire : nous ne sommes pas théologiens, ni exégètes, et de répéter sans fin ces creuses protestations. Il faudrait mettre en pratique ce que l'on dit, et faire apparaître dans sa conduite la prudence et la modestie chrétiennes que l'on affecte. Il a été écrit des chapitres entiers sur les doctrines novatrices du Sillon (*les Erreurs du Sillon*, première partie), et il serait facile de faire ressortir ses rapprochements avec le modernisme.

de les faire passer pour des hérétiques ou des excommuniés (1)?....

Au moment où commençait à s'accentuer le changement de dispositions des évêques (septembre 1906), Mgr Guillibert, évêque de Fréjus, prenait la défense du *Sillon* et communiquait à sa *Semaine Religieuse* la note suivante :

Il paraît opportun de mettre en garde l'opinion des hommes religieux contre la tendance regrettable de certains journaux, plus politiques que catholiques, à dénaturer le sens ou à outrepasser la portée d'actes publics de l'autorité ecclésiastique qui se justifient par eux-mêmes ou s'expliquent assez par les circonstances particulières de lieux ou de personnes auxquelles ils répondent exceptionnellement.

De ce que, par exemple, l'Encyclique *Pieni l'animo* de Sa Sainteté Pie X, récemment parue, adressée aux évêques italiens, écrite en italien, traitant presque exclusivement de sujets se rapportant à la formation des clercs, interdit à ceux-ci l'affiliation à la *Ligue démocratique nationale*, à bon droit suspecte, il ne s'en suit nullement, comme on le voudrait faire accroire, que le Souverain Pontife a entendu condamner par là même la démocratie chrétienne et les démocrates chrétiens, en Italie même et ailleurs ; alors qu'au contraire le Saint-Siège s'est plu à multiplier les encouragements aux œuvres entreprises par l'*Action populaire chrétienne*, placée par lui sous la direction de démocrates chrétiens, tels que le comte Medolago et le professeur Toniolo.

De même, à l'occasion d'une mesure adoptée par l'autorité épiscopale dans un diocèse de France à l'égard d'un congrès, on s'est plu à dénoncer à la suspicion des catholiques toute une association qui a été jugée digne,

_____

(1) Personne ne songe à les faire passer pour des hérétiques ou des excommuniés. Mais ceux-là, parmi les prêtres surtout, défendent mal l'Eglise et en oublient l'esprit, qui ne voient pour elle de danger, et, pour les fidèles, d'erreurs, que dans le schisme ou l'hérésie.

par ailleurs, dans le plus grand nombre des diocèses, des encouragements les plus formels.

Il conviendrait de ne pas étendre au delà de leur portée naturelle les actes de l'autorité religieuse, seule juge des cas où elle doit intervenir, la division des esprits et des cœurs parmi nous profitant de ses interventions à propos de quelques abus isolés, pour jeter le discrédit sur des personnes ou des idées que rien n'autorise à présenter comme suspectes ou dangereuses. Rien n'est plus propre à décourager les hommes d'action que cette facilité trop grande, parmi les catholiques, dès qu'une divergence de vues ou de goûts s'accuse, à s'excommunier les uns les autres. Il n'est pourtant pas trop de tous les concours pour mener à bien, à l'aide du temps et par le déploiement d'un zèle soutenu, l'œuvre longue et difficile de la réconciliation de l'Eglise et du Peuple.

Il est nécessaire de le dire bien haut, en dépit de toutes les affirmations contraires : il n'est jusqu'ici, en France, ni groupe de catholiques ni personnalité en vue parmi ceux qui se livrent à l'*action populaire chrétienne* qui aient été atteintes, soit par les actes du Saint-Siège, soit par les actes de l'épiscopat pris dans son ensemble (1). Tous les hommes de bonne volonté peuvent, au gré de leurs convenances personnelles, s'affilier à tel ou tel mouvement, à telle ou telle association. Seuls — comme de juste — les ecclésiastiques restent soumis aux règles générales du droit canonique et aux règles particulières des statuts diocésains qui régissent la matière.

MM. les curés et tous les prêtres consultés sur ces sujets délicats s'inspireront, pour éclairer les fidèles, des déclarations qui précèdent ; car, dans les graves conjonctures où nous entrons, il nous faut, en toute matière, marcher unis et dans la ligne théologique du vrai, suivant l'esprit et la direction du Saint-Siège.

(1) On nous permettra de faire observer respectueusement qu'entre la démocratie chrétienne encouragée par les papes et le mouvement démocrate chrétien, l'assimilation est impossible ; les démocrates sont les premiers à la repousser.

Mgr Chapon, évêque de Nice, comblait aussi le *Sillon* et son président de ses encouragements et de sa haute faveur, à l'occasion d'un congrès tenu sous ses auspices en janvier 1907.

A cette occasion, Mgr Guillibert vint unir son patronage à celui de Mgr Chapon, et lui-même y ajoutait un nouveau témoignage de sa bienveillance, dont il fut rendu compte en ces termes :

Notre ami Mérentier, président du Sillon Toulonnais, après avoir présenté ses camarades, prononce une allocution dans laquelle il exprime à Monseigneur les souhaits les plus affectueux.

Puis, l'Évêque, après avoir serré les mains de toute cette vaillante jeunesse, leur dit *combien il a été heureux d'apprendre que de toutes les associations catholiques* — et Monseigneur insiste fortement sur ce dernier mot — *le Sillon était celui qui donnait les meilleurs résultats.* Il cite de très édifiants exemples, d'où il appert que par ses méthodes et sa manière d'être, le Sillon était *la force et le parti de l'avenir.*

Sa Grandeur parle ensuite du peuple qu'il faut aimer ; « Ce bon peuple de France que l'on trompe, et à qui il faut montrer les lumières de l'Evangile. »

Monseigneur l'Evêque de Fréjus, continuant, dit encore aux Sillonnistes :

« Bénis par le Père commun des fidèles, et par l'immense majorité des évêques français, continuez, mes chers enfants, à rester ce que vous êtes ; continuez à vous parer des deux titres suivants, imitant en cela saint Cyprien, à qui, lorsqu'on lui demandait : « Comment t'appelles-tu ?.. » répondait : « *De nom, Chrétien, de prénom, Catholique.* »

Puis, avec joie, Monseigneur donne sa bénédiction aux quinze Sillonnistes agenouillés devant lui, et daigne ensuite s'entretenir longuement avec chacun d'eux.

Inutile de dire que tous sont sortis extrêmement réconfortés de cette entrevue épiscopale.

De nom, chrétien, de prénom, catholique : l'à-propos n'était peut-être pas très heureux, après les déclarations retentissantes du *Sillon* revendiquant le titre d'œuvre laïque. Mais il faut ajouter que, quelques mois plus tard (mai 1907), Mgr Guillibert, ayant appris que le *Sillon* ne portait pas son prénom en public, ni même son nom tout court, fit paraître cette nouvelle note :

Il paraît que la direction centrale du *Sillon* se spécialise en parti politique. Dans ce cas, les évêques n'auraient plus qu'à s'en désintéresser.

Ce que plusieurs des plus en vue de mes vénérés collègues ont recommandé et approuvé, c'est le mouvement religieux servi par de jeunes dévouements, sincèrement chrétiens, allant dans des milieux vainement abordés jusque-là par nos anciennes œuvres.

C'est ainsi que j'ai béni et encouragé les sillonnistes de Toulon. Le jour où ce mouvement dériverait en menées politiques et en appels révolutionnaires, ce serait alors opposé à l'Évangile et à la tactique de l'Église qu proclame les principes, en favorise le développement, mais par la voie « dynamique », comme le levain qui fait fermenter la masse, comme le grain qui devient un grand arbre, et nullement par les moyens « mécaniques », c'est-à-dire des secousses organisées ou anarchistes, qui, en troublant profondément l'ordre social, sous prétexte de réformes hâtives, ne font qu'accumuler des ruines, sans pouvoir rien rebâtir dessus. Or, l'Église n'a jamais détruit violemment. Elle agit comme la vie organique qui se développe du dedans au dehors, et cela parce qu'elle est *vie* et non pas force brutale...

Il faut citer aussi Mgr Dadolle, nouvel évêque

de Dijon, parmi les prélats dont le *Sillon* peut invoquer le plus hautement le patronage. En novembre 1906, on lisait dans la *Semaine religieuse* de son diocèse :

Mardi dernier, les membres du *Sillon* de Dijon ont rendu visite à Mgr l'Evêque, pour lui apporter l'expression de leur respectueux dévouement.

Mgr l'Evêque a manifesté aux membres du *Sillon* une bienveillance qu'ils estiment d'autant plus précieuse qu'elle ne s'est point affirmée par un témoignage banal, mais s'est exprimée, au contraire, en des termes très précis, très exactement proportionnés aux divers aspects du mouvement sillonniste, et dont voici le résumé :

Le *Sillon* travaille à réaliser en France la vraie République démocratique, dont il estime que nous n'avons actuellement qu'une odieuse contrefaçon. Tel est son but. En matière politique, les sillonnistes sont des républicains convaincus : l'évêque, comme tel, doit se borne à proclamer la parfaite légitimité de leur attitude. Dans ce domaine, leur indépendance doit être respectée, tout comme ils doivent respecter celle des catholiques qui professent d'autres opinions.

Quant à l'œuvre d'éducation démocratique que poursuit le *Sillon*, œuvre qui tend à porter à leur maximum la conscience et la responsabilité de chacun dans l'ordre des devoirs civiques et sociaux, et qui s'opère au moyen des Cercles d'études, conférences, instituts populaires, etc., elle est, à l'heure actuelle, des plus opportunes et des plus nécessaires. L'évêque ne peut que l'approuver pleinement, pour autant qu'elle s'inspire des principes généraux de la morale chrétienne qui doivent, selon les enseignements des papes Léon XIII et Pie X, régler toute action populaire chrétienne.

Mais, pour atteindre le but qu'ils poursuivent, les sillonnistes croient, à très juste titre, avoir un impérieux besoin de toutes les forces morales qu'ils puisent dans le catholicisme. Aussi bien, s'efforcent-ils, par tous les moyens, et notamment par leurs Cercles d'études, de devenir des chrétiens de plus en plus conscients et conséquents. De cela l'évêque se réjouit grandement, et, dans ce domaine, il se considère comme obligé de leur promettre et de leur assurer le plus affectueux concours de l'autorité religieuse. Mettant aussitôt sa promesse à exécution, Monseigneur donne aux membres du *Sillon* des conseils très lumineux et très pratiques sur les moyens d'étendre leur action à Dijon et dans la région.

Une aussi pleine approbation du mouvement sillonniste ayant soulevé quelques difficultés dans certains esprits, quelqu'un s'encouragea à signaler à Mgr Dadolle les abus qu'on en tirait. Il reçut la réponse suivante :

ÉVÊCHÉ DE DIJON.

—

Le 29 décembre 1906.

Monsieur,

Je prends la responsabilité, de tout ce que je fais, de tout ce que je dis, de tout ce que je laisse traduire de mes paroles ou de mes actes dans ma *Semaine religieuse.*

Avec mon Sillon de Dijon, *je ne me suis occupé ni de Sangnier que je ne connais pas, ni des Sillonnistes de Quimper ou d'ailleurs,* mais purement et simplement de quelques-uns de mes diocésains qui méritent toute la confiance qu'ils m'ont promise.

Eux et tous ceux, qui, sans penser comme eux, ont de la même bonne volonté, je les bénis.

Je ne lis pas les périodiques du Sillon.

Puisque vous avez trouvé — et c'est bien possible, — un travestissement de ma pensée dans quelque article du *Sillon,* je vous en prie, adressez-vous au coupable.

Quant à moi, je n'ai pas de temps à employer, c'est

à-dire à perdre, pour faire des républicains. ou des monarchistes ou d'autres tenants de formes politiques.

Je me dois et me donne tout entier à faire des chrétiens.

Tous mes hommages,

RENÉ, *év. de Dijon.*

Quelques mois plus tard, la *Semaine religieuse* de Dijon parlait encore en faveur du *Sillon*, en mentionnant les approbations de quelques autres évêques :

Comme il en a l'habitude chaque année, à la même époque, le *Sillon*, tiendra à Bordeaux le 7 avril prochain, un grand congrès pour la région du Sud-Ouest. Ce congrès sera, cette année, particulièrement important tant par le caractère des questions que l'on y traitera que par le nombre des congressistes. Le *Sillon* veut donner à cette manifestation un retentissement énorme. Le congrès sera clôturé par une grande conférence publique et contradictoire de Marc Sangnier.

Après les très catégoriques et si précis encouragements qui, depuis à peine quatre mois, sont venus au *Sillon* tels que ceux si formels de NN. SS. Dadolle, de Dijon ; Gibier, de Versailles ; Delamaire, de Cambrai; Chapon, de Nice, etc., voici que nous avons à enregistrer ceux non moins formels de NN. SS. Villard, d'Autun ; Guillibert, de Fréjus et Toulon ; Herscher, de Langres.

Mgr Villard dit, entre autres choses : « Puissé-je porter bonheur à leur œuvre ! elle mérite d'être encouragée, parce qu'elle veut faire pénétrer les idées sociales de l'Évangile dans la démocratie. » — De son côté, Mgr Guillibert déclare que : « Quelle que soit la théorie d'indépendance de l'organisation spéciale du *Sillon*, son but avéré a droit aux encouragements et à la haute protection des chefs de l'Église. »

Quant à Mgr Herscher, voici les paroles prononcées

par lui au congrès des Jeunes de la Haute-Marne : « J'applaudis, non pas une fois, mais deux fois. Vive le *Sillon !* Certains l'attaquent parce qu'ils ne le comprennent pas. Quant à moi, je le comprends et je tiens à le défendre. »

A ces manifestations de sympathie, s'ajoute celle qui vint au *Sillon* de la part de l'archevêché d'Albi, dans la phase périlleuse où il s'était engagé. La *Semaine religieuse* de ce diocèse disait en décembre 1906 :

Le congrès régional du *Sillon*, annoncé ici même, s'est tenu à Toulouse le samedi soir 1er décembre et le dimanche 2 décembre. La présence de Marc Sangnier, président du *Sillon*, donna à cette réunion de jeunes toute sa portée, toute sa signification et toute sa valeur.

Ce n'est ici ni le lieu, ni le moment de faire connaître cette personnalité de puissant relief qu'est Marc Sangnier. Ses doctrines démocratiques, bien nettement et crânement orientées vers l'avenir, son invincible foi catholique, à la fois humble et hardie, respectueuse de toute hiérarchie et de toutes les essentielles traditions et consciente de toutes les forces que le Christ met en nous, son talent oratoire fait de clarté, de souplesse, de finesse et de force à la fois, qu'anime une entraînante conviction, tout contribue à faire de lui une de ces invincibles forces d'avant-garde organisées pour les conquêtes.

Marc Sangnier, à Toulouse, consacra le meilleur de son âme à ses amis qu'il aime d'une fraternelle et simple affection, qui est irrésistible et touchante ; et dans les entretiens familiers, il laisse s'abandonner et se répandre cette âme que l'on sent toute pleine et comme toute parfumée du Christ.

Sa doctrine et sa méthode, il les exposa, en un grand, de tous points grand discours, dans la vaste salle du Jardin-Royal, devant un public on ne peut plus nombreux et joliment disparate : salle comble, parterre et tribunes ; socialistes unifiés et réformistes, radicaux-socialistes, syndicalistes de la Confédération générale du travail, syndicalistes jaunes, anarchistes, royalistes et libéraux, libres-penseurs et croyants, tout le monde est avide et curieux de cette parole neuve. Ce simple coup d'œil sur la composition de la salle montre le grand cas que l'on en fait.

Marc Sangnier, « le Sillon », veut réaliser la démocratie en France à l'aide des forces du catholicisme. Et la démocratie, vous entendez bien, ce n'est ni le socialisme, ni le collectivisme, comme on se plaît à le dire dans certains milieux : c'en est plutôt tout le contraire. La démocratie du *Sillon*, ce n'est pas davantage la démocratie politique qui aboutit au suffrage universel et au bulletin de vote, hochet illusoire ; ce n'est pas tant même la démocratie sociale, qui serait uniquement soucieuse d'intérêts matériels, préoccupée de gorger le prolétaire de bien-être en lui voilant le ciel ; la vraie démocratie sera celle qui développera et portera à son maximum « la conscience et la responsabilité civique de chacun », par un travail de réforme personnelle.

Enfin, c'est, pensons-nous, parmi les encouragements pour le *Sillon*, qu'il faut classer, malgré des réserves équivalant à une condamnation, les paroles prononcées par Mgr Ricard, récemment promu à l'archevêché d'Auch, pendant la première des retraites pastorales de son diocèse, en septembre 1907. Nous les donnons également sans commentaires, telles que l'auditoire les a recueillies par la sténographie :

Une question délicate m'a été posée : dois-je condamner le *Sillon* ? Je répondrai très franchement, non ; car je n'aime pas à condamner et agissant ainsi je suis en bonne compagnie. Est-ce que N. S. a aimé à condamner? Il n'a condamné que les Scribes et les Pharisiens à cause de leur obstination dans le mal ; mais d'une façon générale, il allait partout excusant les coupables. Donc ne condamnant pas, je suis en bonne compagnie et si jamais j'ai à condamner je le ferai toujours avec regret. Je condamne, d'autant moins le *Sillon* que je connais très particulièrement le bon Marc Sangnier; et si j'ai à le condamner, je le ferai avec beaucoup de peine. Pas mal l'ont fait déjà, mais moi, à cause de sa grande intelligence, de son zèle, de son âme vibrante, de sa grande générosité de cœur, j'hésiterai.

Il y a aussi des lacunes, de l'inconsidération, un manque de direction, un manque de soumission et un manque d'obéissance; mais il veut le bien, et moi, que voulez-vous, j'accepte le bien de quelque côté que je le trouve comme je le dis quelquefois en plaisantant : le diable serait sur la terre et ferait le bien, que je ne pourrais pas le condamner. Le *Sillon* subit en ce moment une grande crise, c'est vrai, et c'est dommage, car il y avait là des semences de bien pour l'avenir qui étaient vraiment fécondes. Il y a des tendances malheureuses, mais il reviendra, il faut l'espérer, et moi je l'espère. Concluons: je n'encouragerai pas pour le moment à ce que vous vous rangiez d'une manière très ouverte sous la bannière du *Sillon*. Il ne faut pas nous diviser, nous avons, on ne peut pas le contester, de très nombreux groupements de jeunesse catholique dans le diocèse; nous ne devons pas émietter nos forces.

Cependant la seule chose que je vous demande, c'est que vous ayez des jeunes gens catholiques, voilà l'essentiel, le reste viendra. S'il y en a parmi vos jeunes gens qui ont des prédilections pour la Jeunesse Catholique, laissez-les faire, et s'il y en a qui ont des préférences pour le *Sillon*, laissez-leur aimer le *Sillon*. En tout cas pas de division entre nous. Il faut faire converger tous nos efforts vers ce point qu'il y ait des jeunes gens catholiques. Il faut les syndiquer par région, faire des réunions cantonales. La jeunesse catholique doit absorber tous nos efforts. Le plus grand plaisir que vous puissiez me faire c'est de travailler à la jeunesse catholique.

CHAPITRE II

Les Origines de la crise

L'origine et la première cause des malheurs du *Sillon* furent son indépendance à l'égard de l'autorité ecclésiastique.

Certes, il avait donné sa mesure dans d'autres circonstances, et c'est un des points sur lesquels on pouvait admirer déjà le splendide désaccord entre ses belles protestations et sa conduite ; mais après les incidents que nous avons à rappeler, il fallait, en vérité, une confiance imperturbable et un invincible optimisme, à défaut d'un grand esprit d'entente et de solidarité entre les représentants de l'Eglise, pour décerner au *Sillon*, comme on a pu le voir, des brevets de docilité exemplaire et de parfaite soumission à la discipline catholique.

Les documents parleront d'eux-mêmes.

Après l'élection législative de M. Biétry, président des *Syndicats Jaunes*, qui fut violemment combattue par les Sillonnistes, à l'envi des socialistes révolutionnaires et au profit de ceux-ci, le *Sillon* trouva opportun de venir organiser un congrès dans la circonscription du nouveau député, et des réunions contre lui.

A cette occasion, la *Semaine religieuse* de Quimper publia, le 4 août 1906, l'interdiction suivante :

I. — Un congrès du *Sillon* a été annoncé comme devant avoir lieu à Brest, le 5 août, sous la présidence de M. Marc Sangnier.

Attendu que nulle autorisation ne nous a été demandée; *que cette réunion politico-religieuse sera contradictoire et pourra, de ce chef, donner lieu à des conflits regrettables entre catholiques,* nous avons ordonné et ordonnons ce qui suit :

ARTICLE PREMIER. — Il est rigoureusement interdit à tous les ecclésiastiques de notre diocèse d'assister à aucune des réunions motivées par le congrès du *Sillon*.

ART. 2. — Nous faisons la même interdiction à tous les élèves de nos séminaires, et nous prions les associations catholiques affiliées à l'œuvre de la fédération diocésaine de ne point s'y faire représenter.

ART. 3. — Aucune église ou chapelle de la ville de Brest ou des environs ne sera mise à la disposition du congrès pour des cérémonies spéciales.

FRANÇOIS-VIRGILE,
évêque de Quimper.

Au début de la réunion publique, M. Marc Sangnier fit la déclaration suivante :

Nous voudrions qu'il ne fût pas un seul « Sillonniste » qui ne fût au courant de l'élan démocratique et chrétien du « Sillon ». Nous sommes républicains et démocrates. *Peu nous importe que l'évêque de Quimper diffère d'opinion* politique et *sociale avec nous.* Au point de vue religieux, nous sommes des fils respectueux et soumis, mais pas plus que les généraux ne demandent à leurs troupes leur plan de bataille, *pas plus il n'appartient aux cardinaux et aux évêques de nous demander notre tactique* politique et *sociale.* Nous nous inclinons devant l'autorité religieuse en tant qu'autorité religieuse, mais nous entendons, par ailleurs, être libres de nos actes.

C'est presque mot pour mot le langage de l'abbé Murri, que le Pape venait de condamner dans son Encyclique aux évêques d'Italie.

Un congressiste demande si, malgré l'interdiction de l'évêque de Quimper, un prêtre du diocèse pouvait assister au congrès.

« Si j'étais prêtre, répond M. Sangnier, je me serais abstenu. Quand on est prêtre, on a des obligations à remplir. *Mais cela n'empêche pas le prêtre de penser que son évêque a commis une gaffe, ni de penser aussi qu'il ne comprend rien aux questions politiques et sociales.* Le prêtre peut même prier pour son évêque. On va dire encore que je suis un anarchiste, mais je m'en moque. Je dis toujours ce que je pense.

A la suite de cette première réunion, le congrès, dit l'*Agence Havas*, a décidé, par un ordre du jour, de traduire Mgr l'évêque de Quimper devant la S. Congrégation des Évêques et Réguliers.

Dans cette situation embarrassante, le *Sillon* pouvait-il rien faire de mieux que de mettre en pratique le conseil donné par le *Bulletin de la Semaine* aux démocrates chrétiens d'Italie ?

Pie X a cru devoir réprimander une certaine manière d'entendre la démocratie chrétienne. Nous demandons la permission de donner là-dessus notre sentiment.

Aux jeunes Italiens qui se sont dissociés du « second groupe » et qui revendiquent leur autonomie vis-à-vis de la hiérarchie ecclésiastique, le Souverain Pontife fait savoir qu'il ne peut y avoir d'action catholique au sens vrai du mot, sans l'immédiate dépendance des Évêques.

C'est l'évidence même...

Vous voulez votre œuvre autonome, parce que vous ne croyez pas que le concours ecclésiastique vous apportera une force ou une compétence. Libre à vous. Mais dès lors, il ne vous appartient pas de la qualifier de catholique.

Après tout, quelle nécessité voyez-vous à l'appeler ainsi? (15 mars 1905.)

Rien de plus simple, on le voit : quittez la qualité d'œuvre catholique, et vous serez indépendants ; vous n'aurez plus à vous inquiéter de ce que disent le Pape et les évêques. Telle était déjà la tendance du *Sillon;* mais, sous la pression des circonstances, cela va devenir le premier article de son programme.

Le Matin ayant publié, dès le lendemain du Congrès, un long compte rendu des manifestations de Brest, Marc Sangnier lui adressa la lettre suivante :

Brest, 7 août.

Monsieur le rédacteur en chef,

Le *Matin* a essayé, avec une impartialité que je me plais à reconnaître, de rendre compte des divers incidents qui ont marqué le récent congrès du *Sillon* à Brest.

Votre rédacteur n'a peut-être cependant pas très exactement exprimé comment la question se posait. C'est à tort qu'il a qualifié le *Sillon* d'*association catholique.* Le *Sillon* n'est nullement une œuvre confessionnelle dirigée par les évêques et les curés, et dont le but serait d'aider simplement les prêtres dans leur ministère religieux (1). Le *Sillon* est un mouvement laïque qui tend à

(1) C'est un grossier subterfuge ou une confusion inexplicable d'identifier les œuvres confessionnelles avec celles qui sont placées sous la direction immédiate des évêques. Une œuvre confessionnelle est celle qui professe extérieurement les principes d'une confession religieuse. Il y a des syndicats confessionnels : est-ce que, pour cela, les évêques en réclament la direction immédiate ? Si le *Sillon* se déclarait mouvement *confessionnel,* il ne perdrait pas pour cela

développer en France et à réaliser les aspirations démocratiques et républicaines de la nouvelle génération.

Sans doute, au *Sillon*, nous sommes catholiques et
nous affirmons que la démocratie a besoin de forces
intérieures morales et fraternelles, que nous trouvons
dans le christianisme; mais nous ne nous mêlons pas de
théologie, et c'est dans notre indépendance de citoyens
que nous avons conçu et que nous entendons réaliser
notre œuvre démocratique.

Nous ne songeons nullement à imposer au nom de la
religion quoi que ce soit aux autres catholiques, mais
nous avons certes bien le droit de nous attrister si, depuis
trente ans et même bien davantage, la plupart des catholiques de France semblent, par une sorte de dégoût
de l'action profonde et hardie, se jeter dans toutes les
aventures politiques et sociales, à la remorque de tous
les sauveurs d'occasion qui les dispenseraient, croient-
ils, du nécessaire effort personnel de rédemption sociale.
On sait à quels désastres les a toujours conduits cette
misérable politique à courte vue et sans grandeur: hier,
c'était le boulangisme, puis la coalition nationaliste et
l'antidreyfusisme; aujourd'hui, c'est le boulangisme,
social.

Vous saisissez donc, monsieur le Rédacteur en chef,
que l'on aurait bien tort de ne voir dans le conflit actuel
qu'une querelle personnelle entre M. Biétry et moi. Je
ne connais nullement le chef des « Jaunes », j'ai seulement lu les attaques d'une si inqualifiable violence qu'il
a dirigées contre moi, et, bien entendu, pas un instant
l'idée ne m'est venue de lui répondre sur le même ton et
d'accepter le terrain qu'il avait choisi (1). D'ailleurs, non

le droit à une autonomie légitime; et il a beau se défendre de l'être,
il n'en reste pas moins soumis à l'autorité religieuse. Le caractère non
confessionnel n'y change rien, pas plus que l'appellation de *gouvernement laïque*. On demeure confondu devant une telle ignorance ou
de tels artifices.

(1) Des faits patents donnent à ces assertions un complet démenti.
Sur le *Sillon* et les *Jaunes*, voir *les Erreurs du Sillon*, 2ᵉ partie,
chap. III.

seulement les *démocrates chrétiens* se joignent aux *sillonnistes* pour prémunir leurs coreligionnaires contre le *péril jaune*, mais les *catholiques sociaux*, qui viennent tout récemment de tenir, à Dijon, les importantes réunions de leur *Semaine sociale*, réunions encouragées par une foule d'évêques, ne sont certes pas des moins vifs contre les Jaunes.

Quant à l'évêque de Quimper, je n'ai pas qualité pour juger les actes de son ministère. Vous savez seulement aussi bien que moi que son autorité est *spirituelle* et non politique, et que, même au point de vue religieux, elle n'est pas sans appel. Quoi qu'il en soit, c'est par erreur que vous avez annoncé un ordre du jour du congrès de Brest décidant de traduire l'évêque de Quimper devant la *Congrégation des évêques et réguliers*.

Veuillez croire, monsieur le Rédacteur en chef, à ma considération bien distinguée.

Marc Sangnier.

P.-S. — Parmi bien des inexactitudes de détail, très naturelles lorsqu'un rédacteur reproduit de souvenir des morceaux de conversation familière tenue dans les séances intimes d'un congrès, mais qui arrivent pourtant à changer le ton et parfois même le sens des paroles prononcées, vous me permettrez bien d'en relever deux, particulièrement regrettables.

Vous me faites dire que lorsqu'on est prêtre on a bien le droit de penser que son évêque « ne comprend rien aux questions politiques et *religieuses* »; c'est politiques et *sociales (économiques)* qu'il faut lire.

«... Mais pas plus que les généraux, me faites-vous dire ailleurs, ne demandent à *leurs troupes* leurs plans de bataille, pas plus il n'appartient aux cardinaux et aux évêques de nous demander notre tactique politique et sociale ». Au lieu de *généraux*, il faut lire *aumôniers*, ce qui n'est pas précisément la même chose et le sens de la phrase devient le suivant :

« Dans les armées en campagne, il y a des aumôniers;
leur ministère religieux accroît la valeur des troupes,
mais ce ne sont pas ces ecclésiastiques qui font les plans
des batailles. De même, au *Sillon*, le clergé n'a aucune
grâce d'état spéciale pour tracer les plans de notre campagne républicaine et démocratique. »

On remarquera que le sens le plus clair de ce
post-scriptum est de confirmer les impertinences et
déclarations d'indépendance à l'égard de l'autorité
épiscopale, citées dans le compte rendu. Quant au
démenti sur le fol projet d'en appeler à Rome contre l'évêque de Quimper, la *Semaine religieuse* y
répliqua huit jours après dans ces termes :

Malgré tous les démentis, nous affirmons catégoriquement que, au congrès sillonniste de Brest, il y a eu une
décision prise contre l'ordre de l'évêque de Quimper.

A la vérité, la note n'a pas eu lieu dans l'assemblée
générale du congrès, ce qui n'eût pas été possible, ni
même dans la réunion du matin spéciale aux membres
du *Sillon*, mais immédiatement après celle-ci, dans les
bureaux du Congrès.

Voici maintenant le compte rendu officiel communiqué par le *Sillon* à la presse catholique :

Le congrès du *Sillon* à Brest était attendu par tous
avec une vive impatience. Aussi bien ses diverses réunions furent-elles suivies par tous avec un intérêt curieux
et empressé. On n'ignore pas, en effet, avec quelle violence indigne et lâche le nouveau député de Brest,
M. Biétry, avait insulté le *Sillon*, et son président en
particulier, durant tous ces derniers mois. Et chacun,
dès lors, se demandait, non sans une sorte d'anxiété,
quelle serait l'attitude du *Sillon* et de Marc Sangnier au
cours du congrès annoncé pour le dimanche 5 août et
spécialement de la réunion publique.

Les séances du travail se sont ouvertes dès le matin à la Bourse du commerce. Le rapport, présenté par un camarade du *Sillon* de Quimper, a donné lieu à une discussion des plus intéressantes. C'est ainsi que, sur l'invitation de quelques congressistes, Marc Sangnier fut amené à préciser les relations du *Sillon* avec l'autorité ecclésiastique, et le rôle du prêtre dans le *Sillon*. *Le Sillon est un mouvement républicain et démocratique qui, se plaçant donc nettement sur le terrain temporel, ne saurait tomber sous la juridiction immédiate des évêques;* mais, ardemment catholiques, les sillonnistes individuellement veulent être, sur le terrain religieux, les plus soumis, parmi les fidèles, à la discipline catholique. De même, le prêtre, dans le *Sillon*, n'a nécessairement, en tant que prêtre, d'autorité spéciale que celle que lui confère sa qualité sacerdotale. Il est un peu comme l'aumônier du régiment auquel les soldats et les officiers viennent demander le réconfort moral et la nourriture spirituelle, mais non, évidemment, le plan de bataille qui leur assurera la victoire.

C'est à deux heures, dans la salle municipale des fêtes, que Marc Sangnier, devant un immense auditoire de 3.000 personnes, parmi lesquelles socialistes et anarchistes formaient une imposante minorité, fit sa conférence sur « les Syndicats et la Démocratie ». Salué par les plus chaleureuses ovations, qui le vengèrent glorieusement, en cette minute d'émotion, des injures et des calomnies dont on avait essayé de l'atteindre, Marc Sangnier, qui veut maintenir le débat à la hauteur d'une discussion d'idées, commence par montrer que les syndicats ne doivent pas être seulement des organes de défense professionnelle, mais encore et surtout des instruments de transformation économique. Cette thèse, évidemment, rencontre, à droite comme à gauche, des adversaires.

Ceux de droite sont satisfaits de l'organisation actuelle, et *ils prétendent nous empêcher, au nom même du catholicisme, de marcher vers les formes nouvelles de vie sociale qui s'imposent aux générations de l'avenir. En un mot, ils veulent instituer les curés comme les sergents de ville de leurs coffres-forts, et les individus qu'ils ont à leur solde comme les chiens de garde du capitalisme menacé.* Ceux de gauche, qui se réclament de la philosophie positiviste et matérialiste, ne comprennent pas que l'intérêt particulier, égoïste, est impuissant à pousser les hommes dans le sens des transformations nécessaires, et qu'il faut une force de justice et d'amour, de sacrifice et de désintéressement que le *Sillon* découvre dans le christianisme. Et voilà pourquoi il exige de ses adversaires de gauche, non qu'ils reconnaissent que la religion chrétienne est vraie, mais qu'apportant à certains démocrates une force de vie démocratique elle a, par ce seul fait, droit au respect de tous ceux qui se réclament de la démocratie.

Puis, après avoir différencié nettement de la conception démocratique du *Sillon* la théorie étatiste des socialistes, qui veulent substituer aux patrons l'Etat-patron universel et tyrannique, Marc Sangnier flétrit les pitoyables procédés de discussion — déshonorants toujours pour ceux qui s'en servent — dont les Jaunes n'ont pas craint d'user contre le *Sillon*.

— Votre langage est honteux, crie une voix timide dans la salle.

— Ce qui est plus honteux encore, riposte aussitôt Marc Sangnier, au milieu des plus vifs applaudissements, c'est de calomnier un honnête homme à l'ombre de quelques obscurs journaux et de ne pas se trouver ici, en ce moment, pour s'expliquer au grand jour.

En terminant, l'éloquent orateur félicite ses auditeurs de la si paisible et si imposante réunion qu'ils viennent de tenir, réunion qui fait honneur à la ville de Brest et à la République tout entière.

La parole est aux contradicteurs. L'adjoint-maire Goude se présente le premier et, très courtoisement, pose quelques objections auxquelles Marc Sangnier répond immédiatement. Puis se succèdent à la tribune le président du syndicat du Moulin-Blanc et le compagnon anarchiste Le Galle, du syndicat du port. Enfin, un ordre du jour, approuvant les déclarations de Marc Sangnier, et constatant que M. Biétry n'a pas osé venir compléter ses insultes par des arguments, est adopté à une immense majorité, au milieu du plus vif enthousiasme.

Le *Sillon* vient, une fois de plus, d'opposer à la violence imbécile des calomnies et des injures jaunes la force calme et triomphante de son idéal et de sa loyauté. C'est pour lui une nouvelle et décisive victoire.

Sans nous attarder à relever une fois de plus l'obstination des sillonnistes à flagorner leurs contradicteurs de gauche, à vilipender calomnieusement les intentions et la conduite des catholiques qui leur sont opposés, arrêtons-nous à une ou deux conclusions générales :

1° Nous ne nous étions donc point trompés en disant que le *Sillon* tendait à mettre la force morale et sociale du catholicisme au service de conceptions politiques, en écrivant, dès l'origine : « *Ce que le Sillon appelle action sociale, organisation sociale, initiative sociale, n'est qu'action, organisation, initiative principalement politiques* (1) ».

Ce mouvement du *Sillon*, dont la revue prenait pour devise l'*action sociale catholique*, que M. Marc Sangnier qualifie partout d'*action sociale catholique*, qu'il donnait pour *un aspect de la démocratie chrétienne* réglée par Léon XIII et Pie X (2)

(1) *Les Idées du Sillon* : le Sillon et la politique, pp. 90 et suiv. (3e édit.).

(2) *Les Idées du Sillon*, pp. 82, 87, 92, etc... Aujourd'hui Marc Sangnier est plus explicite : « L'œuvre de la *Démocratie chrétienne*,

et qui, à ce titre, se recommandait si bruyamment
des éloges et des approbations de l'Episcopat, du
Saint-Siège lui-même, se défend aujourd'hui d'être
*une association catholique, une œuvre confession-
nelle, et se déclare un mouvement républicain
démocratique, se plaçant nettement sur le terrain
temporel.*

2° Nous avions donc raison de signaler, sous des
protestations pleines de réticences calculées, une
notification d'indépendance vis-à-vis de l'autorité
ecclésiastique (1) et le refus d'admettre son jugement dans les questions sociales (2).

Inutile d'insister. Recueillons seulement l'appréciation très exacte dont *la Vérité* accompagne la
communication du *Sillon* :

Ou c'est là du galimatias, ou cela veut dire que, si les
sillonnistes sont catholiques, le *Sillon* est indépendant.
Cela veut dire encore que le *terrain temporel* est indépendant du *terrain religieux* et qu'on peut s'organiser
sur l'un sans tenir compte des obligations contractées
sur l'autre. Cela veut dire enfin qu'à condition de faire
sonner bien haut son catholicisme «individuel», on peut
faire bon marché de toute soumission qui engagerait la
collectivité. Or, est-il besoin d'une longue réflexion, ou
de dissertations explicites, pour entrevoir l'identité de
pareilles thèses avec toutes les erreurs libérales, ou
même protestantes et rationalistes, dont la condamna-

telle que les Papes l'ont définie, et qui n'est autre que la bienfaisante action de la religion parmi le peuple, est une œuvre nécessaire et excellente : CE N'EST PAS LA NÔTRE.(Discours au Congrès de
Limoges, *l'Éveil démocratique*, 3 novembre 1907.) A la bonne
heure ! Et dire que, pendant dix ans, le Sillon s'est targué et a
bénéficié de toutes les approbations données à cette démocratie chrétienne, *qui n'est pas la sienne !*
(1) *Les Idées du Sillon*, pp. 88-90.
(2) *Ibid.*, pages 156-158.

tion est aussi notoire, historiquement, qu'elle est logiquement conforme à toute la doctrine de l'Eglise?

Sentant le danger de la position, Marc Sangnier prit le parti d'adresser à *la Croix* une lettre remplie de protestations d'une impeccable orthodoxie :

Paris, le 11 août 1906.

Cher monsieur le Directeur,

Puisque vous voulez bien me le demander si aimablement, je vous fournirai très volontiers l'explication que vous sollicitez.

Le *Sillon* a pour but de réaliser en France la République démocratique. Ce n'est donc pas à proprement parler et directement une *œuvre catholique*, en ce sens que ce n'est pas une œuvre dont le but particulier est de se mettre à la disposition des évêques et des curés pour les aider dans leur ministère propre.

Le *Sillon* est donc un mouvement laïque, ce qui n'empêche pas qu'il soit aussi un mouvement profondément religieux, car les sillonnistes reconnaissent hautement qu'ils ont besoin du catholicisme, non seulement pour faire individuellement leur salut personnel, mais encore pour avoir les forces morales et les vertus que réclame jusqu'à l'œuvre temporelle qu'ils se sont proposée.

Dès lors, les sillonnistes ont, comme tous les catholiques qui s'occupent d'action sociale, le devoir d'accepter les règles de la *démocratie chrétienne* ou *action populaire chrétienne;* mais il y a dans le *Sillon* un idéal particulier de République démocratique que l'Eglise n'impose ni ne défend, et voilà pourquoi nous avons le devoir de dire qu'il ne faut pas confondre le *Sillon* avec la démocratie chrétienne.

Est-ce à dire que nous prétendions que l'Eglise n'a rien à voir aux questions sociales, et qu'il faut la reléguer dans un domaine étroitement cultuel et sans aucune communication avec les grands intérêts sociaux des peuples ?... Non, répondons-nous avec énergie ; quoi qu'on ait pu prétendre, jamais nous n'avons soutenu cette théorie fausse et injurieuse pour l'Eglise. Celle-ci, en effet, n'est pas seulement la gardienne infaillible du dogme ; elle constitue une société véritable et vivante avec sa hiérarchie divine, et elle se propose, non seulement d'assurer le salut individuel de ses enfants, mais encore de montrer aux peuples comment ils doivent substituer au vieil et honteux égoïsme païen le généreux et fécond idéal chrétien.

Mais l'Eglise est catholique, c'est-à-dire universelle. Elle doit donc nécessairement dominer toutes les contingences de temps et de lieu. D'ailleurs, le Christ a non pas « séparé », mais nettement « distingué » les deux pouvoirs, et le but propre de l'Eglise est non pas d'organiser politiquement et économiquement les sociétés humaines, mais bien de sauver les âmes rachetées par le sang du Christ et de régénérer les peuples.

Dès lors, à chaque nouvelle société qui passe, l'Eglise apporte les règles de sa divine charité. Toute organisation politique et économique, qui n'est pas contraire à l'équité, qui n'est pas en contradiction avec la morale chrétienne, est donc acceptée par l'Eglise, qui ne s'est jamais reconnu d'autre mission sociale que d'assurer une moralité supérieure aux diverses civilisations qu'elle a traversées, en les rectifiant, en les purifiant, en les fécondant. C'est ainsi que, sans supprimer la forme même de l'ancien esclavage, l'Eglise a condamné cette idée païenne qu'un homme pouvait être la chose d'un autre homme, dont il était loisible à celui-ci d'user et d'abuser. Saint Paul, qui apprenait aux esclaves à obéir à leurs maîtres comme au Christ lui-même, enseignait du même coup aux maîtres à voir dans leurs esclaves des frères en Jésus-Christ et des égaux devant Dieu. Plus récemment, dans son encyclique sur la condition des ouvriers, Léon XIII, tout en acceptant la forme du salariat moderne, condamnait les excès païens de l'économie

politique « libérale », qui méconnaît la dignité humaine
du travailleur en le soumettant à la loi brutale de l'offre
et de la demande.

S'il en est ainsi, comment ne pas voir qu'il nous est
loisible de travailler, dans notre indépendance de citoyens,
à réaliser l'organisation politique et sociale qui nous
apparaît comme la meilleure pour notre temps et pour
notre pays ?... Fils respectueux et soumis de l'Église,
nous éviterons avec un soin religieux de rien dire ni de
rien faire qui soit le moins du monde contraire aux
enseignements sociaux des « encycliques » et aux *motu
proprio* des Papes. Ces documents s'appliquent évidemment à la société présente et ils n'empêchent pas plus de
souhaiter une société nouvelle que les conseils de saint
Paul aux maîtres et aux esclaves n'empêchaient de souhaiter l'abolition de l'esclavage.

Bien plus, aujourd'hui comme autrefois, nous avons
le droit de nous réjouir en songeant que c'est dans cette
religion catholique, dans cette communication de la divinité à nos âmes par les sacrements dont les prêtres sont
les ministres, que nous trouverons les vertus morales
nécessaires pour être capables de concevoir et de réaliser
des conditions de vie économique chaque jour plus humaines et plus respectueuses de la dignité des individus.

Comment ne pas voir, écrivait autrefois Mgr Guibert,
archevêque de Paris, que, s'il y a un état qui réclame
l'application des principes évangéliques, c'est-à-dire le
respect de l'autorité, l'abnégation personnelle, l'esprit de
sacrifice, l'amour de nos frères, c'est précisément l'état
républicain ?

Qu'on ne nous sache donc pas mauvais gré, si nous
nous proposons, non pas certes d'imposer au nom du
catholicisme une préférence pour la République, mais de
faire voir à ceux qui veulent la République et la démocratie, qu'ils doivent, bien loin de combattre l'Église,
chercher dans le christianisme des vertus qui leur sont
encore plus indispensables qu'à tous les autres.

Je m'excuse, cher monsieur le Directeur, de vous envoyer cette trop longue lettre, mais je tenais au moins une fois à m'expliquer très nettement sur ce sujet et je n'ai pas résisté au désir d'accepter la si courtoise invitation de votre journal.

J'espère que l'on comprendra enfin que rien n'est plus simple, que rien n'est plus loyal que la situation du *Sillon*. Ce n'est pas une dangereuse nouveauté, c'est au contraire un mouvement essentiellement respectueux des plus vieilles et des plus authentiques traditions.

C'est en vain que l'on aura essayé d'amonceler autour de notre action les confusions et les équivoques. On finira par reconnaître que l'Eglise n'a pas de fils plus soumis que nous, ni la République démocratique de soldats plus ardents.

Vous aurez ainsi, cher monsieur le Directeur, contribué, sinon à faire que tous partagent nos idées, du moins à ce que, nous connaissant mieux, ils nous jugent plus équitablement, et c'est de quoi je vous remercie de tout cœur.

Veuillez croire, monsieur le Directeur, à mes sentiments reconnaissants et profondément respectueux.

Marc Sangnier.

Ainsi, Marc Sangnier ne fait pas difficulté de reconnaître que « *les sillonnistes ont le devoir d'accepter les règles de la démocratie chrétienne ou action populaire chrétienne* » ; il proteste contre le reproche qu'on leur fait de contester à la hiérarchie ecclésiastique le droit de contrôle sur l'action sociale, et signe sans embarras cette déclaration : « *Fils respectueux et soumis de l'Eglise, nous éviterons avec un soin religieux de rien dire ni rien faire qui soit contraire aux enseignements sociaux des Encycliques et aux Motu proprio des Papes.* »

Les Idées du Sillon, et plus explicitement encore *les Erreurs du Sillon*, ont été écrites pour démontrer que la conduite de M. Marc Sangnier et de son école est en contradiction formelle avec ces déclarations ; et ces livres le prouvent par une accumulation de faits et de documents auxquels il n'y a rien à opposer. On en trouve d'autres exemples dans le présent écrit.

Si le président du *Sillon* avait pris la peine d'expliquer cette contradiction, s'il avait annoncé l'intention de la faire cesser, on aurait pu prendre sa lettre au sérieux. Mais il donnait une fois de plus, avec une désinvolture croissante, ce spectacle, étrange surtout chez un conducteur de foule, d'un homme qui a la faculté d'oublier parfaitement le lendemain ce qu'il a dit et fait la veille.

En sorte que ses affirmations de ce jour n'avaient d'autre portée que celle-ci : en reconnaissant que le *Sillon* a le devoir de se conformer aux règles de l'action populaire chrétienne, de ne rien dire ni faire qui soit contraire aux Encycliques et aux *Motu proprio* des Papes, d'accepter le contrôle de l'Église en matières sociales, M. Marc Sangnier se joignait à nous pour prononcer sa propre condamnation.

CHAPITRE III

Le Respect de la Hiérarchie

Les faits relatés au chapitre précédent nous amènent à examiner plus en détail comment le *Sillon* pratique ce respect de la hiérarchie ecclésiastique, dont il fait si grand étalage, et dont nombre de personnages se plaisent encore à le féliciter.

Parmi les incidents moins édifiants que curieux qui ont agrémenté la récente *Semaine sociale* d'Amiens (août 1907), envahie par les sillonnistes, il y eut les toasts de Marc Sangnier.

Trop curieux même, paraît-il, serait celui qu'il prononça devant les semainiers réunis dans un déjeuner. Car, craignant un effet fâcheux, si les paroles proférées par le grand catholique, devant un auditoire en bonne partie composé de jeunes prêtres, venaient à tomber dans le public, on alla prier en grâce le directeur du journal *la Riposte* de ne pas les reproduire et de faire le silence.

Marc Sangnier s'était imposé en quelque sorte à la direction de la *Semaine sociale* pour ce toast. Il saisit cette occasion de parler de lui, du Pape, des Évêques, de ses épreuves, de ses ambitions, etc... Il fit entendre que le jeune clergé (le vieux étant incorrigible) devait le suivre, pour sauver l'Église de France.

Mais le dédommagement ne devait pas se faire attendre; et dans la réunion organisée spécialement pour les membres du *Sillon* présents à la *Semaine sociale*, on eut le spectacle pas banal d'entendre le Marc Sangnier du Congrès de Quimper adresser au clergé des objurgations, aussi touchantes qu'autorisées, sur la soumission due aux évêques.

C'est *la Croix de Rouen*, reproduite par *l'Eveil démocratique*, qui nous présente ce tableau :

Rouen fut à l'honneur. La nombreuse délégation de Seine-Inférieure méritait cette distinction; les deux «interpellés» furent l'objet de l'accueil le plus chaleureux; puis Marc Sangnier prit à son tour la parole, heureux de se retrouver parmi tant de jeunes prêtres. *Il les conjura d'observer la plus stricte obéissance aux évêques*, de considérer surtout que l'important n'est pas de faire des meetings et des coopératives, mais de se dévouer et de se sacrifier. *Il les conjura de prier pour le Sillon; il trouva des accents d'un pathétique puissant, tout enveloppé d'une caresse incomparable de langage.*

Toutefois, on se demande s'il faut chercher l'application de ces exhortations pénétrantes dans des traits comme celui-ci : le compte rendu, donné par *l'Eveil démocratique*, du Congrès du *Sillon* tenu, en septembre 1907, à Reims, où l'on sait que ce mouvement ne reçoit aucun encouragement de l'autorité ecclésiastique, se termine ainsi :

... Sur cette courte et décisive apologie (par Marc Sangnier) la foule s'écoule et nos amis achèvent la journée en se retrouvant à un banquet intime, presque recueilli, où, parmi les fortes paroles d'encouragement, ne leur manque même pas le réconfort de la parole des prêtres amis, tels que l'archiprêtre de Saint-Dizier, et d'autres encore, *qui nous assurèrent que, plus que jamais, là même où ils doivent se taire, des multitudes de prêtres sont de cœur avec nous et prient pour le* Sillon.

Ceux-là seuls à qui manque totalement l'esprit du *Sillon* ont pu trouver son attitude à l'égard du vénérable évêque de Quimper déplacée et insolente. Contre les évêques qui s'opposent à lui, Marc Sangnier, suivant inconsciemment la voie tracée par la révolte protestante, en appelle à l'Évangile. Lisez plutôt, dans *le Sillon* du 10 décembre 1905, cette page :

Nous croyons à la mission providentielle du *Sillon*. C'est avec toute notre âme que nous nous dévouons à la cause, parce que nous avons foi en elle. Et c'est pourquoi nous ne nous laissons pas intimider par les campagnes que l'on mène contre nous de tous côtés. Certains se scandalisent de nous entendre parler avec cette audace.

— Vous avez d'étranges prétentions, nous disent-ils, vous parlez de mission providentielle, et vous semblez méconnaître ou compter pour rien les voix autorisées qui s'élèvent contre vous, dénonçant vos imprudences, proclamant vos dangereuses témérités...

Et nous laissons dire... *Quant aux voix autorisées qui s'élèvent contre nous, loin de les méconnaître ou de les compter pour rien, nous les écoutons avec respect, confiants que nous sommes dans leur absolue sincérité. Mais nous savons qu'il est écrit : Il en est qui vous conduiront au supplice et qui croiront glorifier Dieu.*

Et nous n'avons pas le droit de nous laisser arrêter par des dénonciations bruyantes, ou des protestations tapageuses. Nous disons bien haut tout ce que nous pensons : que l'on prenne une seule de nos idées et que l'on établisse qu'elle va *contre une vérité de foi*, que *l'Eglise infaillible* déclare que, sur ce point, nous sommes dans l'erreur (1), et ceux qu'affole notre témérité verront qu'il n'y a pas de catholiques plus soumis que nous, plus que nous respectueux de la doctrine du Christ.

Ainsi les évêques qui condamnent les erreurs du *Sillon* font œuvre de persécuteurs. C'est à eux qu'il applique la prophétie de Jésus-Christ.

On sait, par exemple, que Mgr Turinaz, évêque de Nancy, s'opposait à l'établissement du *Sillon* dans son diocèse. Voici comment *le Sillon* du 1er août 1905 rapporte l'ouverture d'un congrès tenu dans cette ville :

En ouvrant la première séance, Marc Sangnier rappelle les difficultés sans nombre qui ont assailli le Sillon lorrain jusqu'ici, et il montre que ces difficultés *sont le plus merveilleux gage de vie que puisse lui accorder celui qui a dit : « Celui qui conserve sa vie la perd et celui qui perd sa vie la sauve. »*

Or, notons que *la Cause*, c'est le triomphe de ce mouvement *laïque*, qui doit procurer l'établissement définitif de la *République démocratique*. C'est cette œuvre laïque et politique qui a les promesses de Dieu, qui s'arme contre les évêques de l'autorité de l'Evangile, et se vante d'avoir pour elle, contre eux, l'appui du Pape.

Le prétexte, on ne peut dire en aucun cas l'excuse, à invoquer par le *Sillon* serait que cette cause est en même temps celle de Dieu et de l'Eglise, et c'est bien, au fond, sa prétention. Cela ne l'empêchera pas de crier à la calomnie, quand nous

(1) Prétention moderniste.

le convaincrons d'identifier les affaires de la religion avec celles de la politique.

Mais, au *Sillon*, tout est contradiction de toute part.

Et c'est cette incohérence, ce sont ces inconséquences perpétuelles, cette absence complète de direction précise dans les questions capitales, qui semblent indifférentes à tant de personnes, même ayant autorité, et qu'elles se plaisent à considérer comme un mouvement régénérateur.

A propos des faits que je viens de rappeler, je cueille encore le trait suivant dans *l'Ouest-Éclair*, grand organe démocratique dévoué au *Sillon*. C'est après le Congrès de Brest. On y lit dans une interview de commande :

— Mais à propos, n'avez-vous pas eu déjà à Nancy des difficultés analogues à celles que vous rencontrez aujourd'hui à Quimper ?... Et Rome ne vous a-t-elle pas nettement déclaré qu'il fallait, malgré tout, maintenir le *Sillon lorrain ?*

Ici, Marc Sangnier, sourit finement et nous n'avons pas de peine à comprendre que l'affaire de Quimper ne l'inquiète guère et qu'il pourrait nous en dire long sur l'appui aussi efficace que discret qu'il a trouvé au Vatican lors de ses démêlés avec l'évêque de Nancy... (1).

Voici le tour de Mgr Gieure, évêque de Bayonne, dont on a lu plus haut la lettre décisive, et qui, le premier, interdit la vente de *l'Éveil démocratique* à la porte des églises.

(1) *Le Sillon,* 25 août 1906.

On lit dans la *Chronique de Bayonne* du 19 juin 1907.

Chacun sait que le *Sillon* proteste de son respect profond de la hiérarchie.

Voici comment il l'observe.

Le Semeur des Landes, organe du *Sillon* de Dax, a publié, dans son numéro de juin, l'article suivant :

« Les séances du C. E. réunissent nos amis tous les huit jours. La vente de *l'Éveil* a progressé à Bayonne jusqu'au chiffre de 190. *Nous remercions bien sincèrement Mgr Gieure du service qu'inconsciemment il nous a rendu en nous donnant l'idée de vendre l'Éveil ailleurs qu'à la porte de ses églises.*

« *Comme Dieu sait toujours tirer le bien du mal!* »

Qu'il se soit rencontré au *Sillon* de Bayonne ou de Biarritz quelqu'un pour écrire ces lignes de la dernière inconvenance, nous le regrettons sans en être autrement surpris : la prime jeunesse est parfois si inconsidérée!

Mais que la fort sage rédaction du *Semeur* les ait laissé passer, oh! cela est par trop intolérable!

A quoi le président du *Sillon* de Dax répond par la lettre suivante :

Dax, le 20 juin 1907.

Monsieur le Directeur,

Au nom du *Sillon* de Dax, je tiens à vous déclarer immédiatement que nos amis des *Sillons* de Bayonne et de Biarritz ne sont *absolument pour rien* dans la note parue dans *le Semeur des Landes,* et reproduite et critiquée par la *Chronique* de ce jour.

Permettez-moi de plus de regretter que l'on taxe de « dernière inconvenance » *quelques lignes bien anodines,* que, dans tous les cas, l'on nous pardonnera facilement, je l'espère, puisque d'habitude notre rédaction est si « sage ».

Oui, le *Sillon* respecte l'autorité, et c'est justement à cause de cela qu'il continue son action.

Marc Sangnier a été tout dernièrement à Rome. N. S. P. le Pape lui a en effet signalé les écueils de la route et recommandé la prudence ; nous serons prudents. Mais le Vatican a également reconnu notre *orthodoxie* et la *légitimité* de notre mouvement : et voilà pourquoi nous continuons.

On nous a engagé enfin à travailler avec calme et simplicité, sans trop nous émouvoir des attaques : c'est ce que nous ferons.

Veuillez agréer, monsieur le Directeur, l'expression de mes sentiments distingués.

J. Dufos du Rau.

La *Chronique* donne acte à M. Dufos du Rau de ce qu'il a été servi avec trop d'empressement par ses amis, et ne peut retenir ces justes réflexions :

On sera sans doute fort surpris qu'au lieu d'essayer d'excuser ces malheureuses lignes M. Dufos du Rau les traite de « BIEN ANODINES ».

Comment ! Vous vous permettez de remercier ironiquement notre Evêque « *du service qu'il vous a rendu en vous* DONNANT L'IDÉE *de vendre* l'Eveil *ailleurs qu'à la porte de ses Eglises* » ; vous affirmez qu'il agit « INCONSCIEMMENT ! vous osez enfin écrire cette phrase monstrueuse : « *comme Dieu sait toujours tirer le bien du mal !* », qui signifie, n'est-ce pas, en bon français, que Mgr Gieure a fait le mal en prenant une mesure qui vous déplaît, mais que Dieu en a tiré un plus grand bien ? et vous traitez tout cela d'anodin ?!! !....

Mais, alors, que nous réservez-vous pour le jour où vous vous départirez de « *votre calme* » et de « *votre simplicité* » ?

Allons ! moins d'affirmations de respect pour l'autorité et plus d'élémentaire déférence pour ceux qui en sont les légitimes représentants.

A cette condition, nous vous laisserons en paix poursuivre la voie où vous persévérez à marcher.

Un bon sillonniste ne s'enferre jamais à moitié. Réplique de M. Dufos du Rau :

Dax, le 22 juin 1907.

Monsieur le Rédacteur,

Je ne m'étonne plus maintenant que vous critiquiez la note du *Semeur*, car vous l'avez bien peu comprise, et vous la traduisez bien mal.

Le Semeur n'a jamais dit que Mgr l'Evêque de Bayonne « agit inconsciemment ». Il l'a simplement « remercié bien sincèrement du service qu'inconsciemment il nous a rendu ». Inconsciemment, c'est-à-dire « sans s'en douter ».

De même, il ne lui a jamais reproché d'avoir « fait le mal ». (Il n'avait évidemment aucune qualité pour s'arroger ce droit.) Il a simplement dit que le fait de ne pouvoir vendre *l'Eveil* aux portes des églises était pour nous un mal, mais que de ce mal était sorti un bien.

Pour comprendre autre chose, il me semble qu'il faut être un peu prévenu à notre égard. Il faut en tout cas nous prêter des sentiments que nous n'avons pas.

J'ai dit et je répète que si nous continuons notre action, c'est qu'à Rome on a reconnu notre *orthodoxie*, et la *légitimité* de notre but, de notre attitude, de notre mouvement, et même du « plus grand *Sillon* », et qu'on nous a encouragé à continuer avec prudence sans doute, mais sans trouble. Est-ce clair ?

Vous me permettrez de faire remarquer à vos lecteurs que *le Semeur* n'est qu'une modeste correspondance mensuelle, *polycopiée*, qui ne se vend point publiquement, on ne peut plus *privée*, et qui sert de lien à nos amis des Landes. A peine quatre ou cinq exemplaires pénètrent-ils dans les Basses-Pyrénées. On comprendra donc sans peine que je trouve étrange que cinq lignes d'un tel bulletin fassent un tel tapage.

Vous trouvez que nous sommes bien coupables et que notre « responsabilité est bien lourde ». Permettez-moi

de vous dire que nous ne vous reconnaissons aucune
autorité en la matière. Vous ne nous attaquerez plus,
dites-vous ; nous prenons acte de la promesse.

En attendant, vous continuez, et vous parlez de « ces
malheureuses lignes », de « ces misérables persiflages »,
de « ces notes sottement méchantes ». Il me serait facile
de vous répondre sur le même ton. Mais dans cette voie
de l'injure, je refuse de vous suivre : je risquerais de
descendre trop bas.

Veuillez agréer, monsieur le Rédacteur, l'expression
de mes sentiments distingués.

J. Dufos du Rau.

Cela vaut au président du *Sillon* de Dax la leçon
suivante :

Après avoir assumé à lui seul la responsabilité de
l'article du *Semeur*, M. Dufos du Rau en est réduit,
pour en atténuer la fâcheuse portée, à essayer de nous
donner une leçon de grammaire.

Mais en dépit de ses singuliers préceptes et de ses
distinctions qui n'ont rien de subtil, j'affirme :

1º Que *rendre inconsciemment des services* et *agir
inconsciemment* sont synonymes, et par conséquent si,
d'après ces Messieurs, Monseigneur leur a rendu inconsciemment un service, c'est qu'IL A AGI INCONSCIEMMENT.

2º L'interprétation qu'il fait de la phrase monumen-
tale « *comme Dieu sait tirer le bien du mal* » est tout
au moins inattendue. Mais je veux être bon prince, et
je l'accepte, car il n'en reste pas moins acquis, même d'a-
près cette version, que Dieu a pris contre Mgr l'Evêque
fait et cause pour les vendeurs de *l'Eveil*.

De plus, j'estime que, pour donner à l'article incriminé
le sens que je lui ai attribué, il n'est nullement nécessaire d'être prévenu à l'égard du *Sillon :* il suffit à un
vulgaire primaire de connaître son français et de jouir
de son bon sens.

Quant au fait que *le Semeur* soit polycopié ou imprimé, cela change d'autant moins le fond de l'accusation qu'il n'est pas exact que cette revue mensuelle soit « *on ne peut plus privée* », puisqu'il est libre au premier venu de s'y abonner (2, rue Large, Dax, coût 1 fr. 10 par an). « Et il me suffisait, dans l'espèce, que *le Semeur de la Lande* fût l'organe officiel du Sillon de Bayonne-Biarritz.

Que M. Dufos du Rau refuse mon autorité pour établir sa responsabilité, je le conçois sans peine. Je n'ai certes pas l'outrecuidance de m'ériger en docteur en Israël.

Mais, au fait, quelle autorité accepterait-il avec le système du Sillon d'en appeler d'un 'civil aux Evêques, de la presque totalité des Evêques à l'un d'eux ou au Pape et enfin du Pape mal informé au Pape mieux informé?

M. Dufos du Rau retient ma promesse de ne pas l'attaquer : je la lui réitère, mais avec la réserve qu'on ne nous provoquera plus par une attitude franchement irrespectueuse envers nos Evêques, attitude que, malgré toute mon indulgence, je ne peux attribuer à la seule gaminerie.

Je termine là-dessus sans souligner l'incivilité de la fin de lettre de M. Dufos du Rau. J'affirme cependant que mon attaque ne la justifie pas, et que tout son dépit ne l'excuse point.

Autre monument de l'aplomb vraiment extraordinaire avec lequel cette jeunesse du *Sillon* met les pieds dans tous les plats qui ne sont pas de sa vaisselle. Voici l'étrange questionnaire adressé aux adhérents pour un Congrès à Grenoble :

Le « Sillon » et l'autorité ecclésiastique.

1° Le *Sillon* est-il un mouvement religieux ou laïque?

Est-ce un mouvement catholique ou un mouvement de catholiques?

Définition approximative du *Sillon*.

2° L'Eglise permet-elle l'existence de mouvements sociaux ou politiques de catholiques?

L'Eglise a-t-elle sur ces mouvements un droit de direction ou de contrôle?

Quelles sont les différentes attitudes qu'un évêque peut prendre vis-à-vis du *Sillon?* Sommes-nous obligés de nous conformer aux idées politiques de l'évêque?

Au cas où l'évêque interdit à ses prêtres de collaborer au mouvement, quelle peut être, en droit, l'attitude des sillonnistes et des catholiques qui s'intéressent au *Sillon ?*

Dans ce cas, le prêtre peut-il refuser son concours au *Sillon* pour l'explication d'un point de doctrine? N'est-ce pas une façon de répandre la doctrine de l'Eglise?

Au cas où l'évêque approuve le *Sillon*, quelle attitude les sillonnistes doivent-ils avoir en face de son approbation?

La conception du *Sillon* permet-elle que l'évêque et ses prêtres prennent la direction du mouvement?

Pourquoi le prêtre a-t-il un rôle au *Sillon*, quoique celui-ci soit un mouvement politique et social? — Quel est exactement son rôle au point de vue religieux et au point de vue social? Caractère des relations entre prêtres et sillonnistes (1).

Les disciples marchent sur les pas du maître. Il y a deux ans un article de *l'Éveil* nous apprenait que, pour Marc Sangnier, le grand danger de la Séparation — que d'autres auraient pu croire être l'affaiblissement de la foi, la fermeture des églises, la perte des âmes — résidait surtout dans le fait que les curés pourraient se trouver plus ou moins dépendants d'un châtelain quelconque et

____

(1) Cité par *l'Action catholique,* n° d'avril 1907.

risqueraient d'y perdre l'indépendance des convictions républicaines.

En mars 1907, dans un article intitulé : « Que va faire le clergé de France » ? Marc Sangnier écrivait ces lignes stupéfiantes :

Si l'Eglise de France, à peine libérée du joug odieux d'un Etat irréligieux et persécuteur, retombe aussitôt sous celui des partis les plus impopulaires, les plus hostiles à toutes les aspirations contemporaines, les plus incapables de progrès et d'action positive, elle verra encore baisser son crédit et perdra jusqu'au profit moral des injustices et des vexations dont elle aura été victime en face même du pays.

Que le bon cardinal Richard ait dû accepter l'hospitalité d'un député royaliste et que l'assemblée générale de tous les évêques de France n'ait pu trouver pour s'abriter d'autre demeure que le château de M. de Franqueville, qu'aucune maison du peuple ne lui eût ouvert ses salles, c'est déjà là sans doute un signe pénible des temps, et il est impossible que plus d'un évêque, parmi ceux-là surtout qui, comme Mgr Delamaire, Mgr Gibier, Mgr Dadolle et tant d'autres, ont vraiment le sens des réalités démocratiques et des susceptibilités populaires, n'aient pas senti, au fond de leur cœur, quelque amertume et quelque regret tandis qu'ils étaient reçus très aristocratiquement à la table du château de la Muette par une hôtesse qui n'appartenait même pas à la religion catholique, en songeant à ce qui se passait en Allemagne au moment du Kulturkampf : c'était à Wurgsbourg que les évêques de la Confédération germanique, après s'être réunis dans une vieille église désaffectée et avoir jeté entre eux les bases du grand travail de conquête apostolique, qui devait briser la force même du Chancelier de fer, offrirent un banquet aux pauvres de la ville et, couvrant de tabliers blancs leurs soutanes violettes, se firent eux-mêmes les serviteurs de ces malheureux.

Comment qualifier l'inconvenance avec laquelle Marc Sangnier trouve mauvais que le Cardinal ait accepté l'hospitalité d'un député catholique, et les évêques celle d'un châtelain catholique; et cela parce que, d'après le *Sillon*, c'étaient des « réactionnaires »? Pourquoi donc Marc Sangnier ne s'est-il pas mis en mesure d'offrir au cardinal un gîte populaire, au lieu de l'hôtel de la rue de Babylone? Lui qui est en train de solidariser son *Sillon* avec les *Unions chrétiennes* protestantes et qui s'en va banquetant avec elles, se scandalise de voir les évêques à la table d'une hôtesse n'appartenant pas au culte catholique! Quel pharisaïsme! Cette critique fût-elle juste en elle-même, ce que je n'examine pas en ce moment, et toute question de respect mise à part, s'il y avait quelqu'un qui dût se l'interdire, n'était-ce pas Marc Sangnier?

Mais toute occasion lui est bonne d'inculquer par son exemple cet admirable esprit de respect envers la hiérarchie, pour lequel il a reçu tant d'hommages autorisés. Tandis qu'il exhortait, comme on l'a vu, à une soumission parfaite les jeunes prêtres réunis à la Semaine sociale d'Amiens, il insérait dans son *Éveil démocratique* (4 août) cette lettre relative aux graves démêlés de l'évêque de Liège avec les démocrates, au sujet des syndicats chrétiens.

Dans le diocèse de Liège, la démocratie chrétienne se voit traitée avec autant d'injustice que vous en France. Si le théâtre est moins vaste, la scène est tout aussi poignante : ce sont les mêmes défiances, les mêmes haines; en un mot, c'est le siècle debout contre le christianisme.

Entre le siècle et le Christ, la distance est devenue telle que l'on se demande comment le rapprochement se fera...

C'est parce que vous l'avez compris que vous avez tout sacrifié à l'action populaire ; *et c'est pour cela que se tournent contre vous tous ceux, prêtres ou laïcs, qui ont encore confiance dans l'exemple venu de haut.* En haut il n'y a plus guère, dans la société civile, que lâcheté, orgueil, sensualité et inconscience. Comment, en France surtout, peut-on espérer quelque bien des gens en vue ?

L'épreuve doit venir ; dût-elle être sanglante, elle sera salutaire ; tous ceux qui l'accepteront en sortiront plus dignes et plus forts. Il en sera ainsi de tout ce qui doit exercer une influence ; il en sera ainsi, tout d'abord, de vous ; mais gardez courage et confiance. Dieu bénit de pareils efforts.

Votre tout dévoué,

CH. DE PONTHIÈRE,

*Député de Liège
à la Chambre des Représentants.*

Mais ce sont là des détails ; il est vrai qu'on en composerait facilement un ensemble. Venons à des traits plus importants, et, d'abord, à l'attitude du *Sillon* devant l'acte capital de Mgr Delamaire (1).

Je veux placer sous les yeux du lecteur un article de *l'Éveil démocratique* du 21 juillet 1907. Si on le rapproche de la date de la lecture de Mgr le coadjuteur de Cambrai, qui fut publiée la semaine

(1) Voir plus haut page 38.

précédente, les 17 et 18 juillet, il est impossible de ne pas y voir la réponse de Marc Sangnier, la seule qu'il fit d'ailleurs dans son journal, où non seulement la lettre épiscopale ne fut pas reproduite (pas plus que les journaux démocrates chrétiens de MM. Naudet et Dabry, vulgarisateurs du modernisme, n'ont reproduit les actes récents du Saint-Siège), mais où on ne trouverait même pas une mention de ce document.

Et alors, saisissant l'allusion dissimulée, on sentira ce qu'il y a de dangereux et de perfide dans ce mysticisme roublard, qui enveloppe les actes épiscopaux dans ses récriminations contre la calomnie, et qui, avec un raffinement de feinte humilité, avec des paroles enflammées de dévouement pour le Christ, prêche en réalité l'obstination dans la résistance.

Les enfants qui, n'ayant encore rien entrepris, rien commencé dans la vie, voient s'ouvrir devant leurs yeux éblouis des possibilités infinies, sont heureux. Et aussi, peut-être, ceux qui, à l'autre bout de l'existence, n'espèrent plus rien ici-bas et dominent les événements qu'ils n'ont plus la force ni le goût d'essayer de diriger et dont le déroulement logique satisfait les exigences de leur esprit désabusé.

Mais lutter âprement contre les gens, contre les choses, être sans cesse contraints de se défendre, rester toujours debout, ne pas laisser voir que l'on souffre et refouler les larmes qu'il serait parfois si consolant de verser, cela est dur, et la victoire elle-même, si elle n'en a que plus de prix, apparaît parfois comme plus austère et plus triste, puisque sa conquête a exigé de si desséchants efforts.

Oh ! comme, à de certaines heures, elle risque d'exercer sur le lutteur qui n'est pas une brute et dont le cœur sait encore souffrir une attirante séduction, cette *non-résistance au mal* du grand penseur qu'est Tolstoï.

On nous calomnie, on nous insulte, on nous trahit, on dénature nos desseins, nos intentions. Quand nous disons oui, on nous fait dire non. On nous tend des piéges. Ceux-là mêmes qui prétendent nous donner des conseils d'amis n'ont jamais rien compris à ce que nous voulions et ignorent tout de notre âme... Laissons faire, laissons dire, n'essayons pas le plus timide geste de défense. Consolons-nous en rentrant en nous-mêmes. Opposons aux débordements de la haine l'immobilité muette de notre stoïcisme. Soyons même assez forts pour oublier, pour regarder ailleurs, pour devenir comme indifférents au monde méchant qui nous trompe et qui nous frappe et pour communier avec la nature infinie, dociles à sa loi, pour aimer les monts, les plaines, la chanson du vent dans les arbres, la plainte monotone de la vague sur la grève, la société des bêtes sans malice et l'intime douceur d'une harmonie que la liberté de l'homme n'a pas brisée.

Subtile tentation à laquelle beaucoup d'âmes fières ont cédé, abandonnant le terrain de la lutte pour s'enfermer dans la tour d'ivoire des hautes pensées ou pour se répandre à travers la nature et oublier les hommes !

Non ! contre une aussi coupable lâcheté nous devons nous raidir. Dieu nous a mis sur la terre pour servir et non pour jouir. Ne craignons pas les blessures. Elles ne défigurent pas ; elles ennoblissent.

Mais voici que bouillonne l'ardeur d'un désir nouveau... La vie est lassante et grise. Oh ! si l'on pouvait, d'un seul coup, se donner tout entier à la Cause que l'on sert, si l'on pouvait, à tous ceux qui se défient, qui suspectent, qui espionnent ou qui s'inquiètent et redoutent toujours, apporter enfin la preuve convaincante, irréfutable, qui brille et vibre comme un éclair, la preuve même du martyre !

Il y a des soldats que la malveillance entourait, que

la calomnie frappait et qui rêvaient, pendant la nuit, sous la tente, de la balle libératrice; et Dieu, parfois, exauçant leur prière, les faisait, au matin, tomber dans la bataille sur les genoux, baignés de sang et de gloire.

Mieux qu'à la patrie le soldat, au Christ, l'Ami, le Frère, le Dieu, n'avons-nous pas tout donné?... On en voit, quelquefois, en ces temps de guerres religieuses, qu'on tue en haine de la foi.

... Pourquoi pas nous un jour, en somme? Pourquoi pas tout de suite?... Oh! que d'irritantes questions supprimées, que de haines tombées, comme le vent s'abat quand la foudre a tonné... Et les simples, alors, les pauvres vieilles filles qui lisent *le Pèlerin*, récitent des chapelets naïvement et ne connaissent le *Sillon* que par ce qu'en dit parfois le curé, nous traitant d'hérétiques, sauraient peut-être enfin que c'est le même Jésus que nous adorons, celui que chaque jour ils prient; ils comprendraient que c'est pour lui que nous sommes morts, mieux et plus vite qu'ils n'auraient cru que c'est pour lui que nous vivions.

Cette prévenance divine du Seigneur, qui dispense de la fin du labeur commencé, épargne le poids du jour aux élus qu'il choisit pour les tirer sans plus tarder à lui, l'avons-nous méritée? Sommes-nous assez simples, avons-nous l'âme assez claire, l'obéissance assez prompte, l'amour assez désintéressé? N'y a-t-il pas encore quelque orgueil renaissant, quelque refus caché du labeur salutaire que Dieu nous prépara pour nous y tremper, à nous laisser aller au charme attirant et brûlant d'une telle vision?

Humbles et forts, nous ferons notre journée aussi longtemps que Dieu voudra. Si, voyant la vanité des choses de ce monde, nous craignons de perdre cœur, nous nous souviendrons qu'ainsi que le Christ l'a dit le royaume de Dieu est au dedans de nous.

Fils amoureusement soumis de l'Église, ardents pionniers de la République démocratique, comment pourrions-nous oublier qu'il y a des fossés si profondément creusés par les équivoques et les haines, que ce n'est pas avec des paroles qu'on les comble, mais avec des sacrifices, des existences et, peut-être même, des générations immolées.

Qu'importe! Dieu ne nous a-t-il pas donné ce qui vaut plus que tout le reste : une raison de vivre?

Voilà une première réponse à Mgr Delamaire. En voici une autre, non moins indirecte, plus déloyale encore et plus insolente, émanant cette fois d'un prêtre démocrate, ami du *Sillon*. Elle parut à la fois dans la revue de Marc Sangnier et dans *la Justice sociale*. De cette *lettre à un jeune prêtre*, écrite par M. l'abbé Naudet, nous dirons seulement qu'il y avait là de quoi provoquer la censure épiscopale par l'affront fait à l'autorité, par la gravité des erreurs émises en opposition avec le jugement de l'archevêque.

M. l'abbé Naudet recourt à cet odieux artifice de mettre dans la bouche d'un jeune prêtre le langage même de Mgr Delamaire; et, alors, vis-à-vis de ce jeune homme, il se donne carrière librement.

Nous ne nous arrêterons pas à discuter ses assertions, dont beaucoup de lecteurs feront aisément justice à la simple vue; nous nous contentons de reproduire cet article du *Sillon*, comme un exemple de la façon dont on entend et pratique, chez Marc Sangnier et son école, le respect de la hiérarchie. On n'a qu'à rapprocher tout ce qui est dit dans cette lettre de celle qu'écrivit Mgr Delamaire :

Lettre à un jeune prêtre.

Mon Cher Confrère,

Vous êtes troublé en votre âme et douloureusement

affecté en votre cœur des attaques incessantes dont le *Sillon* est l'objet depuis quelque temps. Vous avez lu, en certains *journaux*, des accusations qui paraissent graves : « poussée de mineurs dans la politique, limitation du champ d'action de l'Église, crainte malséante et malsaine des empiètements de l'autorité religieuse, théories paradoxales, alliances pratiquement scandaleuses, propagation inconsciente et réelle du mouvement socialiste, méconnaissance du danger pour certains auditoires d'entendre certains sujets, manie de la persécution, effets navrants de perdition pour certains, tant prêtres que laïques », etc. Et vous vous demandez ce qu'il faut penser de tout cela, et si le devoir ne s'impose pas à votre conscience de lâcher vos sillonnistes, ces sillonnistes que vous aimez tant et auxquels vous vous êtes si sacerdotalement dévoué, depuis bientôt deux ans.

Il ne m'appartient, mon cher Confrère, n'ayant aucune autorité pour cela, de vous dire ce qu'il faut penser ou ce qu'il faut faire ; mais puisque vous m'interrogez en toute confiance, je vous dirai, avec la même franchise, ce que je pense et ce que je fais ; vous tirerez les conclusions.

Et, d'abord, permettez-moi d'attirer votre attention sur ce point que les reproches dont vous parlez, s'ils sont graves en eux-mêmes, sont aussi d'un vague qui, non seulement dispense de les réfuter en détail, mais encore est de nature à nuire très fortement à leur gravité. Vous m'avez communiqué un long réquisitoire publié par certains journaux où j'ai aussi retrouvé les mêmes griefs. J'en ai cherché vainement les preuves, et je me demande s'il est permis d'écrire ainsi cinq colonnes d'accusations sans citer un seul fait qui les appuie, et s'il n'y a pas là un de ces procès de tendance que l'on ne saurait juger trop sévèrement ?

Aussi, reprenant les divers points de votre lettre, je vous demande la permission de traiter, moins la question particulière qui vous a fait m'écrire, que les questions de principes qu'elle suppose et sur lesquelles il importe de s'expliquer. Le *Sillon* a des adversaires, et dans leur nombre je vois des hommes de grande valeur intellectuelle et morale, dont le jugement serait de nature à m'impressionner ; mais *le Sillon* a aussi des amis de valeur intellectuelle et morale non moins grande, et dont le jugement ne pèse pas moins dans la balance ; je ne sais pas ce qu'on nomme un « sillonniste », mais ayant considéré les hommes et les idées que les deux partis me présentent, je me range résolument du côté des amis.

Votre lettre s'occupe d'abord, mon cher Confrère, de l'« attitude politique » du *Sillon*, et vous me dites qu'après avoir répété qu'il ne faisait pas de politique, *le Sillon*, tout à coup, s'est présenté comme un mouvement et un parti principalement politiques. Je ne sais pas où vous avez pris ce renseignement, mais il me paraît absolument inexact. Non seulement cela ne résulte pas du programme ou des déclarations autorisées des chefs du mouvement, mais je crois que l'on chercherait vainement des faits sur lesquels appuyer cette affirmation. Remarquez bien que je reconnais parfaitement au *Sillon* le droit d'être un parti comme l'*Action libérale*, comme l'*Action française*, comme d'autres qui font de la politique l'objet de leur effort et qui sont aidés, encouragés, soutenus, subventionnés par des évêques et des prêtres, mais je dois reconnaître aussi que le *Sillon* n'use pas de ce droit et ne marche pas dans ce sentier ; votre renseignement est inexact. J'ajoute cependant, pour répondre à une de vos remarques, que, si le *Sillon* faisait de la politique, même « avec des mineurs », le *Sillon* serait parfaitement en règle si ces mineurs avaient la permission de leurs parents. Vous semblez croire que les jeunes gens appartiennent à nos patronages et que nul n'a le droit d'en disposer sans notre consentement. Non, mon cher Confrère, les jeunes gens appartiennent à leur famille, et c'est nous qui n'avons pas le droit de nous substituer

aux parents dans la direction civique de eurs enfants,
pas plus que dans leur direction intellectuelle ou professionnelle ; il y a là une question de principe que vous
me paraissez perdre de vue. D'autant que je pourrais
vous demander qu'est-ce qu'un majeur et qu'un mineur
dans l'Eglise ? L'Eglise permet au jeune homme de se
marier et de fonder une famille dès qu'il est nubile, et il
n'aurait pas le droit d'entrer dans le *Sillon* ? En vérité,
je ne comprends pas.

Mais, me dites-vous, « les questions économiques et
politiques, quoique temporelles, regardent le prêtre, car
dès qu'on veut traduire les théories en actes, ces actes
étant toujours bons ou mauvais, utiles ou dangereux, ils
tombent par cela même et nécessairement sous l'appréciation du Prêtre, de droit divin maître ès-sciences
morales et directeur tant public que secret des consciences catholiques ». Et vous ajoutez : « Voilà le principe ! »

Oh ! non, mon cher confrère, ce n'est pas un principe,
tant s'en faut ; et ce que vous énoncez là, loin d'être un
principe, constitue une erreur. Vous oubliez donc que
le prêtre n'appartient pas à l'Eglise *enseignante*, mais,
comme le laïque, à l'Eglise *enseignée ;* et que, reçût-il
délégation de l'évêque, son enseignement n'en est pas
plus infaillible pour cela. Ne vous souvenez-vous pas de
tel prédicateur qui publia naguère le carême qu'il avait
prêché dans une église cathédrale sous la présidence
d'un archevêque-primat, s'il vous plaît, et dont le livre
fut mis à l'index ? Ne connaissez-vous pas aussi nombre de volumes publiés par des prêtres, avec permission
de l'Ordinaire, et qui ont subi le même sort ? Evidemment, vous oubliez cela, lorsque vous me parlez de la
« nécessaire appréciation » du prêtre, « de droit divin
maître ès-sciences morales, etc. ».

Vous ajoutez que « prétendre interdire au prêtre de
contrôler d'autorité et *proprio motu* les catholiques dans
leur activité politique ou économique, c'est restreindre

et dénaturer la mission générale de l'Eglise » ; l'Eglise, dites-vous, « a le droit d'intervenir en ces matières, quand elle veut, comme elle veut, dans la mesure qu'elle-même juge opportune et bonne. » Oh ! mon cher confrère, quelle doctrine ! quelle logique ! Quelle logique ! Ne voyez-vous pas que vous confondez le prêtre avec l'Eglise, que vous passez du particulier au général, et il y a là une erreur philosophique dont je vous épargnerai le mot latin, mais qui n'en est pas moins très caractérisée.

Quelle doctrine ! car le prêtre, nous l'avons dit, n'étant pas infaillible, n'a pas le droit d'imposer son autorité à la conscience. Non seulement il n'a pas ce droit dans un groupement quelconque, mais il ne l'a pas même au tribunal de la pénitence : le pénitent, en effet, choisit son confesseur et conserve toujours le droit de s'adresser à un autre si la décision qu'on lui donne lui paraît inacceptable. Vouloir donner au prêtre « le droit de protéger, réprimander, régir tous les baptisés, à l'heure qu'il choisit et sous le seul contrôle de son évêque et du Pape », et le droit de faire cela « sans attendre que l'individu ait examiné la question de savoir si l'autorité s'est renfermée ou non dans les limites de sa juridiction propre », c'est simplement monstrueux, c'est de la théocratie pure, c'est la confusion la plus étrange des deux pouvoirs, c'est l'esclavage intellectuel, moral, social, rétabli au profit des hommes d'Eglise; c'est le « gouvernement des curés » dans toute sa splendeur. Vous savez ce que le peuple en pense ; et moi, prêtre, bien haut, bien fièrement, sûr d'être suivi par l'immense majorité de mes frères, je dis que le peuple a raison, et je crie à tous : Je n'en veux pas. »

Et, d'ailleurs, voyez dans quel imbroglio vous nous jetez. Prenez deux prêtres d'idées opposées : un royaliste et un républicain, un démocrate et un réactionnaire, qui faudra-t-il écouter, si l'un et l'autre se mêlent de vouloir imposer leurs idées? Vous direz: il faut recourir à l'évêque ? Mais vous savez comme moi que les évêques ne sont pas moins divisés que les prêtres sur ces questions. *Et je vous avoue que ma conscience serait troublée si je partageais votre manière de voir, lorsque je constate que tel évêque condamne comme dangereuses des idées que tel autre bénit et désire voir propager : les idées du Sillon sont dans ce cas.* En sorte que je devrais changer de doctrine en changeant de domicile, combattre dans la paroisse de M. le curé X... ce que je devrais défendre dans celle de M. le curé Z... ; regarder comme excellent dans le diocèse de Châteauneuf ce que je devrais réprouver énergiquement dans celui de Châteauvieux.

Du fait qu'on est prêtre, mon cher confrère, on n'est pas pour cela un sociologue, on n'est pas davantage un économiste. Avoir eu entre les mains, au Séminaire, un manuel de théologie plus ou moins mal rédigé et qui consacre à peine quelques pages à ces questions, si encore il s'en occupe, ne suffit pas pour constituer dans notre cerveau plus ou moins bien doué la science universelle, et pour nous donner une sûreté de jugement devant laquelle tout le monde doit s'incliner. J'ai peutêtre quelque compétence en matière économique et sociale, j'écris et je professe depuis un nombre d'années déjà fort respectable et c'est au moins un titre qui en vaut un autre d'être titulaire d'une chaire au Collège libre des sciences sociales, l'un des établissements d'enseignement supérieur les plus haut cotés de Paris. Eh bien ! je vous l'avoue en toute humilité, je me suis trompé assez souvent et j'ai dû changer d'idées plus d'une fois. Aussi plus je travaille, moins je me sens le goût d'imposer mes idées encore qu'il me plaise toujours de les exposer et que je souhaite voir leur triomphe prochainement. Et vous voudriez que n'importe qui, qu'il ait fait ou non des études préalables et uniquement parce qu'il es. prêtre, possédât le droit de juger, d'approuver ou de condamner en des matières extrêmement délicates et dont les conclusions dépendent le plus souvent de principes dont certains n'ont pas même l'idée ! Si vous aviez comme moi assisté à certaines discussions et entendu certaines affirmations aussi tranchantes qu'inacceptables émises par des confrères remplis d'excellentes intentions, mais imbus, sans doute, de ces mêmes idées, vous en seriez revenu de leur droit de contrôle et de leur jugement. Et, remarquez-le bien, je me place ici à votre point de vue de la conduite pratique. J'ai entendu des ecclésiastiques de parfaite bonne foi, d'ailleurs, conseiller une attitude, une ligne de conduite absolument contraires à des principes théologiques, économiques ou moraux, qu'ils ignoraient d'ailleurs visiblement. Et vous voulez que les catholiques acceptent comme argent comptant une direction de cette nature et aussi peu sûre que celle-là !

Non, mon cher confrère, le prêtre, en ces sortes de questions comme en beaucoup d'autres, n'a que sa valeur personnelle et il ne sait que ce qu'il a appris. Nous avons assez souvent constaté ses erreurs pour avoir le droit de nous méfier un peu ; il ne faudrait pas oublier que ce sont des prêtres qui ont condamné Jeanne d'Arc, des prêtres qui ont condamné Galilée ; voudriez-vous nous obliger à dire qu'ils ont eu raison ?

On affirme que les sillonnistes qui réclament *in dubiis libertas* ne le pratiquent pas, et que Marc Sangnier met dehors ceux qui ne pensent pas comme lui. Je vous répondrai d'abord que, s'il arrive à Marc Sangnier de manquer de logique, ce n'est pas une raison de l'imiter en cela. Toutefois il y a mieux à dire, car il n'y a aucune assimilation possible dans les deux cas. Marc Sangnier et le *Sillon* sont libres d'ouvrir ou de fermer leurs rangs à qui ils voudront ; nul n'a le droit d'être du *Sillon* sans leur volonté ; — il n'en saurait être de même des chrétiens. Ceux-ci appartiennent à l'Eglise par la grâce de Dieu et non par celle des prêtres ; Jésus-Christ n'a pas imposé à ses fidèles la nécessité, pour être catholi-

ques, de penser comme les prêtres sur la république, la
monarchie ou les syndicats.

Quant au reproche que l'on fait au *Sillon* de semer la
division entre catholiques, je le trouve bien étrange vraiment. Il y a en France des journaux dits catholiques qui
sont des organes de diffamation à jet continu ; il y a
des auteurs catholiques qui ont écrit contre le *Sillon* et
les démocrates chrétiens d'abominables libelles ; je ne
sache pas que jamais ces journaux et ces auteurs aient
été condamnés ; et je n'arrive pas à m'expliquer pourquoi il y a chez nous des gens qui ont toujours le
devoir de se taire, alors qu'on semble reconnaître aux
autres le droit de toujours insulter.

Voilà, mon cher confrère, ce que je pense et voilà pourquoi, moi qui ne suis pas « sillonniste », j'affirme très
haut ma vive sympathie pour le *Sillon* et Marc Sangnier. Ni le *Sillon*, ni Sangnier ne sont sans défauts, et
nul peut-être ne le leur a dit plus que moi. Mais j'estime
que ces défauts ne légitiment en rien la guerre au cou-
teau qu'on leur fait, les haines que l'on déchaîne et l'é-
vident parti pris d'hommes qui, étant donné leur caractère, devraient juger avec plus de sérénité. J'estime que,
malgré ses défauts, le *Sillon* est une bonne œuvre,
qu'il peut faire et qu'il fait du bien, j'admire l'esprit
d'apostolat qu'il a magnifiquement développé dans notre
jeunesse, et je crois qu'il mérite toute notre reconnaissance pour savoir ainsi, dès son entrée dans la vie, cueil-
lir cette jeunesse et l'orienter vers le vrai et le bien dans
le sacrifice et le don de soi. J'en sais beaucoup parmi
ces jeunes gens qui auraient gâché leur vie si le *Sillon*
n'avait pas été là.

Quant à vous, mon cher confrère, si vous me permettez de vous donner un conseil, restez l'ami du *Sillon*,
continuez d'assister à ses réunions, faites sur ces jeunes
gens l'impression d'un bon prêtre de Jésus, doux, humble, modeste, ne parlant que de ce qu'il sait, désireux
d'apprendre ce qu'il ignore, et s'efforçant toujours de

voir les choses par le côté le plus grand, le plus beau, le plus surnaturel, sans mépriser le reste toutefois. Si vous êtes ainsi, si vous faites cela, je vous affirme que vous exercerez une action profonde, une action féconde, une action d'autant plus sacerdotale que vous vous débarrasserez de ce « sacerdotalisme » dominateur qui se croit tous les droits et dont on s'éloigne d'autant plus qu'il veut s'imposer davantage.

L'ABBÉ NAUDET.

Si l'on se reporte aux mesures prises par nombre d'évêques contre le *Sillon*, aux inquiétudes du Vatican et aux paroles si formelles du Pape rapportées par Mgr Gieure et Mgr Bougoüin, non moins qu'aux renseignements certains donnés plus haut sur le récent voyage de Marc Sangnier à Rome on démêlera aisément l'audace et l'inconscience effrayante de celui qui, après avoir reçu au Vatican les leçons que l'on sait, écrit, au retour, en tête de son journal, l'article suivant intitulé *Rome* :

Rome est douce et forte.

Le Vatican domine comme un rocher solide et que rien n'ébranle, les vagues déchaînées par les tempêtes humaines. Les plus grandes adversités ne l'abattent pas. Rien ne trouble la sérénité de ceux qui l'habitent et dont le regard paraît suivre d'autres lueurs que la foule ignore.

Vraiment ils se trompaient, ceux qui se figuraier' que la campagne de calomnies, d'insultes violentes ou d'insinuations perfides que, depuis tant de mois déjà, l'on menait avec un incroyable acharnement contre le Sillon, allait enfin l'emporter à Rome, et que toute cette stratégie savante avait fini par triom-

pher de la bonne volonté naïve et sans défense de nos humbles camarades!

La prudence du Vatican ne se laisse pas émotionner par les cris, ni surprendre par les astucieuses habiletés. Certes ce ne sont pas les papiers Montagnini, simples notes dont plus de la moitié peut-être ne furent même pas communiquées au cardinal Merry del Val et dont celui-ci devait prendre connaissance par la lecture des journaux français, qui pouvaient être de nature à impressionner vivement des hommes conscients du caractère religieux et sacré de leur magistère, accoutumés à écouter beaucoup, mais à se décider lentement.

Nous reçûmes donc au Vatican le même accueil dont l'affectueuse bienveillance nous avait toujours si profondément ému. Et, alors que notre cœur était encore rempli du souvenir amer et obsédant des plus odieuses calomnies dont certains, sous prétexte de rendre gloire à Dieu, nous abreuvaient avec persistance, ce ne fut pas pour nous un médiocre réconfort que d'entendre au Vatican un autre langage, que d'y trouver une compréhension plus exacte du sens et de la portée de notre effort, que d'y découvrir tout ensemble un encouragement pour notre foi de chrétien et une reconnaissance de notre liberté de citoyen.

Quoi qu'on ait pu dire, on s'applique soigneusement, au Vatican, à ne toucher aux questions politiques, très souvent mêlées cependant aux intérêts religieux, qu'avec la plus grande circonspection et la plus expresse réserve... L'*Actionlibérale populaire* elle-même ne fut pas encouragée que parce qu'elle était, au moment des élections, le seul groupement respectueux de la religion et résolu à ne pas faire de la politique hostile aux intérêts de l'Eglise. Rome se trouvait là en présence d'un fait dont il serait en somme assez injuste de la rendre responsable, et rien ne serait plus opposé au sentiment du Vatican que de prétendre qu'il est interdit aux catholiques d'essayer une autre politique, plus jeune, plus vigoureuse, mieux conforme aux instincts et aux besoins profonds du pays.

Pourquoi faut-il donc que les paroles du Vatican soient sans cesse défigurées, au point d'en devenir méconnaissables, par une foule d'ambassadeurs sans mandat, qui, après avoir colporté à Rome les plus stupides racontars de France, reviennent chez nous y portant, en échange des vaines histoires qu'ils ont laissées là-bas, une foule de potins dont la plupart sont à peu près sortis tout entiers de leur féconde imagination !

Ayons donc le courage de travailler virilement dans la paix et dans la confiance ! Aimons le Pape comme il doit, comme il veut être aimé, non pas en esclaves qui ont peur des coups, mais en fils dont le cœur est loyal et fidèle !

Nous surtout qui ne nous sommes pas donné comme mission d'approfondir les questions théologiques, ni de rajeunir les méthodes d'exégèse ou d'apologétique, nous qui nous en remettons pour tout cela à l'action de l'Esprit-Saint et à la sagesse de l'Eglise, comment ne nous sentirions-nous pas bien assurés sur le terrain où nous nous efforçons de tracer les fondements d'une véritable République démocratique, œuvre temporelle évidemment, mais dont l'Eglise bénéficiera, si notre labeur social aboutit, en accroissant la conscience et la responsabilité de nos concitoyens et en réclamant d'eux d'indispensables vertus de désintéressement, à les rapprocher davantage d'une religion divine où ils trouveront la raison d'être et la source même de leur dévouement fraternel !

Depuis longtemps déjà, on s'est exactement rendu compte au Vatican de la légitimité de notre attitude, et les vilains nuages d'équivoques que nos adversaires n'ont cessé d'amonceler pour tout obscurcir n'ont pas pu s'élever assez pour étouffer là-haut une aussi évidente clarté.

Mais ce que nous avons constaté également avec

*joie, c'est le crédit que rencontrait notre conception
d'une collaboration avec ceux qui ne partagent pas
la même foi positive que nous, pour la défense de la
civilisation chrétienne ou même, plus généralement
encore, de l'idéal moral indispensable à toute société.*

Nous avons compris avec joie que ce « plus grand
Sillon », dont quelques-uns espéraient, après en avoir
dénaturé l'idée, se faire un instrument nouveau pour
nous discréditer, contribuerait au contraire à mieux faire
ressortir la puissance de rayonnement de notre action.

D'ailleurs, tout cela est si simple, si clair, qu'il serait
puéril d'y insister davantage.

Que nos amis se souviennent plutôt qu'il ne leur ser-
virait de rien d'être sur le meilleur terrain du monde,
s'ils y demeurent inertes et s'y endorment. C'est en
agissant qu'ils montreront, par leurs travaux mêmes,
que leurs desseins n'étaient pas sans valeur ni leur confiance vaine.

Et certes — il faut bien que les républicains anticléricaux tout de même que les adversaires irréductibles de
la République en prennent leur parti — ce n'est pas
l'Eglise qui s'opposera jamais à l'avènement bienfaisant
d'une Démocratie fraternelle.

L'Eglise, qui se fait immortelle, refusera toujours de
laisser attacher ses destinées à celles d'aucun régime
politique ou social. Elle est accoutumée déjà à entourer
le berceau comme la tombe des civilisations qui passent.
Elle ne refuse jamais à aucune de celles-ci son secours
et son appui. Combattue par plusieurs, ce n'est jamais
elle qui leur déclare la guerre, et, pour peu que celles-ci
lui rendent justice ou même tout simplement lui reconnaissent la liberté, elle ne demande qu'à les aider et qu'à
les fortifier.

Combien se font pressantes et lumineuses ces leçons
de l'histoire, lorsque, l'âme toute tendue vers les combats qui nous attendent, nous vivons quelques jours parmi
les ruines héroïques, les somptueux monuments sur la

splendeur desquels pèse déjà le fardeau de tant de siècles abolis, tous ces témoins fidèles des âges disparus et qui feraient de Rome comme un grand cimetière, si, au-dessus de toutes ces gloires mortes, ne veillait la flamme toujours vivante d'une église immortelle.

Pour expliquer l'accueil sévère que Marc Sangnier reçut à Rome, il suffirait de rappeler l'article qu'il écrivit sur *le Pape* dans *l'Éveil démocratique* du 17 mars.

Les protestants avec qui le Sillon cherche un rapprochement peuvent y applaudir. Avec des actes comme celui-là, l'entente se trouvera de moins en moins impossible. Pour M. Harnack, par exemple, dont la grande influence est connue, l'autorité du pape est justement le seul obstacle réel à la communauté d'idéal chrétien entre ses coreligionnaires et nous.

Marc Sangnier traite cette autorité de façon à nous mettre à peu près d'accord avec eux.

Le mot malheureux de Montalembert sur « *l'idole du Vatican* » est bien dépassé par lui. Il l'aggrave d'un commentaire où l'autorité spirituelle du chef de l'Eglise et son prestige divin semblent réduits aux caractères d'une autorité simplement humaine. Non, *le Pape n'est pas seulement un père, il est un maître* dans le domaine spirituel, un maître que nous suivions en enfants, et *non pas en esclaves*, un maître dont l'autorité ne se discute pas quand elle se prononce, comme récemment, sur les conditions nécessaires de l'existence de l'Eglise en France ; et cependant l'obéissance que nous rendons à ce pouvoir, non seulement *ne nous oblige pas à renoncer à notre raison*, *à notre conscience, mais elle est parfaitement consciente et très librement consentie.*

Marc Sangnier est catholique, mais son langage est aussi audacieux que celui d'aucun hérétique. Qui donc a jamais osé attribuer aux simples fidèles vis-à-vis du Vicaire de Jésus-Christ, la liberté dont usait un saint Paul investi des fonctions apostoliques et d'une mission divine, ou le courage de *remontrances* qu'une sainte Catherine de Sienne puisait dans des communications spéciales avec Dieu ? Qui donc fut assez fou pour leur souffler la présomption *d'amener le Pape à consacrer de son autorité souveraine l'opinion qu'il avait d'abord combattue ?*

Peut-être rien de tout cela ne lui paraît au-dessus de ce que pourrait se permettre l'*évangéliste* et le *nouveau messie* que ses adeptes saluent en lui. C'est son affaire. Mais il ne peut pas parler de la sorte sans soulever le scandale et la réprobation (1).

Prenez garde que cette passion de l'entente avec les adversaires de l'Eglise et de la foi ne ruine insensiblement le vrai amour de la foi et de l'Eglise chez ceux qui vous écoutent.

Poussé à cet excès, le libéralisme n'a plus rien de catholique.

Ne protestez pas au nom de la pureté de vos sentiments ; ou, si vous protestez, que ce soit pour vous-mettre d'accord avec vous-même.

(1) Ce sont là des échos du langage de M. Fogazzaro. Depuis la conférence que l'auteur d'*Il Santo* est venu faire à Paris, il y a comme une sorte de mot d'ordre — parmi les organes libéraux en France — pour faire campagne avec lui. Le président du *Sillon* apporte ici son appui au *Demain*, au *Bulletin de la Semaine*, etc.

Le Pape.

Il y a quelque temps, j'ai vu, en tête du *Pèlerin*, une image qui m'a choqué et même scandalisé. Le Pape, couronné de sa tiare, était assis, rayonnant, sur un trône élevé. A ses pieds, prosternés la face contre terre ou tendant vers lui des mains suppliantes, une foule immense de prêtres semblaient *l'adorer comme une idole* (1).

Un texte explicatif nous indiquait que cette composition voulait symboliser l'union de tout le clergé de France autour du Souverain Pontife. Je n'ai pas à critiquer les intentions du dessinateur, car il ne faut pas juger si l'on ne veut pas être jugé. Je n'ai pas non plus à apprécier son talent, n'étant pas artiste. Mais ce que je crois avoir le droit et même le devoir de dire, c'est qu'une telle image, qui s'étalait sur les kiosques et frappait ainsi les regards du public, n'a pas dû manquer de faire du mal à plusieurs, en *fortifiant les préjugés* qu'ils nourrissaient contre la religion et en leur présentant le catholicisme sous un jour faux et ridicule.

Rien de plus semblable, en effet, au dessin du *Pèlerin* que les objections que font à la religion ses contradicteurs anticléricaux de nos réunions publiques ; cette image n'est vraiment pas autre chose que la naïve illustration de leurs critiques, de leurs railleries, de leurs blasphèmes.

Qu'est-ce qu'on nous reproche donc à nous autres catholiques ? De ne pas être des hommes libres, d'abdiquer toute initiative et *d'être obligés de renoncer à notre raison, à notre conscience même, pour obéir à un homme.* Et voilà justement que le *Pèlerin* confirme ces accusations, exagère presque ces outrages. Les prêtres catholiques ne sont pas unis autour du Pape comme des soldats autour d'un chef, debout, le cœur et l'énergie

(1) La date ? Ce n'est là qu'une fiction.

tendus vers l'action ; ils tombent gémissants et inactifs et semblent oublier qu'ils ont une tâche virile à accomplir. L'artiste méconnaît leur courage, leur endurance, leur respect du caractère sacré que Dieu leur a donné pour l'éternité, et *il n'en fait plus que de misérables esclaves effondrés dans un geste de terreur et de supplication.*

Rien de moins chrétien que cette étrange conception, nous ne sommes pas des esclaves, mais des enfants, nous sommes les fils de la loi nouvelle et nous avons été engendrés, non de la servitude, mais de la liberté.

Le Pape est pour nous *un père, non un maître.* Il est *si peu notre maître* que le langage touchant du catholicisme véritable se plaît à le saluer du nom sublime de « serviteur des serviteurs de Dieu ».

Nous devons donc lui parler non comme des esclaves parlent à leurs maîtres, mais comme des fils parlent à leurs pères. Or, ce qu'un père est en droit d'attendre de son fils, c'est le respect sans doute, mais un respect qui se fortifie et s'approfondit de la confiance, de la franchise auxquelles il doit toujours demeurer uni.

L'esclave ne fait qu'obéir ; il ne collabore pas ; il est un instrument inconscient. Le fils, au *contraire, sait que l'héritage lui appartient :* ce n'est pas un bien étranger qu'administre son père, et il serait un mauvais fils s'il ne donnait pas son avis, s'il cachait ses sentiments intimes, s'il ne disait pas ce qui l'étonne, ce qui lui fait de la peine.

Les catholiques seraient coupables de ne *pas obéir comme des hommes libres.* Les siècles les plus vigoureux de l'histoire de l'Eglise multiplient sous leurs yeux les plus frappants exemples de cette belle et fière attitude. Les livres saints nous apprennent que *saint Paul déjà* ne craignait pas de parler franchement à saint Pierre, et, pour employer l'expression même des actes des Apôtres, de lui « résister en face » dans la discus-

sion si grave qui devait dégager tout à fait la loi nouvelle des langes de la loi ancienne. *Saint Pierre devait
finir par se ranger à l'avis de saint Paul et par consacrer de son autorité souveraine l'opinion qu'il avait
d'abord combattue.* Il n'est pas jusqu'aux laïcs qui ne
se soient, eux aussi, servis providentiellement dans
l'Eglise de cette étonnante liberté des enfants de Dieu.
Quoi de plus symbolique que l'historique de cette petite
fille, sans culture et sans lettres, qui s'en allait faire des
remontrances au Pape et que l'Eglise, cependant, n'a
pas craint d'élever sur ses autels et dont elle a fait
sainte Catherine de Sienne? N'est-il pas désolant et
pitoyable de voir tant de catholiques, alors que leur
Eglise est si belle et si forte, si merveilleusement disci-
plinée de cette souple, conquérante et invincible discipline de l'amour, rabaisser sans cesse un idéal qu'ils ne
semblent plus capables de porter, et de former, comme
pour les mieux ramener à leur mesure, l'esprit et la
constitution du catholicisme?

Alors surtout que l'Eglise, dégagée des derniers liens
officiels, va pouvoir s'élancer librement vers l'avenir et
voguer hardiment sur l'océan populaire, il importe que
les rameurs n'aient pas la figure de *captifs ou de for-
çats* et qu'ils fassent éclater, au contraire, devant le siècle étonné, cette admirable vérité que la discipline la
plus forte est celle qui est *la plus consciente et la plus
librement consentie.*

L'Eglise est venue apporter aux hommes un enseignement de liberté et d'amour. Les hommes ont peur de la
liberté et blasphèment l'amour. Il n'est donc pas étonnant que, sans cesse, une force mauvaise, de l'intérieur
comme de l'extérieur, alourdisse l'esprit spirituel de
l'Evangile.

Nous, cependant, qui sommes catholiques, nous ne
craignons rien, car nous savons que le Christ n'abandonnera pas son Eglise et qu'il lui a donné les promesses de la vie éternelle.

Enfin, pour terminer, indiquons, d'après le *Sillon*, le vrai motif de la défaveur où il est tombé près des évêques. Si nos prélats délaissent le *Sillon*, c'est parce qu'ils sont trop peu affectionnés à la République; c'est à la République qu'on en veut quand on s'attaque à lui. Ingrat Sillon !...

...Mais sur quelles bases précises repose le procès d'hétérodoxie qu'ils nous ont intenté; de quelles preuves fortifient-ils leur accusation? voilà ce qu'il serait intéressant de savoir; voilà aussi — naturellement — ce qu'ils ne disent pas.

On nous parle bien de « tendances dangereuses », de « paroles inquiétantes », d' « attitude insoumise vis-à-vis de la hiérarchie », etc...; mais on oublie — et c'est grand dommage — de spécifier nettement quelles sont ces tendances, dans lesquels de nos écrits ou de nos discours on a relevé ces paroles et en quelle occasion cette attitude fut répréhensible.

— Nous sommes de braves gens et d'honnêtes chrétiens, messieurs les inquisiteurs. Nous réclamons des précisions non pour vous braver, mais pour nous convertir, si vraiment nous suivons un chemin de perdition... Mais vous ne répondez pas? Serait-ce donc que vous n'auriez rien à répondre?

Si, cependant, vous avez quelque chose à répondre; seulement vous n'osez pas; et, puisque vous n'osez pas, j'oserai à votre place. Notre gros péché, notre seul péché — scrutez vos consciences, messieurs les inquisiteurs, et dites-moi si cela n'est pas vrai — c'est le péché de République; voilà tout, tout. Il ne faut pas se lasser de le répéter.

Très bien. Mais, alors, qu'est-ce que tout cela prouve? C'est que les gros bonnets laïcs du catholicisme, pas mal de curés et même plusieurs hauts dignitaires ecclésiastiques, ne sont pas républicains le

*moins du monde. Est-ce là une révélation, en vérité ?
Il y a beau temps que nous le savions.*

*Qu'est-ce que cela prouve encore et surtout ? C'est
que la République est si peu incompatible avec le
catholicisme que, jamais, même les prêtres et les
évêques les plus résolument hostiles à la forme républicaine n'ont pu avouer nettement et en toute franchise les raisons de la défiance ou de l'antipathie
qu'ils nous témoignent.*

— Voyons, sommes-nous d'accord, messieurs les inquisiteurs ? Il y a bien des chances, je le sais, pour que
vous restiez muets à cette question. Mais comme il y en
a tout autant — un peu plus même — pour que vous ne
daigniez point nous confier en quoi nous ne le sommes
pas, je me permettrai d'appliquer ici le proverbe : « Qui
ne dit mot consent. »

Sachez donc que le péché de République est notre
péché mignon et que nous sommes absolument décidés
à le commettre à outrance. Et si vous nous refusez l'ab-
solution, nous savons un doux et blanc vieillard que
notre ami Marc Sangnier eut la joie de visiter au Vatican et qui, lui — nous en avons plus que jamais maintenant la bonne et ferme assurance — est tout prêt à
nous la donner (1).

(1) Ce beau thème encore développé dans un autre article ayant
pour titre : *Notre crime* (Voir *les Démocrates chrétiens et le modernisme*, par l'abbé Emm. Barbier, chap., 1 vol. in-12, Lethielleux,
1908).

CHAPITRE IV

Les vieux Errements.

Il est presque sans intérêt d'insister désormais sur les écarts invétérés du *Sillon* : ses utopies sociales semant l'esprit de révolution, ses attaques passionnées qui fomentent la division entre catholiques, la liberté coupable avec laquelle il travestit l'Église pour rendre possible la conciliation avec ses ennemis, etc... Nous en avons fourni ailleurs des preuves surabondantes, auxquelles on n'a jamais rien pu opposer.

Bornons-nous à recueillir quelques traits plus récents, pour montrer que le *Sillon*, sous ce rapport, demeure constant avec lui-même et justifie toujours les mêmes critiques.

A Rome même, dans son dernier voyage, Marc Sangnier n'a pu se tenir, si l'on en croit ce compte rendu de sa conférence pris dans *Demain*, qui n'est pas suspect ici (1).

Le président du *Sillon* a donné une conférence au Cercle artistico-catholique sur l'*Influence sociale du catholicisme*.

M. Marc Sangnier, rapporte l'*Italie*, parla durant

(1) 17 mai 1907.

une heure environ. Il ne laissa pas de décocher quelques pointes acérées à ce parti catholique qui, en France, se momifie dans des désirs platoniques d'idéal irréalisable et qui a ainsi contribué à la désagrégation de l'Eglise catholique dans ce pays.

« Le cléricalisme, voilà l'ennemi en France! » s'est-il écrié en paraphrasant un mot célèbre et en démontrant que le plus grand ennemi de l'Eglise française est ce parti qui a voulu se servir de la religion pour écraser les autres. Cette vérité n'est pas neuve, du reste. Léon XIII l'avait nettement perçue, et Pie X en subit les conséquences.

Pour conclure, M. Marc Sangnier a recommandé aux catholiques l'action, car, a-t-il dit, il leur est réservé d'être un jour les artisans privilégiés de toute une amélioration sociale qui doit naître de leurs efforts.

Le conférencier a été longuement applaudi. Les séminaristes surtout, et en particulier les séminaristes français, paraissaient électrisés par sa parole.

Encore un bel échantillon de cette rage qu'a le *Sillon* de *baptiser* tout ce qui est le plus hostile au nom chrétien, aux dépens de l'honneur de notre nom et de la dignité qu'il impose. Quelqu'opinion qu'on ait sur la déplorable affaire Dreyfus, n'est-ce pas un défi et un outrage aux catholiques de confondre *l'esprit dreyfusard et l'esprit chrétien?* Est-il permis, même aux catholiques prêtant à l'état-major le dessein d'avoir sacrifié un homme à la patrie, d'oublier, eux, que les juifs, les anti-patriotes, les ennemis de la France et de l'Eglise, ont fait de la défense de cet homme une machine de guerre contre l'armée, la patrie, les institutions religieuses ; non pas seulement dans la disposition de sacrifier à la Vérité et à la Justice ces institutions sacrées, si, par impossible, il était nécessaire, mais avec le parti pris évident de les ruiner sous ce prétexte!

Esprit dreyfusard, esprit chrétien, c'est le titre d'un article de *l'Eveil démocratique* du 11 août 1907 :

J'en arrive à croire que ceux qui s'obstinent à nous parler de M. Dreyfus, malgré que cet officier n'intéresse presque plus personne, pourraient bien cependant obtenir quelques résultats. Figurez-vous, en effet, que, plus je suis leurs efforts et leurs écrits, plus il me semble que je dois avoir *l'esprit dreyfusard* et que j'ai même tout lieu d'en être fier. Car vous n'ignorez pas qu'il y a un *esprit dreyfusard*, et que, si j'ai bien compris, c'est peut-être davantage encore contre cet esprit-là que contre le « traître » lui-même que protestent avec fureur et indignation la plupart des nationalistes et des monarchistes.

Mais qu'est-ce donc que cet *esprit dreyfusard ?* Je me souviens d'avoir essayé de le définir autrefois dans un article de *l'Eveil démocratique* (n° du 5 août 1906). Avoir l'esprit dreyfusard, disais-je alors en substance, c'est être décidé à tout sacrifier — même la paix et la prospérité de sa patrie, si jamais un aussi terrible sacrifice devenait nécessaire — au triomphe de la Justice et de la Vérité. Avoir l'esprit dreyfusard, c'était affirmer, il y a quelques années — pour quelqu'un, évidemment, qui avait la conviction de l'innocence de Dreyfus — que, dût même tout l'état-major voir sa réputation ternie, le prisonnier de l'Ile du Diable devait être glorieusement réhabilité.

A ce moment, plusieurs bonnes âmes naïves et bien pensantes — et je dois dire que cette naïveté leur fait honneur — ont songé, sans doute :

— *Mais, alors, avoir l'esprit dreyfusard, c'est avoir l'esprit chrétien, tout simplement !* En vérité, jamais aucun nationaliste n'a pu soutenir le contraire. Décidément, ce rédacteur de *l'Eveil démocratique* prête à ses adversaires de bien laides et misérables pensées ! Ah ! que ce jeune homme a un mauvais esprit ! C'est un digne élève du *Sillon*...

***

Revenons aux réunions du *Sillon*. C'est au congrès de Bordeaux, en avril 1907. Marc Sangnier se trouve avoir, parmi ses auditeurs, M. Bernard de Vezins, un adversaire, sans doute, mais dont le récit porte en lui-même le témoignage de sa sincérité. Je l'emprunte au *Petit Versaillais* (11 avril) :

Étant de passage à Bordeaux dimanche, nous eûmes la curiosité d'aller entendre M. Marc Sangnier, qui devait parler en réunion publique à l'Alhambra. Le discours annoncé avait pour titre : *Nouveaux horizons*. Nous allons raconter ce que nous avons vu et entendu.

La salle était pleine ; environ 3.000 personnes, prêtres, femmes, jeunes gens, hommes de toutes les situations et même un nourrisson, pour qui ces horizons devaient être pleins de nouveauté.

Quand M. Sangnier s'est levé, les sillonnistes l'ont salué de leurs applaudissements ; il y eut environ trois cents personnes à prendre part à cette petite ovation.

M. Sangnier parla longuement, avec une grande aisance et un peu de prolixité. *Successivement il dit leur fait à la Confédération générale du Travail, à M. Piou, à l'Action Française, à bien d'autres encore. Il parla avec quelque pitié de Mgr Montagnini et s'exprima non sans commisération sur les évêques qui viennent de témoigner qu'ils n'aiment pas le* Sillon. Tout cela, un peu pêle-mêle, en causant, entremêlé de quelques tirades assez bien venues dont l'une, légitimement applaudie, sur l'opposition entre le rôle et les salaires actuels des curés et des instituteurs.

Aucun de ces horizons ne paraissait bien nouveau, et plusieurs s'obstinaient à rester dans les brumes habituelles ; pour parler franc, la salle était froide et un peu désorientée.

Mais en arrivant aux moyens pratiques de réaliser la démocratie, M. Sangnier convia tout le monde à admirer avec quelle précision il allait s'exprimer, et voici les moyens qu'il indiqua : 1° une œuvre législative embrassant les retraites ouvrières, le minimum de salaire, le repos hebdomadaire, etc.; 2° le développement des œuvres économiques prolétariennes; 3° le développement de l'esprit démocratique. A vrai dire, sauf sur le dernier point dont il martela le développement avec de vigoureux *meâ culpâ* par lesquels il prouva la solidité de son thorax, les précisions de M. Sangnier se bornèrent à indiquer des réformes que chacun réclame, mais jamais à donner un moyen pratique de les faire entrer dans le domaine de la réalité.

On passa ensuite à la contradiction. Les deux premiers qui parurent ne furent pas à proprement parler des contradicteurs; c'étaient de braves gens désireux de placer un petit boniment. Le troisième fut plus sérieux.

C'était un jeune homme, juif, à ce qu'on nous assura. Il parlait sans prétention, mais avec une clarté d'exposition et une pureté de langage tout à fait remarquables. En résumé il dit à M. Sangnier : Vous dites que les catholiques sont traités en parias. Ce n'est pas vrai, car tandis que les socialistes réclamaient depuis vingt ans, sans pouvoir l'obtenir, la suppression de la déclaration pour les réunions publiques, il a suffi que cette déclaration gêne les réunions des catholiques dans leurs églises pour qu'on la supprime sans tarder. Puis l'Eglise n'a que ce qu'elle mérite; si, dans l'affaire Dreyfus, elle n'avait pas marché avec l'état-major pour persécuter un juif, si elle ne s'était pas mêlée à notre politique intérieure pour soutenir tous les réactionnaires, elle serait encore tranquille et honorée. *Et enfin, puisque vous avouez vous-même que l'Eglise impose une limite à la liberté de penser, puisqu'elle s'oppose à l'émancipation indéfinie de l'individu, pourquoi restez-vous dans l'Eglise?*

A ces questions fort nettes, le conférencier a répondu d'une façon lamentable.

Sur la première, rien.

Sur l'affaire Dreyfus, la réponse de M. Sangnier a été qu'il ignorait cette affaire ; mais il n'a pas trouvé assez d'anathèmes contre ceux qui ont soutenu de parti pris les *crimes* de l'état-major et il s'est attendri sur l'acte *sublime* du commandant de Bréon, qui a puisé dans la prière la force de voter contre ses préjugés de caste.

Sur les responsabilités de l'Eglise dans la persécution il a renchéri avec ardeur sur son contradicteur. Il a distingué deux Eglises : l'Eglise *cléricale*, celle de M. Piou, celle de l'Association catholique de la Jeunesse française, celle des nobles, celle des réactionnaires de toute espèce, et de celle-là le *Sillon* n'est pas et ne sera jamais ; puis, il y a l'Eglise de Jésus-Christ, celle qui est notre mère et qui nous aidera à réaliser la démocratie.

Et passant à la dernière objection, M. Sangnier a continué sa distinction entre les deux Eglises, *et nous avons entendu cette phrase textuelle que, nous semble-t-il, Luther n'aurait pas désavouée : « L'Eglise, ce n'est pas le clergé, l'Eglise, ce ne sont pas les évêques ; l'Eglise, ce n'est pas le Pape ; l'Eglise, st Jésus-Christ ! »* Nous espérons que le compte rendu aura effacé ces paroles échappées à l'improvisation de M. Sangnier, elles ont produit un effet de stupeur qui s'explique de reste ; le contradicteur n'avait pas l'air mécontent du résultat de son intervention. *En vain, M. Sangnier a-t-il terminé par un appel au mysticisme le plus passionné, et nous a-t-il décrit les états d'extase où il prétend se trouver quand il fait la Sainte Communion : nous ne pouvons croire qu'il soit bon de n'opposer aux raisons fort spécieuses et très habilement présentées du jeune contradicteur que des concessions déplorables, des phrases creuses entremêlées d'affirmations audacieuses comme celles que nous avons citées.*

Le contradicteur, mis en goût par ce premier succès, a du reste repris sur le rôle historique de l'Eglise une suite d'aperçus auxquels M. Sangnier a faiblement répondu. Nous n'avons aucune sympathie pour le président du *Sillon*, mais nous avons éprouvé un malaise profond de le voir, parlant comme catholique, défendre aussi mal une cause qui nous est chère au moins autant qu'à lui.

A la même époque, avril 1907, un témoin adressait aux journaux ce récit d'une grande réunion sillonniste tenue à Aurillac :

Le Pape Pie X interdisait naguère aux jeunes « la politique qui dévore » : les sillonnistes, qui ne font que de la politique républicaine et démocratique, désobéissaient donc au Pape.

Le jeune clergé d'Aurillac et des environs n'en juge pas ainsi, et 25 à 30 de ses membres, avec un aumônier à cheveux blancs et un supérieur de petit séminaire, ont cru devoir assister, le 7 avril au soir, à une réunion sillonniste, annoncée avec grand fracas, et qui a réuni 225 personnes, venues de Saint-Flour, de Murat, de Mauriac, de Roanne-Saint-Mary, très peu d'Aurillac. L'orateur, que nous nous refusons de désigner plus clairement, par respect pour le nom qu'il partage avec son père, et que l'histoire a consacré, comme ayant été jadis synonyme de fidélité et de dévouement aux principes d'autorité et d'ordre, s'est appliqué à démolir consciencieusement ces mêmes principes, à desservir des causes qu'a servies toute sa famille, et que défend encore au Sénat son propre père.

Notre sillonniste démolisseur a fait surtout œuvre de critique et de haine « contre les conservateurs », *dont son père est l'élu à Mende. Et les abbés d'applaudir, eux qui ne vivent plus que de l'argent des conservateurs.*

Il a fait le procès de l'Action Libérale, dont M. Piou est l'élu et le représentant encore à Mende. Et les abbés d'applaudir quand même.

Il a fait le procès du cléricalisme, *des* cléricaux, *du* gouvernement des curés. *Et les abbés d'applaudir plus que jamais, aux cris retentissants de « Vive la République ! » qui expulse le bon Dieu, qui persécute l'Église.*

Il a fait le procès de Mgr Montagnini, *le volé, le cambriolé de* Clemenceau, *mais sévère et vrai pour « les énergumènes », les « hétérodoxes » du* Sillon. *Et les abbés applaudissaient à tout rompre.*

Il a parlé de l'attitude sournoise du Vatican. *Et les abbés applaudissaient toujours.*

Il a traité Biétry *de voleur, pour n'avoir pas rendu compte de l'argent des patrons du Nord. Et comme un assistant, indigné de cette injure adressée à un vrai démocrate, criait : « Vive Biétry ! » un jeune vicaire s'est mis à vociférer contre l'interrupteur : « À l'eau ! à l'eau ! »*

N'est-ce pas qu'ils sont bien, les abbés apaches du Cantal ? Ils sont dignes des sillonnistes de Rennes, qui, l'autre jour brutalisaient M. Dimier.

L'un de ceux d'Aurillac, ensoutané, « parpaillot » émérite et chef de claque réussi, s'agitait en vraie mouche de coche, au milieu de la salle, et donnait le signal des applaudissements aux bons endroits, que ne saisissaient guère des campagnards, amenés par leur vicaire.

L'orateur a dit, à un moment donné : « On nous accuse d'être « loisystes », mais quel est celui de vous qui connaît Loisy *? » Pas les campagnards, certes ; mais les 25 à 30 abbés présents ne devaient-ils pas tous dire : « Nous le connaissons, et nous le réprouvons, comme l'a réprouvé l'Église ». Rien ; pas un mot. Il n'y a qu'un dogme pour ces messieurs : la République démocratique.*

Le Journal du Cantal *s'est moqué avec raison du*

très peu « intéressant orateur », qui n'a rien dit de ce qu'il
devait dire : qu'est-ce que le *Sillon* ? D'où vient-il ? Où
va-t-il ? Ce qu'il y a eu de plus grotesque, c'est le contradicteur improvisé, un comparse, un ouvrier imprimeur d'une
imprimerie catholique, lequel a ânonné sa leçon mal
apprise de socialiste révolutionnaire. C'était à se tordre.

Quoique ce citoyen eût affirmé que, pendant dix-huit
siècles, l'Eglise avait fait de nos ouvriers de vrais esclaves, les abbés sillonnards l'ont applaudi et le jeune orateur lui a serré la main.

A l'ordre du jour proposé par l'orateur sillonnard, un
quart de la salle a donné son approbation : les trois autres
quarts se sont abstenus, mais pas les abbés, dont l'attitude a choqué, scandalisé les laïques indifférents, qui
se trouvaient dans la salle.

Un hymne de joie sillonnard a clôturé cette réunion, où
tout était étrange : l'orateur, ses idées et ses comparses.

Voilà la mentalité déplorable de nos abbés socio-
logues, régénérateurs de la France et... d'Aurillac (1).

Le mois suivant, en mai 1907, grande réunion
contradictoire au cirque d'Abbeville. Le *Sillon* y
est représenté par M. Renard, un des lieutenants
de Sangnier. *Le Cri du Peuple*, organe de la fédération socialiste de la Somme, donne ce compte
rendu très intéressant (12 mai) :

Environ quinze cents personnes dans le Cirque. Le

(1) J'extrais ces deux lignes des *Mémoires de l'Administrateur
du Sillon*. (Le Sillon, Bulletin de propagande et d'action, septembre
1907.) Il raconte ses heures difficiles :
Et moi aussi, je connus des heures affreuses. Je n'ose dire que je
fis plus mal que mon prédécesseur : à coup sûr, je ne fis pas mieux.
Les dates fatales du 10 et du 25 ramenaient la terreur. *Des abbés,
étudiants à l'Institut catholique, m'aidaient à corriger les jeux
de bandes. Pendant des après-midi entières, nous nous débattions
parmi ces longues feuilles de papier mince inévitablement déclas-
sées. Nous faisions l'appel des abonnés. Le nom de certains sonnait
comme un glas, le nom de ceux après qui le sort s'acharnait...

président, M. Murco, annonce que l'orateur socialiste, notre camarade Myrens, aura la parole après l'orateur du *Sillon*, M. Renard.

Nous assistons, déclare M. Renard, à un déclassement des partis. *Hier, on se divisait en cléricaux et en anticléricaux. Aujourd'hui, on se divis· de plus en plus en conservateurs de l'ordre social actuel, du régime capitaliste et en partisans d'un régime nouveau* dans lequel tous les droits des travailleurs, aujourd'hui exploités, seront sauvegardés.

L'orateur du *Sillon* montre la misère physique et morale des travailleurs, les salaires de famine de la femme. Une femme peut-elle rester honnête dans ces conditions? On invoque la liberté du producteur, la libre concurrence. Si la liberté peut produire la richesse, elle est impuissante à donner la justice sociale.

Dans les rapports entre patrons et ouvriers, on invoque la loi de l'offre et de la demande. Mais peut-on considérer le travail comme une marchandise ordinaire? Dieu a dit : « Tu mangeras ton pain à la sueur de ton front ». Mais Dieu entend que ce pain soit suffisant à l'entretien du travailleur. Le contrat du travail est écrasant pour l'ouvrier, pot de terre qui ne peut se défendre contre le pot de fer capitaliste. Donc, la solution du problème par la Liberté n'est pas une solution.

M. Renard n'entend pas d'ailleurs donner un plan de société future, parce qu'il est ridicule que les conservateurs s'obstinent à rester dans l'état social présent sous prétexte qu'on ne sait pas, dans tous ses détails, l'organisation future. La société est mauvaise, il faut la changer. Les détails se régleront d'eux-mêmes.

D'autres, poursuit l'orateur, demandent à l'ouvrier de s'en remettre à la sagesse et à la bonté du patron pour régler le contrat de travail. On parle de la bienfaisance des bons patrons. En fait, les patrons sont, comme les ouvriers, pris par la concurrence et ne sont pas maîtres d'agir comme leur cœur le leur commanderait. Cette solution n'en est pas un non plus.

Dans la lutte des travailleurs contre le capital, il y a non seulement une question d'augmentation des salaires, mais aussi une question d'autorité. Le travailleur entend être libre. C'est par la législation, par la réglementation du contrat de travail que l'on peut arriver à régler les conflits. Il faut que l'ensemble des travailleurs traite avec le patron. Mais, pour le *Sillon*, la législation ne doit être que l'auxiliaire. Ce n'est pas uniquement de l'intervention des députés, des législateurs, que nous attendons cette réglementation du contrat, il faut que les travailleurs s'organisent et réclament des lois ouvrières. L'émancipation des travailleurs ne peut être que leur œuvre. Qu'ils s'organisent en syndicats, en coopératives de production et de consommation...

Le *Sillon* veut enfin arriver à son but par l'éducation morale des travailleurs. Il ne se borne pas d'ailleurs aux forces chrétiennes, il admet toutes les forces morales d'où qu'elles viennent.

Pendant le discours de M. Renard, les socialistes ont mêlé, le plus souvent, leurs applaudissements aux applaudissements des sillonnistes, pendant que tous les réacteurs libéraux ou radicaux, restaient pétrifiés d'ahurissement devant les déclarations révolutionnaires, marxistes, de l'orateur du Sillon.

La parole est à Myrens. Une longue salve d'applaudissements accueille son apparition à la tribune.

Le socialisme, commence Myrens, poursuit son œuvre d'éducation et d'organisation de la classe ouvrière. Sûr de sa méthode et de son but, il ne craint pas la discussion publique.

On continue à traiter d'utopies irréalisables les solutions que nous donnons au problème social, et cela ne nous étonne pas. Pour les hommes de leur époque, tous les novateurs ont été des utopistes. Utopiste, Copernic détruisant le système de Ptolémée; utopiste Galilée,affirmant que la terre tourne; utopiste, Papin, rêvant de soumettre l'industrie à la Puissance de la vapeur; utopistes ceux qui créèrent les premiers chemins de fer et affirmèrent que dans quelques années on pourrait, par ce moyen, traverser la France et l'Europe, alors que M. Thiers affirmait que les chemins de fer ne seraient jamais que des jouets d'enfants. Et cependant, pour éviter des utopies, les socialistes se tiennent toujours sur le terrain économique.

Myrens affirme que, depuis trois semaines, il est venu trois fois discuter avec des adversaires politiques et que c'est la première fois qu'il se trouve en présence d'hommes qui étudient les faits économiques et apportent ici une thèse économique et politique. Le *Sillon* ne nie pas le problème social.

Le problème social existe-t-il dans l'industrie, le commerce, l'agriculture ? La concentration capitaliste a-t-elle rendu quelques hommes maîtres du marché du monde ? La situation va-t-elle empirant de jour en jour? Que faut-il faire ?

La bourgeoisie hautaine, dressée sur son coffre-fort, piédestal de la finance, affirme que c'est elle qui, depuis un siècle, a créé la production. C'est à elle que l'on doit tous les bienfaits de la civilisation. Tout est donc pour le mieux dans le meilleur des mondes capitalistes, puisque les capitalistes font vivre les ouvriers. La bourgeoisie ne dit pas, et pour cause, que c'est la force de travail ouvrière qui a créé toutes les richesses, elle ne dit pas qu'elle a dépouillé les savants et les inventeurs pour s'enrichir de leurs découvertes. Elle ne dit pas que la société capitaliste considère comme sacrés les millions, produits de l'agiotage et du vol, parce que propriété *matérielle*, *individuelle*, tandis que la propriété intellectuelle n'est pas protégée contre la rapacité des grands manieurs d'argent. Elle ne dit pas non plus, cette bourgeoisie, que les œuvres littéraires, ces produits de l'intelligence humaine, sont la proie du capitalisme, puisqu'elles tombent, au bout de quelques années, dans le domaine public.

Pour la bourgeoisie, l'ouvrier moderne est condamné au salariat à perpétuité.

Pendant ce remarquable exposé de l'exploitation capitaliste, les bourgeois ont tenté une vague obstruction, vite brisée par les applaudissements nourris et enthousiastes des socialistes *et des sillonnistes.*

Le *Sillon,* au contraire, poursuit Myrens, ne nie pas le problème social. Il l'étudie, non seulement au point de vue moral, mais au point de vue économique. Il reconnaît la nécessité de l'organisation syndicale pour lutter contre le patronat. *Le citoyen Renard, tout à l'heure, rappelait la parole de Marx : l'émancipation des travailleurs sera l'œuvre des travailleurs eux-mêmes.* Mais après avoir donné au mal social les mêmes causes que les socialistes, le *Sillon* n'ose pas aller jusqu'à la solution logique et complète en affirmant la nécessité de l'expropriation capitaliste et la reprise par les travailleurs organisés de tous les instruments de production et d'échange.

Qu'importe : l'œuvre du Sillon est une œuvre qui, fatalement, tournera au profit du socialisme. Les sillonnistes peuvent parler dans les milieux chrétiens où les militants socialistes n'ont pas accès et ne seraient pas écoutés, parce que libres-penseurs. Et lorsque les ouvriers catholiques connaîtront les questions économiques, ils se rendront compte de la nécessité de l'expropriation capitaliste et viendront au socialisme.

La partie négative : résignation, croyance en un au-delà où ceux qui auront le plus souffert seront les plus heureux, obéissance passive, etc..., empêche les travailleurs de relever la tête et de trouver en eux l'énergie nécessaire pour détrôner le capital. La résignation et la croyance au paradis tuent en eux l'esprit de révolte qui est au fond du cœur de tous les opprimés.

La partie positive comprend la fraternité humaine et l'amour. Cette partie, nous la revendiquons avec les chrétiens, mais au lieu d'aimer, comme eux, l'humanité par l'amour de Dieu, nous l'aimons par amour d'elle-même.

S'adressant alors aux prêtres du *Sillon*, Myrens, dans une envolée qui va soulever les ovations enthousiastes et répétées des trois quarts de la salle, les engage à travailler à l'émancipation des ouvriers. Ils n'ont pas besoin pour cela d'abandonner leur foi, il leur suffit de revenir à la pure doctrine du christianisme primitif.

Rappelez sans cesse au bourgeois cette parole de saint Paul : « Celui qui ne travaille pas ne doit pas manger. » Suivez l'exemple des Pères de l'Eglise qui ont flétri l'odieux métier de prêteur d'argent et ne reconnaissent pas au capital le droit de porter intérêt. Rappelez-leur la parole de saint Grégoire de Nysse : « Celui qui nommerait *vol* ou *parricide* l'inique inventeur de l'intérêt du capital ne serait pas très éloigné de la vérité ; qu'importe, en effet, que vous vous rendiez maître du bien d'autrui en escaladant les murs ou en tuant les passants ou bien que vous acquerriez ce qui ne vous appartient pas par l'effet impitoyable du prêt ». Vous serez ainsi, prêtres du *Sillon*, dans la tradition chrétienne. Ne craignez pas de tonner contre les riches et de leur dire « qu'ils n'entreront pas dans le royaume des cieux ». Vous imiterez aussi saint Jean Chrysostome se dressant du haut de la chaire contre la hautaine et libertine impératrice Eudoxie pour lui reprocher sa vie déréglée.

Et vous, citoyens du Sillon, travaillez toujours dans vos milieux chrétiens. Etudiez les faits économiques et lorsque vous comprendrez la nécessité de l'expropriation capitaliste, vous viendrez au socialisme. Nous ne vous demanderons pas alors qui vous êtes ni d'où vous venez : l'essentiel est qu'au jour de la Révolution sociale nous nous retrouvions côte à côte, luttant contre le capital, du même côté de la barricade.

Quand les longs applaudissements de la salle presque tout entière ont cessé, M. Renard reprend la parole. Il remercie Myrens de sa courtoisie et de sa loyauté. Il se félicite de voir que les socialistes ont, eux aussi, de hautes préoccupations morales. Il les engage à poursuivre de leur côté la tâche que le *Sillon* poursuit dans les milieux chrétiens. Seuls, des points d'avenir nous divisent, mais le *Sillon* ne croit pas non plus à l'éternité du patronat. *Quant à l'expropriation, ce ne peut être l'œuvre d'aujourd'hui. Nul ne peut préjuger de l'avenir. Les problèmes de l'heure présente suffisent au Sillon.* Il est engagé dans la voie de l'émancipation du travail, en préconisant que cette émancipation sera l'œuvre des travailleurs qui doivent s'organiser dans les syndicats, mais il ne peut savoir ce qu'il y a au bout de cette voie, ni même s'il y aura expropriation et révolution. Il désire une solution pacifique. *En faisant sa tâche actuelle, il ne se refuse pas aux tâches possibles de l'avenir.*

On le voit, le Sillon, *par un de ses orateurs es plus en vue, a pris nettement position, dimanche dernier, contre le capitalisme et l'exploitation patronale aux applaudissements des socialistes et à l'ahurissement rageur des vieux partis.* La *Chronique Picarde* a visiblement atténué la déclaration de M. Renard. *L'Abbevillois*, lui, n'a même pas dissimulé sa rage. Il met en garde jeunes gens et prêtres contre le *Sillon* aux idées « empoisonnées ». Mais quand la *Chronique Picarde* prétend que Myrens a émis des idées personnelles, elle se trompe. Myrens a développé la pure doctrine marxiste, celle qu'a toujours eue la section d'Abbeville en particulier, et les chaleureux applaudissements de tous les socialistes présents prouvent que c'était bien la pensée du parti qu'il exprimait. Que les bourgeois soient affolés devant les déclarations si nettes de M. Renard, et devant le succès énorme de l'orateur socialiste Myrens, au point d'en perdre la saine notion des choses, c'est regrettable pour eux et nous n'y pouvons rien, pas plus que nous ne pouvons empêcher les sillonnistes et même des prêtres de manifester leur révolte contre l'exploitation capitaliste et d'applaudir l'intégralité de la doctrine révolutionnaire.

La superbe conférence contradictoire de dimanche dernier a un retentissement énorme des plus profitables à la propagande socialiste.

En août 1907, un de ces tournois a lieu à Poitiers. Le *Journal de la Vienne*, qui n'est ni monarchiste ni clérical, raconte ainsi la séance (15 août) :

M. Jacques Fonlupt, du *Sillon*, qui donna, hier lundi, à 9 heures du soir, une conférence publique et contradictoire à l'Hôtel-de-Ville, dans la salle des Orphéons, est un tout jeune homme, donc d'une excellente mémoire. Durant deux longues heures, il a récité une leçon, fort bien apprise, devant un auditoire restreint. Comme aucune interruption ne vint le déranger, son exposé fut d'une correction parfaite.

Mais si M. Fonlupt possède à merveille un discours qu'il s'en va, du reste, réciter un peu partout, son débit est fort désagréable. Des éclats de voix continus rendent son audition extrêmement pénible. Il semblerait que ce bon jeune homme ne décolère pas ; à peine avait-il ouvert la bouche, qu'il tonitruait. *Et contre qui ? contre tous ceux qui défendent les principes religieux auxquels l'orateur se prétend, cependant, si fermement attaché par les liens d'une foi ardente.*

Car, ce sont là les habituelles inconséquences de langage des porte-paroles du *Sillon*. Pour flatter les socialistes, les démocrates, les jacobins, ces messieurs n'ont que propos amers et injustes contre ceux qu'ils appellent « les partisans des régimes à jamais déchus ».

M. Fonlupt n'a point manqué aux traditions de la coterie.

Aux ralliés, il a dit qu'ils manquaient à l'honneur en s'affublant d'un masque républicain, alors que leurs sentiments intimes étaient monarchistes.

Il a vilipendé les nationalistes; il a couvert d'injures les syndicats jaunes qui « ne cherchent qu'une popularité déloyale et factice ».

Il a abîmé le parti royaliste, « ce pas grand'chose qui ne conserve des adeptes que dans quelques châteaux, auprès de rares vieilles douairières et parmi des ouvriers payés pour suivre le mouvement ».

Nos adversaires politiques, qui formaient un groupe assez compact dans la salle, ont salué ces déclarations par des applaudissements frénétiques.

Ces applaudissements se changèrent en acclamations, quand M. Fonlupt exécuta la charge traditionnelle contre « *l'infâme capital, qui fait mener à l'ouvrier une vie de brute* ».

Puis, toujours sur le même ton furieux, l'orateur du *Sillon* a déclaré que *l'impôt sur le revenu était le seul juste, parce qu'il atteint « ceux qui mènent une vie scandaleuse alors que le prolétaire travaille* ». Et, soutenu par les bravos des socialistes, il a ajouté que celui qui ne travaille pas n'a pas le droit de manger.

Après ces déclamations, M. Fonlupt a exposé le système social du *Sillon*, qui se résume en cette phrase :

« Pour arriver à édifier la cité de justice et de vérité, *il faut des syndicats, où, loyalement, cordialement, catholiques et francs-maçons se serreront la main, unis contre l'exploitation patronale* ».

Ensuite, le petit jeune homme, de plus en plus emballé, déclara ceci :

« *Moi qui suis ardemment catholique, moi qui défends la foi de mon baptême, j'affirme que le Pape, que les évêques, que les curés, et surtout les jésuites ne sont pas nos chefs civiques. Ils n'ont pas le droit de faire de la propagande électorale en faveur d'un candidat réactionnaire. Et quand je combats, avec toute la chaleur de mon âme, le gouvernement des curés, le gouvernement des jésuites, je suis logique avec ma foi. »*

Sans même prendre la peine de développer sa pensée, d'établir la différence qu'il pouvait faire entre le catholicisme et le cléricalisme, M. Fonlupt fulmina contre les cléricaux, qu'il qualifia *une gendarmerie sacerdotale pour la défense des coffres-forts.*

Le petit jeune homme engloba dans un même anathème Drumont, Rochefort, les Cassagnac, Delahaye, etc., qui, en attaquant les juifs, ne pratiquent pas la religion d'amour.

Il alla encore plus loin et ne craignit point de dire — sans rire — qu'il ne savait pas si M. Emile Faguet n'était pas aussi antipatriote que Hervé.

Enfin, après avoir vilipendé ceux qui attaquèrent Dreyfus « sous le prétexte de sauver la France », l'éphèbe du *Sillon* termina en adressant à la République « *l'adhésion ardente, amoureuse* (sic) *de son cœur* ».

Quel bon petit jeune homme que ce M. Fonlupt !

Le citoyen Hulin se paya largement la tête de l'orateur du *Sillon* qu'il qualifia « un phonographe ».

« Après vos attaques contre la droite, dit-il, je m'attendais à voir bondir à la tribune l'un des monarchistes que j'ai aperçus dans la salle. Personne ne bouge ; c'est, sans doute, parce que les représentants de ce parti estiment qu'à Poitiers la faillite du *Sillon* est complète. »

L'orateur des socialistes indépendants prit un malin plaisir à souligner l'absence de l'abbé de Lestang et les divisions intestines de ce même *Sillon* qui prêche l'union.

« Comment pouvez-vous recommander la concorde, alors que vous n'êtes même pas capables de vous entendre entre vous ? »

Le citoyen Hulin s'amusa, pendant un bon moment, à démontrer que le *Sillon* n'était même pas d'accord avec le Pape et les Evêques et qu'au point de vue purement catholique les doctrines du *Sillon* étaient si peu orthodoxes que l'abbé Desgranges, de Limoges, bien connu des Poitevins, avait dû donner sa démission de membre du *Sillon*.

Très chaleureusement applaudi par ses amis, le citoyen Hulin félicita M. Fonlupt de ses violentes attaques contre les membres de la droite et contre les patrons. Mais il ajouta que jamais les socialistes ne feraient cause commune avec les prétendus socialistes du *Sillon*, parce que leurs aspirations étaient diamétralement opposées. Les uns prêchent aux ouvriers la théorie du renoncement, de la passivité, alors que les autres, déniant la chimère des espérances supraterrestres, entendent avant tout améliorer leur situation ici-bas.

M. Fonlupt, dans une réplique qui n'avait plus du tout les allures littéraires du discours d'ouverture, fit machine en arrière. Ne se souvenant plus des doctrines audacieuses qu'il venait d'exposer, il s'abandonna à de longues déclarations d'amour envers la religion catholique et de fidélité à l'égard de ses ministres.

Et comme ce thème lui fournit l'occasion de servir à son auditoire des périodes oratoires, évidemment plusieurs fois déclamées, M. Fonlupt eut de beaux mouvements dont nous tenons à le féliciter.

Si nous avions un conseil à donner à ce brave petit jeune homme, qui nous a paru avoir un cœur excellent, nous l'engagerions très vivement à s'en tenir toujours, dans ses conférences, au simple exposé de ses sentiments catholiques, sans jamais aborder le terrain des revendications sociales.

M. Fonlupt travaillerait alors beaucoup plus efficacement à la défense de la religion, ce qui, sans nul doute, est le but de ses tournées en province.

Pionniers du socialisme.

C'en est, hélas ! plus qu'il ne faut pour justifier

les encouragements que les socialistes francs-maçons prodiguent aux démocrates chrétiens comme ceux du *Sillon*, tout en élargissant le fossé qui les en sépare.

C'est ainsi qu'on a pu voir *la Lanterne* marquer sa sympathie pour eux, et M. Maxime Lecomte, l'un des sénateurs les plus acharnés contre la religion et l'Eglise, écrire en sa faveur dans les journaux. *Le Progrès du Nord* donnait récemment un article de lui intitulé *le Sillon*, où, après avoir fait l'éloge de l'abbé Daëns et de l'abbé Lemire, il disait :

En [France, le chef des démocrates chrétiens, ou si l'on veut des « Sillonnistes », est un laïque, M. Marc Sangnier, rédacteur en chef de *l'Eveil démocratique*.

Il rencontre, à gauche et à droite, mais surtout à droite, les mêmes obstacles, les mêmes animosités; mais il a l'avantage qu'on ne peut pas lui retirer le pouvoir de dire la messe. On se contente de le traiter en mauvais catholique.

Les nationalistes, les cléricaux, les bonapartistes de sacristie et les Jaunes s'entendent à merveille pour contrarier l'action de *l'Eveil démocratique*, tellement que beaucoup de sympathies républicaines vont à M. Marc Sangnier, dont on ne peut contester la bonne foi, ni la profonde conviction. De ces sympathies à une adhésion il y a loin, très loin, je n'ai pas besoin de le dire.

Il peut arriver, dit l'un de nos confrères, qu'un parti parvienne à se faire une place au soleil en dehors des classifications politiques, qu'il se constitue lui-même une clientèle, séduite par la hardiesse ou la justesse de ses doctrines.

Le *Sillon* serait-il l'un de ces partis qui sont leur propre accoucheur, et M. Marc Sangnier est-il de force pour cette opération ?

Notre confrère ne le croit pas et pense que l'erreur fondamentale du fondateur du *Sillon* est une idée d'organisation purement humaine, dépendant des lois et des mœurs; mais se subordonnant à une conception religieuse, en décadence par surcroît.

Je suis de cet avis, mais disposé à ajouter une précision à cette opinion.

Le catholicisme tel qu'il est compris de nos jours par les réactionnaires cléricaux, qui sont le fort de sa clientèle, est une barrière contre la démocratie et une défense pour les capitalistes. Il convient donc de s'éloigner de plus en plus de la doctrine évangélique, et non d'y revenir.

« Républicain catholique », on a pu l'admettre dans un certain sens et avec les encycliques du pape politique que fut Léon XIII. Mais « démocrate chrétien », c'est impossible, et ce serait vraiment l'abomination de la désolation.

Aussi, le sillonnisme n'a nulle chance de succès actuellement ; je dis actuellement, car il faut toujours réserver l'avenir, surtout lorsqu'il s'agit d'idées qui peuvent remuer et conduire les foules. Cet avenir peut sourire aux adeptes de la démocratie chrétienne, si le catholicisme se transforme et, pour tout dire en un mot, redevient chrétien.

Dans ce livre d'or d'un nouveau genre, une place spéciale sera faite aux encouragements distribués au *Sillon* par le citoyen Hervé, l'homme du drapeau dans le fumier.

Le Journal du Loiret (octobre 1907) rend compte d'une conférence publique faite à Orléans par le cynique apôtre de l'anti-militariste. On lui avait donné comme assesseur un de ses camarades, Lorris, et M. Perrier, du *Sillon*. Celui-ci tint à répondre aux arguments du sans-patrie.

Dans l'auditoire on lui objecta les théories du *Sillon*, et le citoyen Hervé en tira parti à son tour :

Le citoyen Hervé répliqua, il n'appela plus son honorable contradicteur sillonniste, mais catholique « vieux jeu », car, pour lui, les sillonnistes font de la bonne besogne hervéiste. *Aussi bien, dit-il, les sillonnistes, qui ont provoqué un beau mouvement de rénovation chrétienne, sont, pour les socialistes libres-penseurs, de précieux auxiliaires, car ils peuvent pénétrer dans des milieux inaccessibles aux autres.* « Le camarade « Lorris » m'a dit qu'il s'était trouvé, dans une réunion, en présence d'un sillonniste, un adversaire d'une grande bonne foi, d'un grand talent. Ce sillonniste qui est mieux qu'un adversaire, mais un camarade, a prononcé devant Lorris, dans cette réunion, « des paroles qui sentaient la révolution ». Et M. Hervé déclare que les camarades sillonnistes, en suivant ce « bon berger-là », *se rencontreront un jour avec les sans-patrie pour entrer dans la terre promise.*

Dans une lettre adressée, il y a deux ans, à M. le directeur de l'*Action catholique française*, M. Hubert-Valleroux indiquait le point où aboutiraient les démocrates-chrétiens :

Vous avez raison et absolument raison de vous élever contre la fâcheuse tendance qu'ont certains catholiques de frayer avec les ennemis de nos croyances, sous prétexte de les attirer, et de verser dans les idées socialistes, espérant gagner des adhérents à leur foi. Le vrai, le seul résultat, il a été nettement déclaré au congrès de Zurich, tenu il y a quelques années par les socialistes du parti dit ouvrier, et où quelques catholiques s'étaient fourvoyés. « Les démocrates chrétiens, a dit l'un des plus autorisés parmi les socialistes, nous les voyons toujours avec plaisir ; *ce sont nos meilleurs recruteurs...* »

L'an dernier, au Congrès international des employés de commerce de Bruxelles, organisé par les syndicats socialistes, et où un syndicat catholique avait envoyé des délégués, les premiers — les socialistes — disaient aux seconds — aux catholiques, — à la fin du Congrès où l'on avait échangé nombre de gracieusetés : « Mais vous avez la plupart de nos idées ; vous êtes plus qu'à moitié avec nous ; bientôt vous y serez tout à fait. » Compliment dont les délégués catholiques paraissent avoir été flattés ; je ne l'aurais pas été à leur place.

Un des plus haut gradés de la Maçonnerie belge, M. le sénateur Magnette, a publié dans *le Rallie-ment* un article intitulé : « Démocratie chrétienne,» dont voici des extraits.

Après s'être plaint des maigres résultats obtenus, dans les campagnes flamandes, par le gigantesque effort de propagande que la Franc-Maçonnerie y avait tenté, il se félicite de l'espérance fondée que, peu à peu, l'infiltration des idées modernes, en dépit de toutes les barrières et de toutes les résis-tances, se fera au travers de ces masses compactes de campagnards qui y paraissent si réfractaires.

Et sur quoi et sur qui fonde-t-il cette espérance?

D'abord, sur une autre tactique, puis sur le con-cours des Démocrates chrétiens.

Voici ses paroles :

Mais il est un autre moyen qui opérera bien plus rapi-dement à mon sens... C'est le développement de la démocratie chrétienne.

Je ne me fais pas d'illusion sur la valeur intrinsèque de la doctrine du parti. Les démocrates chrétiens sont et resteront des cléricaux ; leurs représentants ont sou-tenu et voté toutes les lois à tendances cléricales, et sur le terrain de la lutte pour la liberté de conscience, nous les rencontrerons aux côtés et parmi les rangs des pires fanatiques.

Je ne suis donc pas un enthousiaste du cartel intégral.

Mais il faut reconnaître que les démocrates chrétiens ont sur les cléricaux conservateurs et réactionnaires l'inappréciable avantage de vouloir, sincèrement et tenacement, une série de réformes qui sont aussi à l'avant-plan de nos préoccupations.

Et surtout à notre point de vue, *la démocratie chrétienne est le coin qui élargira l'ouverture par où nos idées pénétreront dans le bloc dense des masses rurales et catholiques.*

Les milieux qui nous sont obstinément hostiles et fermés leur sont, au contraire, d'un accès facile, et l'accueil, parfois empreint de sauvagerie, auquel peuvent s'attendre nos propagandistes, se fait pour eux bienveillant et sympathique. Ils font l'éducation de cette masse inaccessible; ils lui apprennent à raisonner, à voir, à comparer, à critiquer, à juger; en un mot, ils font chez elle l'éducation de la pensée.

Ils sèment, mais c'est pour nous que sera la plus large part de la récolte.

LAISSONS-LES DONC SEMER !

Ménageons la démocratie chrétienne et favorisons-la. Elle n'est pas l'avant-garde de notre armée, on peut la comparer en quelque sorte à ces bandes irrégulières qui explorent et font connaître un pays avant qu'il ne puisse être régulièrement colonisé et exploité.

Ce sont peut-être des adversaires de demain. Ce sont, pour aujourd'hui, des alliés nécessaires.

Paul Sabatier, protestant, qui semble s'être donné ou avoir reçu cette mission spéciale : *protestantiser l'esprit des catholiques,* et qui s'est vanté, dans son opuscule : « A propos de la Séparation de l'Eglise et de l'Etat », d'avoir l'entrée de certains séminaires, M. Paul Sabatier a publié, dans le numéro de janvier de *Hibbert journal*, un article où il dit au sujet de M. Loisy :

« Ce savant est en train de bâtir une des assises du Catholicisme de demain. » Il dit aussi : « Il est bien sûr que les *Semaines sociales*, ainsi que le *Sillon*, si loin qu'ils puissent se croire de Loisy et de Fogazzaro, sont les manifestations, sur un terrain différent, d'une seule et même poussée de sève. »...

« L'on peut dire que si les novateurs, comme on les appelle, sont si à l'aise avec les protestants, s'ils ne les fuient pas maladivement, comme on faisait jusqu'ici, *c'est parce qu'ils les ont dépassés...*» Ainsi souligné.

A propos des rétractations de l'abbé Daens, le journal socialiste *Vooruit* parle comme l'a fait le sénateur franc-maçon Magnette :

Peu à peu, le parti démocrate chrétien perd ses hommes les plus habiles ; il n'en acquiert point de nouveaux et la défection d'un chef entraîne toujours avec elle des partisans plus ou moins nombreux qui déciment et anéantissent le groupe.

Nous ne nous en affligeons pas. Dans l'intérêt de notre parti, les démocrates chrétiens ont vécu assez longtemps. *Ils ont formé à la pensée nouvelle la population des campagnes, aplani pour les socialistes une route d'où ils ont banni les catholiques et nous aurons la belle part de l'héritage.*

En avant donc à la curée !

Quelle coulpe il bat en même temps sur la poitrine des orateurs et journalistes du *Sillon*, ce journal démocrate chrétien de Belgique, le *Klokke Roeland*, un des pionniers de cette démocratie, qui écrit ce qui suit en janvier 1907 :

Vous n'ignorez pas avec quelle chaleur nous avons mené campagne pour Daens !

Et nous serions si heureux si, du fond du cœur, nous pouvions vous dire encore : Votez pour lui !

Le parti démocrate chrétien avait un si beau début !

Mais comme tout cela est changé !

Que fait Daens, maintenant ?

Toujours taper sur les catholiques et ne jamais, au grand jamais, reconnaître qu'ils font quelque chose de bien ; d'autre part, faire des mamours aux socialistes et aux libéraux, partisans de l'engeance impie d'Outre-Quiévrain !

Non, tel n'était pas le but des premiers démocrates chrétiens ! Tel n'était pas l'idéal que nous nous étions forgé lors de l'apparition de la belle et noble encyclique *Rerum Novarum.*

Ils ont lâchement trompé nos populations chrétiennes. La voie qu'ils suivent mène en droite ligne vers l'absorption de notre peuple par le socialisme athée. Et c'est un crime que de collaborer à cette œuvre (1).

A quoi bon prendre à tâche de démontrer une fois de plus que le *Sillon* est en complète opposition, non seulement avec l'esprit de l'Eglise, mais spécialement avec les prescriptions des papes Léon XIII et Pie X, dont il se réclame à tout propos ?

Bornons-nous à citer ces paroles de Léon XIII aux jeunes gens de la noblesse romaine, qu'il recevait en audience. Tous nos démocrates auront là un exemple de la part que l'Eglise fait à chacun.

(1) Documents cités par la *Semaine religieuse de Cambrai.*

Les Pontifes romains eurent toujours un égal souci de protéger et d'améliorer le sort des humbles; comme de protéger et d'augmenter les conditions des classes élevées. Ils sont, en effet, les continuateurs de la mission de Jésus-Christ, non seulement dans l'ordre religieux, mais aussi dans l'ordre social. Si Jésus-Christ voulut passer sa vie privée dans l'obscurité d'une humble habitation et passer pour le fils d'un artisan, si, dans sa vie publique, il aima à vivre au milieu du peuple, lui faisant du bien de toutes manières, pourtant il voulut naître de race royale en choisissant pour mère Marie, pour père putatif Joseph, tous deux rejetons choisis de la race de David... (1).

Aussi, l'Eglise, en prêchant aux hommes qu'ils sont tous les fils du même Père céleste, reconnaît comme une condition providentielle de la société humaine la distinction des classes ; c'est pourquoi elle enseigne à tous le respect réciproque des droits et des devoirs, et la charité mutuelle qui donneront le secret du juste équilibre, du bien-être honnête, de la véritable paix et de la prospérité des peuples (2).

Pour Nous aussi, déplorant les agitations qui troublent la société civile, plus d'une fois Nous avons tourné les regards vers les classes inférieures qui sont plus perfidement assiégées par les sectes perverses ; et Nous leur avons offert les soins maternels de l'Eglise. Plus d'une fois Nous l'avons déclaré : le remède à ces maux ne sera jamais l'égalité subversive des ordres sociaux, mais cette fraternité qui, sans nuire en rien aux dignités du rang, unit les cœurs de tous dans les mêmes liens de l'amour chrétien.

Pour vous, chers fils, qui avez reçu de vos aïeux, en héritage, avec la noblesse du sang, l'obéissance la plus illimitée aux enseignements de l'Eglise et aux directions de son Chef, vous ferez une œuvre de civilisation vrai-

(1) Voir *les Erreurs du Sillon*, spécialement 2ᵉ partie, chap. VI.
(2) *Action catholique*, avril 1907.

ment utile et non moins à l'honneur de votre maison, si, par tous les moyens que vous donnent l'autorité, l'instruction, la fortune, surtout par l'efficacité d'exemples vertueux, vous secondez Nos sollicitudes en vue de sauver les classes populaires, en les ramenant aux principes et à la pratique de la doctrine catholique.

Et ces paroles de Pie X, écrivant, en 1906, aux évêques italiens au sujet de la démocratie chrétienne :

Tout langage susceptible d'inspirer au peuple l'aversion des classes supérieures se trouve et doit être considéré comme absolument contraire au véritable esprit de la charité chrétienne.

Fas est et ab... amico doceri. La revue *Demain*, dans son numéro du 25 janvier 1907, contient sous forme de lettre une excellente critique des déclarations du *Sillon* contre *le patronat*, dont il promet ou réclame chaque jour la suppression. Nous finirons par là ce chapitre, sans entrer dans d'autres détails.

26 janvier 1907.

Monsieur le Directeur,

Le compte rendu publié par *Demain* (4 janvier) du congrès syndical du *Sillon*, tenu à Paris les 15 et 16 décembre, est un document social bien suggestif ; il permet à ceux qui n'ont pu prendre part à cette intéressante manifestation d'en tirer de salutaires réflexions et de faire des constatations précieuses, d'autant plus précieuses qu'elles corroborent souvent des observations antérieures.

Ce qui, par-dessus tout, a retenu mon attention, c'est la juxtaposition des idées du *Sillon* et de la *Confédéra-*

tion générale du Travail. Le congrès a, en effet, mis en évidence que les idées de ces deux groupements ont pour but commun « la disparition du patronat et du salariat »; les moyens seuls diffèrent : la *Confédération* proclame la nécessité d'une prise d'armes du prolétariat, aussi prochaine que possible; le *Sillon* compte sur une conquête lente et pacifique.

Si le *Sillon*, qui date d'une dizaine d'années, n'exerce pas toute l'action moralisante qu'il était en droit d'espérer, cela ne tiendrait-il pas à l'anomalie qui choque, quand on considère le but identique de deux doctrines si différentes : l'une révolutionnaire, l'autre essentiellement pacifique ?

Je comprends qu'un programme révolutionnaire ne tende qu'à un bouleversement et à la suppression plus ou moins violente de l'ennemi, qui est, dans l'espèce, le patronat. Mais je m'explique moins qu'un groupement réformiste qui, lui, n'a pas la prétention ni l'ambition de changer brutalement un état de choses, en somme viable, quoique impérieusement amendable, et qui attend d'une lente et pacifique conquête les modifications sociales nécessaires, je trouve illogique que ce groupement déclare quand même avoir le même but que la Révolution. N'est-ce pas excuser, légitimer, dans une certaine mesure, les procédés subversifs ?

Les révolutionnaires veulent aller vite ; les sillonnistes préfèrent aller lentement. Simple question de chronomètre. Par ce temps d'automobilisme, les moins pressés risquent d'être les moins compris et les moins suivis.

Que, dans la suite des temps et avant la consommation des siècles, le patronat et le salariat dussent disparaître, cela ne fait à beaucoup de gens ni chaud ni froid. Ce qu'il importe, c'est d'améliorer la société où nous vivons, et dans des conditions qui laissent entrevoir à chacun quelque chance de jouir de cette amélioration. Travailler pour ses enfants et ses petits-enfants est certainement louable, mais cela exige un désintéressement relatif qu'il est imprudent d'imposer à celui qui souffre et qui peine.

Dire à l'ouvrier : voilà dix ans que nous combattons pour toi ; tu ne t'en doutais pas; cela est. Dans dix ans tu nous trouveras encore à tes côtés. Quels progrès aurons-nous réalisés ? Nous le verrons. Nous t'aurons, en tout cas, syndiqué. Tout cela est vague, trop lointain, et l'ouvrier passe à côté, où l'on enrôle l'ouvrier pour la bataille prochaine, pour la révolution qui approche, demain peut-être ? L'ouvrier ignore ce qui se produira, s'il sera plus heureux ou plus malheureux; il écoute les promesses fallacieuses et il suit, en répétant tout bas : peut-être demain ! Et pendant ce temps-là, le patron, qui a devant lui deux mouvements hostiles ayant juré sa perte, s'abstient et s'apprête à lutter et à se défendre.

Voilà peut-être pourquoi le *Sillon* ne reçoit pas tous les concours dont il a besoin pour acheminer plus vite la belle œuvre qu'il a entreprise.

Le point faible du mouvement sillonniste serait donc sa « fin » révolutionnaire, — la disparition du patronat, — qu'il veut atteindre par des « moyens » pacifiques.

Puisque le *Sillon* est réformiste et non révolutionnaire, pourquoi, au lieu de la disparition, ne réclame-t-il pas la transformation et l'amélioration progressive du patronat et du salariat « par leur libre association » ?

La coopération, les faits l'ont démontré et cela a été établi au congrès, se heurte aussi à cet écueil : le mépris du patronat.

Non seulement cependant il est équitable de laisser au patronat son droit à la vie économique, mais le patronat reste même nécessaire au processus du prolétariat, qui n'est pas capable de se tirer d'affaire tout seul. Le travail n'a pas seulement besoin du capital-argent pour produire, il lui faut, en outre, une direction compétente, le capital-direction, pourrait-on dire; et c'est cette direction qu'il trouverait dans une entente, dans une alliance avec le patronat, un patronat amélioré, si l'on veut, amélioré en ce sens que les abus d'autorité et d'accaparement du profit seraient éliminés par le contrat libre d'association, à intervenir entre les patrons et les ouvriers syndiqués ou non syndiqués.

On reproche à M. Keufer, secrétaire général de la Fédération du Livre, et à ses amis, de rester dans la Confédération générale du Travail, alors qu'ils ne peuvent y faire prévaloir leur idée réformiste et que les méthodes les plus opposées aux leurs y sont préconisées. La situation des patrons, s'ils venaient au *Sillon*, y serait semblable. Et cette porte, qui leur est fermée, constitue un obstacle dirimant à la pacification sociale.

En effet, les malentendus actuels du capital et du travail ne peuvent cesser qu'à la faveur d'une union amicale de l'un et de l'autre. Or, pour être amis, il faut d'abord se connaître, se fréquenter. Tant que le travail tournera le dos au capital, aucune sympathie ne naîtra entre eux. Attendre que le capital tende la main au travail et fasse le premier pas, c'est risquer d'attendre longtemps sous l'arme.

J'ai déjà eu l'occasion de dire, à propos des œuvres coopératives, que le *Sillon* les envisageait presque uniquement, ou du moins principalement, au point de vue politique, comme instrument de règne pour la démocratie (1).

Le *Sillon* du 10 octobre 1907 contient un article sur *les Conséquences sociales de la coopération* dont l'objet est de montrer les rapports, on pourrait dire l'identité de l'idéal coopératif et de l'idéal démocratique. J'en cite cet extrait par où on peut voir qu'entre les socialistes et le *Sillon* il y a, en effet, communauté de but, et que, seuls, les moyens ou le ton diffèrent :

3° *Disparition du profit.* — La coopération veut sup-

primer dans le monde le *profit*, c'est-à-dire la possibilité
de vivre honnêtement, légalement aux dépens d'autrui.
Or, n'est-ce pas, pour une large part, la réalisation de
cet idéal démocratique : suppression de l'exploitation
de l'homme par l'homme. Si toutes les personnes humaines se valent en dignité, on ne peut se résigner à voir
éternellement une partie du genre humain vivre aux
dépens de l'autre, on doit donc souhaiter ardemment de
transformer toute organisation commerciale ou indus-
trielle qui permet aujourd'hui ce scandale. Pouvons-nous
en vouloir aujourd'hui au commerçant qui s'enrichit en
augmentant la valeur de l'objet qu'il doit transmettre du
producteur au consommateur ? Evidemment non ; d'a-
bord, parce qu'il remplit une fonction utile de transmis-
sion que nous avons eu l'ambition, non pas de supprimer, mais de simplifier, et qui doit lui permettre de
vivre. Et il faut bien consentir à ce qu'il *profite* person-
nellement aux dépens du producteur et du consommateur, tant que nous n'aurons pas trouvé un autre moyen
de faire vivre l'intermédiaire utile, sans qu'il soit
nécessaire de s'armer contre toute la société.

4° *Transformation de l'autorité.* — Ce qui nous
scandalise dans le profit, c'est cette conception tout indi-
vidualiste de l'activité sociale ; un homme ne remplit pas
une fonction parce qu'elle est utile à tous, mais parce
qu'elle le *nourrit*. Son ambition n'est pas d'augmenter
sans cesse l'*utilité* commune de son travail, mais d'en
augmenter le rendement pécuniaire, utile à lui seul. Et
vous le savez bien, les situations que l'on envie ne sont
pas celles qui sont éminemment utiles à la collectivité, ce
sont les grasses sinécures, qui coûtent à tout le monde
et ne rapportent qu'à ceux qui les occupent. Or, ce problème de la suppression du profit, qui préoccupe les
coopératistes et que cherchent à résoudre les coopératives,
ne voyez-vous pas combien il est proche du problème
de la transformation de l'autorité qui nous préoccupe
surtout, nous démocrates ?

L'autorité exercée par un monarque ou par une aristocratie de privilégiés répond toujours à une utilité sociale. Mais nous savons trop que, dans l'immense majorité des cas, ces autorités monarchiques ou aristocratiques ne sont pas envisagées sous l'aspect des services qu'elles rendent, mais des profits qu'elles rapportent ; elles sont aimées de ceux qui les détiennent non à cause des devoirs qu'elles confèrent, mais à cause des droits qu'elles permettent d'exercer. Or, ce n'est pas tant le personnel des dirigeants que nous voulons changer que la conscience de leur rôle. Nous voudrions que tout chef prît pour lui et mit en pratique la sublime devise du chef visible de l'Eglise catholique : « Je suis le serviteur des serviteurs de Dieu. » Les citoyens dans l'Etat, ou les ouvriers dans l'usine ont besoin d'une autorité dirigeante, comme les consommateurs ont besoin des fournisseurs qui subviennent à leurs besoins. La masse humaine aura toujours besoin des uns et des autres. Mais on peut du moins aspirer à ce que la distance soit de moins en moins grande, à ce que les intérêts s'identifient de plus en plus entre celui qui commande et celui qui obéit, celui qui fournit et celui qui consomme. La révolution que tend à opérer la coopération est analogue et peut-être identique à celle qu'opère l'ascension démocratique : le règne du consommateur, le règne du citoyen, c'est-à-dire l'*avènement* à la *conscience* de leur rôle de ceux en vue de qui s'accomplissent toutes les fonctions sociales de production, de répartition, d'organisation et d'autorité.

Le terme idéal de l'évolution démocratique serait que les hommes arrivent à se donner à eux-mêmes la règle de leur conduite, et à ne constituer comme chefs que ceux qui seraient comme l'incarnation de leurs plus profonds et leurs plus intimes désirs de justice. De même le terme idéal de l'évolution coopérative serait que les hommes arrivent à se servir eux-mêmes, c'est-à-dire à n'utiliser comme producteurs et intermédiaires que ceux qu'ils auraient eux-mêmes, conscients de leurs propres besoins, constitués dans ce service, chacun d'ailleurs se trouvant l'obligé et le serviteur de tous.

Le profit est l'âme du commerce et de l'industrie comme l'ambition et le désir de dominer sont l'âme de la politique d'aujourd'hui : ceux qui travaillent comme ceux qui commandent aspirent non à servir les hommes, mais à se servir d'eux. En tâchant de rendre tout profit impossible, la coopération prépare donc la même révolution que la démocratie qui transforme l'autorité.

CHAPITRE V

Errements nouveaux.

L'alliance du Sillon avec les protestants.

Le *Sillon* est un mouvement complexe qui évolue sans cesse. Impossible de le fixer dans une définition exacte et définitive. Il est une vie avec ses aspects changeants et ses déconcertantes métamorphoses... une succession d'essais, de tâtonnements, d'idées encore mal définies, auxquelles il faut laisser le temps de se tasser, de se préciser, de se coordonner...

C'est le cas de rappeler cette description tirée du plaidoyer du *Bulletin religieux* de La Rochelle en faveur du *Sillon;* car nous allons assister à une singulière métamorphose.

Ce qu'il perd du côté de l'Eglise, le *Sillon* va-t-il le retrouver du côté des protestants et des libres-penseurs ?

Voilà que ce groupement de jeunesse « ardemment et intensément catholique » va, pour employer son langage, communier dans un même idéal chrétien avec les ennemis du catholicisme (1).

(1) Est-ce toujours ce même *Sillon* qui était « une apologie vivante de la religion », « la religion catholique se refaisant conquérante de la France », « ce grand fait nouveau dans l'histoire du catholicisme », ce même Sangnier « ayant en lui un amour sensible du Christ *qui le pousse à confondre son action avec celle de Jésus-Christ lui-même, à laisser évoluer son apostolat dans le sens même*

Au mois de novembre 1905, après la publication des *Idées du Sillon* et l'essai de défense que tenta M. l'abbé Desgranges, un évêque, dont le nom ne peut être cité ici, écrivait à l'auteur :

« J'ai lu la réfutation de M. Desgranges. Je l'ai trouvée très superficielle et impuissante à détruire les fortes présomptions d'erreurs que tout homme un peu instruit aperçoit dans les discours et écrits de Marc Sangnier.

« *Pour moi il demeure au point de vue social : collectiviste ; au point de vue politique : démocrate révolutionnaire ; et au point de vue religieux : libéral protestant.*

« Je ne vous écris point cette lettre pour la publicité. »

On s'explique aisément qu'à une heure où la majorité des évêques français couvraient de leur approbation Marc Sangnier et son œuvre, à l'heure où le secrétaire d'État du Pape, trompé lui-même par la savante et infatigable réclame organisée en faveur du *Sillon* par tous ceux qui étaient intéressés à justifier l'évolution démocratique de l'Église, venait d'inviter publiquement tout l'épiscopat à favoriser les sillonnistes (1), le prélat auteur de cette lettre ait hésité à jeter dans ce concert une note aussi discordante.

Les faits ont apporté depuis à son jugement une triste confirmation ; les tendances que ce correspondant vénérable démêlait alors chez Marc Sangnier se sont révélées de jour en jour plus clairement, au point qu'aujourd'hui il serait presque superflu d'insister.

de l'inspiration chrétienne », sont-ce ces mêmes apôtres « voulant sincèrement et complètement l'idéal chrétien dont l'expression semblait vague encore »? (*Les Idées du Sillon.*)

(1) Lettre du Cardinal Merry del Val au Cardinal Richard, à l'occasion du Congrès National du *Sillon*, février 1905.

Cependant, l'évolution s'accentuant, on aurait tort de passer sous silence les incidents de fraîche date qui marquent le rapprochement du *Sillon* avec le protestantisme.

Déjà, depuis plusieurs années, ce rapprochement se faisait pressentir dans les idées. Il y a autre chose que des formules creuses, dans ces maximes sur lesquelles Marc Sangnier et ses lieutenants affirmaient fonder leur œuvre : *avant tout, le catholicisme est une vie; l'expérience religieuse est notre guide; le Christ s'expérimente plus qu'il ne se prouve,* etc... Tout cela est gros de l'anarchie protestante et conduit à cet autre principe qui s'appelle l'inspiration intérieure (1).

Bien entendu, les intentions sont ici parfaitement hors de cause; mais les intentions ne sauvent pas de l'erreur et de ses conséquences.

Marc Sangnier se défend en objectant qu'on voit assez fréquemment des accords entre catholiques et protestants, encouragés par l'autorité ecclésiastique, en vue d'une action morale; et il se récrie, il s'exclame devant l'opposition qu'il rencontre sur ce point.

C'est un nouvel exemple de l'inconscience complète que révèlent ses actes, et qui devrait convaincre les moins perspicaces de l'absolu besoin qu'aurait ce grand émancipateur d'être tenu en rigoureuse tutelle.

Ici, comme en tout, son trait saillant est le manque de discernement, de tact et de mesure, tranchons le mot, en anticipant sur la conclusion der-

(1) Et tout cela, c'est du *modernisme* condamné. Cela n'empêche pas Marc Sangnier de protester chaque jour que son École ne sait même pas ce qu'on veut dire en lui faisant ce reproche.

nière que nous emprunterons à l'un de ses articles :
le manque de bon sens, une fausseté de jugement
absolument exceptionnelle, en vertu de laquelle il
tire des pensées les plus justes des conclusions
dangereuses, et de principes honnêtes une action
malfaisante.

Mais nous ne nous flattons guère de l'éclairer.
Notre but n'est autre que de renseigner qui veut
s'instruire.

Aujourd'hui, c'est sur le terrain des faits que se
manifestent les tendances à ce rapprochement ; et
ce qui accroît la gravité de cette manifestation,
c'est qu'on ne saurait plus y voir un fait isolé,
l'initiative, la pensée personnelle du président (laquelle, d'ailleurs, à vrai dire, est l'unique pensée,
l'unique initiative au *Sillon*), ou celle de quelques
membres particuliers. Il s'agit de résolutions déli-
bérées dans le congrès national d'Orléans, en
mars 1907.

La théorie.

En voici, sinon le texte authentique, qu'on n'aurait pas aimé rédiger sous cette forme, du moins
le sens tel qu'il se dégage exactement des pièces
que nous citerons ensuite :

*Considérant que l'idéal chrétien des catholiques
peut leur être commun avec ceux qui rejettent leur
foi ;*

*Considérant que l'idéal moral et social à faire
triompher pour le salut du pays, s'il convient de*

l'appeler encore idéal religieux en tant qu'on prend ce nom pour synonyme d'idéal démocratique, n'en est pas moins séparable de la foi catholique;

Considérant qu'un parti fondé sur la communauté d'un idéal ainsi déterminé est appelé à changer les âmes, et que tout autre parti serait néfaste à l'Église;

Le VIe Congrès national du Sillon demande qu'on dénonce et qu'on brise l'union fondée sur la conformité du culte religieux;

Propose l'union de tous ceux qui, protestants, libres-penseurs ou catholiques, veulent que l'idéal chrétien et l'idéal démocratique soient un seul et même idéal, et qui se proposent de réaliser cet idéal dans la société par le règne de la Justice et de la Fraternité;

Et repousse hors du parti moral et social ainsi constitué pour la régénération du pays et le triomphe de l'Église, les catholiques qui n'ont pas compris comme le Sillon la répercussion de l'idéal démocratique et chrétien dans le domaine politique et social.

Nous connaîtrions bien mal Marc Sangnier, si nous prétendions l'obliger à reconnaître là ce qu'il a voulu dire ou faire exprimer par le Congrès. Tout le monde sait qu'il a un art à lui de réserver le sens des mots dont il fait usage, comme s'il y avait un dictionnaire spécial du *Sillon*, dont aucun terme n'ait un sens équivoque. Mais la question est de savoir ce que nous devons nécessairement comprendre quand il parle, et quelles idées le langage du *Sillon* traduit nécessairement pour le public auquel il s'adresse. Si Marc Sangnier et le *Sillon* ne peuvent ouvrir la bouche que pour exprimer autre chose que ce qu'ils pensent, le silence serait pour eux une loi impérieuse. Or, la formule qu'on vient de lire pourrait se tirer mot pour mot des textes suivants.

Voici d'abord le compte rendu donné par *l'Eveil démocratique* du 10 février 1907 :

Quant à l'attitude présente du *Sillon* et sa situation au milieu des partis, elles furent examinées au cours de la séance consacrée au Secrétariat général : le *Sillon* y apparut comme pénétrant de plus en plus un certain nombre de milieux et de mouvements contemporains. C'est ainsi que, séduits par la loyauté de son attitude, *par son idéal démocratique* et son action courageuse d'affranchissement, *des hommes appartenant à d'autres confessions ou philosophies religieuses, des protestants, des libres-penseurs, se sentent attirés vers lui et demandent à s'associer à son œuvre.*

Ainsi s'esquisse actuellement autour du Sillon *comme un parti moral et social nouveau, débordant les cadres d'un groupement confessionnel* et capable d'entraîner à sa suite un nombre grandissant de bonnes volontés constituant un « plus grand *Sillon* ». Sans doute, son âme, son cœur reste le même et réclame cette intimité absolue que constituent non seulement les mêmes aspirations morales et sociales, mais la même foi positive. Néanmoins, *il tend à ne plus rester un groupement fermé et à animer de son esprit un large mouvement, un courant nouveau dans la pensée française.*

... Au Nouveau Cirque, devant une foule évaluée par les journaux locaux à près de 5.000 personnes, les idées élaborées au cours de ce Congrès s'affirmèrent dans un discours de Marc Sangnier.

Devant le vaste auditoire, qui se pressait en rangs serrés dans le cirque trop petit, et qui présentait les opinions politiques et philosophiques les plus variées : secrétaires de la Bourse du Travail, protestants, libres-penseurs, royalistes, le président du *Sillon* dit « ce que nous voulons » et traça à larges traits, simples et clairs, quelle action est la nôtre au milieu des problèmes actuels.

Les partis politiques peuvent échouer, montre-t-il, tandis que le *Sillon*, restant toujours plus vaste qu'eux, embrasse toute la vie sociale et non point seulement l'étroit terrain des luttes parlementaires ; il ne se contente pas de quelques victoires électorales, *il veut changer les âmes*, et l'on ne pourra dire que son effort aura été vain s'il a révélé à quelques âmes la Justice et l'Amour.

Mais il ne veut pas se contenter de constituer « cet îlot privilégié de tendresses démocratiques », *il veut réaliser un nouveau centre d'unité morale* et, par la force de son attitude, opérer comme un déclassement des partis politiques.

Pour cela, ce qu'il faut c'est *grouper* en dehors et au delà des partis actuels *tous ceux qu'unissent des dispositions identiques* et que, dans la lutte, nous soyons unis avec tous ceux qui *partageant notre foi positive ou non, sont véritablement animés de notre idéal chrétien* et seuls capables, dès lors, d'apporter à la Démocratie un sens réel de la Justice et de la Fraternité.

Toutes les autres classifications artificielles *sont néfastes à l'Eglise* et à la Démocratie.

Et c'est bien cela que cette grande assemblée restée attentive et soulevée, par moments, d'enthousiasme, semblait vouloir avec lui. Malgré les partis divers qu'elle représente, elle a été séduite par ce point de vue nouveau et déjà, au sein de cette foule, se réalise un peu de cette unanimité morale que nous voulons, s'opère comme un déclassement des partis qui craquent sous cette poussée de la vie neuve.

Citons en second lieu l'article paru dans *le Demain* du 1er mars 1897, sous la signature de M. l'abbé Beaupin, l'un des prêtres attachés à la formation des jeunes gens du *Sillon*. Car le *Sillon* a aussi son personnel ecclésiastique : les uns, comme M. l'abbé Beaupin, y exercent un ministère extérieur ; d'autres y remplissent des fonctions non moins importantes. C'est ainsi que M. l'abbé Laberthonnière, dont on connaît la philosophie religieuse, a été invité par M. Marc Sangnier à donner retraites et conférences spirituelles aux dames entrées dans le mouvement du *Sillon.*

M. l'abbé Beaupin confirme notre exposé aussi expressément que *l'Éveil :*

Il serait sans intérêt, pour les lecteurs de cette Revue, de trouver ici, reproduits dans tous leurs détails, les échanges de vues qui ont eu lieu au cours du Congrès. Nous nous contenterons d'insister sur quelques points qui nous ont paru plus importants; nous essaierons ainsi de mieux mettre en lumière l'originalité du *Sillon.*

Une grande idée semble avoir dominé toutes les préoccupations des congressistes : *il est nécessaire, dans la France d'aujourd'hui, d'opérer un audacieux déclassement des partis,* Les masses populaires, égarées par les déclamations de quelques sectaires et trompées par le langage de quelques réactionnaires, s'imaginent toujours que le catholicisme est l'adversaire né du progrès démocratique. Pour briser cette équivoque, il faut faire la preuve vivante de la valeur sociale du catholicisme et montrer aux Français abusés que les meilleurs démocrates se trouvent dans les rangs des catholiques. Beaucoup d'hommes appartenant à d'autres confessions religieuses, ou simplement animés du désir de faire régner plus de justice dans la société présente, pourront ainsi joindre leurs efforts à ceux des sillonnistes. Ils reconnaîtront, dans l'idéal chrétien, l'idéal qu'eux-mêmes poursuivaient ailleurs. Quant à ceux qui, païens dans leur vie sociale parce qu'ils le sont par la pensée, se revêtent des apparences du catholicisme sans en posséder l'esprit, ils finiront par comprendre qu'ils se sont trompés.

Élargissant le Sillon, nous prévoyons sans crainte la collaboration d'hommes qui, animés du même idéal que nous, ne partagent pas notre foi positive. Nous ne voulons pas que, sur le terrain politique et social, l'union se fasse d'après la conformité du culte religieux, mais entre des hommes qui veulent réaliser, dans la société, le même idéal moral (1).

Ce sont ces idées que Marc Sangnier a développées, dans un magnifique langage, en expliquant aux quatre mille personnes entassées dans le Cirque d'Orléans ce que veulent les sillonnistes. Le président du *Sillon* a parlé, selon sa coutume, avec franchise et hardiesse, brisant audacieusement toutes les équivoques, revendiquant hautement l'*union de tous ceux qui ont un même parti moral* et sentent grandir en eux les mêmes aspirations vers la démocratie. « S'il y a lutte, s'est-il écrié, entre le vieil esprit chrétien qui se rajeunit toujours au cours des siècles, puisqu'il est immortel, et le vieil esprit du paganisme, il n'est pas vrai... *que tous ceux qui ont l'esprit chrétien soient dans les rangs des catholiques, et que tous ceux qui sont catholiques aient le véritable esprit chrétien.* » Et l'orateur ajoutait, quelques instants plus tard : « *Il vaudrait mieux, d'une part, grouper tous les catholiques, pratiquants ou non, qui ont l'esprit chrétien, et, d'autre part, grouper tous ceux, catholiques ou non, qui n'ont rien compris à la répercussion de l'idéal chrétien dans le domaine politique et social* (2).

La nécessité de ce « parti nouveau », beaucoup d'hommes jeunes la ressentent aujourd'hui. Parmi les catholiques, en effet, le nombre grandit sans cesse de ceux qui souffrent de l'étroitesse de ce conservatisme mesquin où veulent les enfermer quelques-uns de leurs coreligionnaires. Dans les rangs socialistes, on rencontre aussi plus d'un désabusé, que les doctrines du syndicalisme révolutionnaire ne satisfont plus, et auquel le radicalisme voltairien des gens au pouvoir n'inspire que dégoût et mépris. Ce « parti nouveau », nous le mériterons, à force de courage et de ténacité dans la lutte.

Le Sillon du 10 février 1907 dit encore, dans son premier article intitulé *Ce que nous voulons :*

L'œuvre qui s'impose, c'est de rallier toutes les forces qu'anime consciemment ou inconsciemment l'esprit chrétien, et de les conduire à la victoire contre les débris coalisés de l'armée païenne. Alors les catholiques verront leurs églises et leur culte respectés, *parce qu'on respectera leur idéal.* Alors tous ceux qui rêvent d'une cité future pourront s'élever jusqu'à la Justice sociale et à l'Amour fraternel parce que l'égoïsme ne les fera pas retomber sans cesse à terre.

Et nous voulons travailler à cette tâche, et nous avons confiance, parce que nous sentons en nous des sources intarissables de dévouement et d'amour. Et puis ne voyons-nous pas de tous côtés naître des sympathies et se presser vers nous les bonnes volontés? De plus en plus, le *Sillon* pénètre dans les milieux d'adversaires, *et voilà pourquoi nous prévoyons que, dans un avenir très prochain, ou plutôt que, déjà, se forme peu à peu autour de lui comme un parti moral et social nouveau, débordant les cadres d'un groupement confessionnel,* et capable d'entraîner à sa suite un nombre grandissant de bonnes volontés constituant « un plus grand Sillon ».

L'application.

Les faits correspondent aux idées.

Entre les jeunes gens du *Sillon* et ceux des *Unions chrétiennes* protestantes s'établissent des rapports tendant à la collaboration annoncée.

Que sont ces *Unions chrétiennes* ?

Fondées, il y a cinquante ans, ces Unions se sont rapidement multipliées et ont singulièrement renforcé leur organisation depuis quelque temps. Elles sont actuellement fédérées en groupes régionaux dont l'ensemble forme *l'Alliance française*, laquelle est une province de *l'Alliance internationale*.

Chrétiennes, elles le sont autant que peuvent l'être des *Unions* où les mahométans et les juifs sont admis, comme il arrive, même en France.

Des écoles de « zélateurs » ont été fondées en Amérique, en Angleterre, à Genève, pour former des jeunes gens ayant mission de créer des Unions et d'en propager l'esprit. Ces zélateurs portent le nom de *secrétaires généraux*. Les seules écoles américaines en avaient déjà versé quinze cents sur les autres pays, il y a trois ou quatre ans. La formation exige une durée de trois ans. Les zélateurs apprennent à y devenir des « apôtres adroits et expérimentés ».

Quel est, au fond, le but de cet apostolat ? Il est assez indiqué par la composition de ces Unions, qui comprennent des jeunes gens de toutes croyances ou incroyances ; par leur organisation qui n'en fait qu'une seule société s'étendant sur le monde entier, et dont tous les membres sont rattachés les uns aux autres par les Alliances nationales et l'Alliance internationale ; par leurs Congrès internationaux, et surtout par l'action incessante des « secrétaires généraux » et leurs échanges périodiques de vues. *Le but est de confondre catho-*

liques *et protestants, chrétiens et infidèles, dans le nihilisme dogmatique.* Les *Unions* sont la machine la mieux conçue et la plus agissante pour réaliser « la religion de l'avenir », l'*humanitarisme.*

Et cette religion répond merveilleusement à certaines conceptions de Marc Sangnier, quoiqu'il s'en croie, sans aucun doute, absolument séparé.

Veut-on connaître le fond de ces « idées et doctrines » ?

« Le Christ est un inconnu, non seulement dans le monde, mais même *dans les Eglises qui se réclament de lui.* Si quelque chose est obstrué, terni, dévié de sa direction première, c'est bien le vieil Evangile. Dans sa pensée, comme dans sa pratique, dans sa façon d'interpréter le monde comme dans sa manière de régler l'activité humaine, l'Evangile dépasse à tel point *toutes* les Eglises qui se sont réclamées de lui qu'il est dans l'avenir bien plutôt que dans le passé. Et plus on fixe son attention sur ce sujet, moins on peut s'empêcher de constater une grande affinité entre cet Evangile oublié et les meilleures aspirations de l'esprit moderne...

Certaines religions sont bonnes pour abriter les vieux égoïsmes, les sénilités, les puérilités, pour endormir doucement les consciences et les intelligences. Celle-ci est surtout faite pour la vie et pour les vivants. Elle nous jette en pleine action, en pleine mêlée : elle nous fait faire un beau départ *avec vaisseaux brûlés derrière nous.*

Point de regard en arrière! c'est énergique, viril, joyeux. Cela sonne et vous enlève comme le clairon des batailles ! »

Veut-on maintenant savoir les conseils qui sont donnés aux jeunes catholiques troublés par cette impulsion « virile » donnée à leur cœur, et cette aperception d'une religion de l'avenir qui doit prendre la place de *toutes* les Eglises chrétiennes actuellement existantes, parce que toutes ont terni l'Evangile et l'ont fait dévier, qu'elles ne sont bonnes qu'à abriter les sénilités et les puérilités, qu'elles ne savent pas s'adapter aux aspirations de l'esprit moderne, et régler comme il faut l'activité humaine ?

Les voici :

Lorsque l'on appartient par la naissance à un milieu religieux, c'est un devoir de lui témoigner une grande reconnaissance. Aimer son Eglise est bon, comme aimer sa famille et son pays. MAIS, ici se présente un écueil : *l'esprit de parti en religion*, L'ESPRIT EXCLUSIF. Jeunes croyants, fuyez-le comme la peste ! Comme en toutes choses, *ce temps-ci demande, sur le terrain de la foi, une grande largeur*. LE DEVOIR DE L'HEURE PRÉSENTE EST DE FRATERNISER, et *les Eglises particulières*, quelle que soit leur raison d'être, *ne sont bonnes qu'à la condition de nous préparer à l'*EGLISE UNIVERSELLE.

Le devoir pressant est de franchir les murs de séparation et de tendre les mains par-dessus les clôtures. Retrouver l'humanité, redevenir des hommes, si cela est le mot d'ordre sur le terrain social, combien plus ne devrait-on pas s'en souvenir sur le terrain religieux ? QUE LA JEUNESSE LE COMPRENNE !

Le Mercure de France a fait récemment une enquête sur cette question : « *Assistons-nous à une dissolution de l'idée religieuse. ou à une évolution des sentiments religieux ?* M. Charles Gide, professeur à la Faculté de Droit de Paris, dans sa réponse, observe que « l'idée religieuse tend à évoluer en sentiment et à s'évader des formules dogmatiques dans lesquelles autrefois elle cherchait à se fortifier ». L'un des signes qu'il donne est le progrès des *Unions chrétiennes de jeunes gens*, dont la première date de 1844, et qui comptent aujourd'hui 700.000 membres. Il annonce qu'elles vont avoir un nouveau congrès international qui se tiendra à Tokio. Ces congrès sont dénommés : *Congrès international de christianisme libéral et progressif.*

Si les *Unions chrétiennes* comptent actuellement sept cent mille membres, quel en sera le nombre lorsque les *Sillons* y auront été incorporés ?

Le *Sillon* par ses réunions et sa revue bi-mensuelle pénètre dans tous les milieux de jeunesse ; il a un journal quotidien *l'Éveil démocratique*, qui tire à 60.000 exemplaires. *Le Peuple français, la Justice sociale, la Vie catholique* lui sont dévoués il a les sympathies déclarées de la *Revue du Clergé* et de plusieurs autres revues ; jusqu'à ces derniers temps *l'Univers* et *la Croix* favorisaient sa propagande (1).

Et quelle trahison — n'ayons pas peur du mot — d'avoir levé ces légions de jeunes gens dans les milieux les plus catholiques, pour les faire entrer armes et bagages dans une armée en marche pour conquérir « la religion de l'avenir » ! Assurément ce n'a point été la pensée première des fondateurs du *Sillon*; mais c'est là qu'on devait en venir après avoir proclamé son indépendance du clergé (2).

Un rapprochement s'offre naturellement avec la

(1) La *Semaine religieuse de Cambrai*.
(2) Nous avons le regret d'en constater un vestige et de relever un indice de ce semi-libéralisme que les œuvres de *la Croix* trahissent trop souvent, dans un étrange filet de la *Chronique de la Bonne Presse*. Elle cite un article du journal protestant de Montauban, *la Vie nouvelle*, à la louange des rapprochements tentés par Marc Sangnier, et elle conclut :
Nous avons cité avec plaisir ces quelques lignes qui témoignent

Société de culture morale, qui fait actuellement une active propagande en France.

Elle lançait naguère un appel comptant parmi ses signataires :

Treize universitaires (membre du Conseil supérieur de l'Instruction publique, membre de l'Institut, professeurs dans les lycées ou grandes Écoles de l'État) ; cinq publicistes ; trois députés ; deux professeurs à la Faculté de théologie protestante ; quatre pasteurs protestants ; un pasteur, « promoteur des *Unions de la jeunesse chrétienne* » ; un « président de l'Association cultuelle de l'Eglise catholique française » ; un soi-disant prêtre catholique gallican (ex-père Hyacinthe) ; six industriels, ingénieurs, contre-amiral, médecins, etc.

Ces Messieurs se disent « libres-croyants, unis dans un même idéal de justice et de fraternité » ; ils déclarent qu'une « culture morale est nécessaire pour rendre cet idéal accessible à tous », et que « des changements économiques, si profonds qu'ils soient, ne suffisent pas ».

« Les éléments de cette culture, disent-ils, sont empruntés à tout le patrimoine philosophique et religieux de l'humanité, en les distinguant des croyances traditionnelles où la science exige l'abandon de celles-ci. »

Leur but est d'étudier « les formes religieuses de la culture morale pour rechercher ce qui, soit des principes, soit des méthodes, soit de l'idéal des religions, peut être utilisé pour former des cons-

une fois de plus de la possibilité d'une œuvre commune, sur le terrain social et démocratique, entre le *Sillon* et plusieurs milieux protestants, ceux des *Unions chrétiennes de jeunes gens* en particulier.

ciences sans demander aucun sacrifice, ni à la science, ni à la raison. »

Ils affirment « le droit à la pensée libre en face de toute autorité que repousse la raison et la critique ».

La Société de culture morale, *Society for Ethical Culture*, n'est point d'aujourd'hui ; ce n'est point ce prospectus qui lui donne naissance. Elle est d'origine américaine. Sa généalogie peut se dresser ainsi : Puritains, — Unitaires, — Transcendantalistes (1). Elle fut fondée à New-York par M. Félix Adler, chargé de cours à l'Université Cornell. Bientôt, des sections ou associations semblables furent établies en 1883 à Chicago, en 1885 à Philadelphie, en 1885 à Saint-Louis. D'Amérique, le mouvement se propagea en Europe. La Société de Londres (1891) fut l'œuvre d'un Américain, M. Stanton Coit. En 1895, une Société fut fondée en Autriche, à Vienne, et une en Suisse. Celles de l'Empire Allemand furent instituées par Adler lui-même ; elles étaient au nombre de seize en 1904. En France, elles furent introduites par M. Fouillée, qui les représenta dans l'organe publié pour toutes ces sociétés *l'International, Journal of Ethics.*

(1) Le traité de la communion religieuse, écrit en 1612 par le puritain Robinson, est le premier témoignage d'un esprit nouveau en religion, celui de la tolérance en ce qui concerne le dogme. De 1820 à 1830, Channing fonda *l'Unitarisme*, qu'il caractérisa ainsi : « Une religion qui refuse de se définir ». Son seul dogme est l'indifférence aux dogmes. De 1820 à 1840 se forma le groupe des *Transcendantalistes*. « A côté des Unitaires et plus haut qu'eux, dit M. Bargy, ils incarnent l'union du *sentiment* chrétien et de la *raison* positive. Ils concilient toutes les contradictions apparentes : chrétiens et rationalistes, individualistes et socialistes... » L'influence des Transcendantalistes, comme celle des Unitaires, s'est répandue partout. « On la reconnaît dans les *sociétés de culture morale*; dans la littérature et le journalisme; dans l'éducation, dans le courant d'idées, insaisissable et tout puissant, qui fait la façon de sentir et de penser d'un peuple ».

Les *Unions chrétiennes de jeunes gens* ont une parenté indéniable avec les *Sociétés de culture morale*. Elles ont la même origine américaine et puritaine, le même but : propager l'indifférence au dogme et la culture de la morale humanitaire. Les unes s'adressent à l'âge mûr, les autres à la jeunesse. Les unes et les autres tendent à la constitution, par des éléments pris dans toutes les Églises, d'une religion où l'on n'enseignerait plus à mourir, à bien mourir, mais à vivre, à bien vivre, dans le sens humanitaire du mot. Leur but serait, est la constitution du « royaume des cieux » sur la terre dans l'universelle fraternité, dans « l'amour plus fort que la haine (1) ».

Le 9 juin 1907, s'est tenue, à la Sorbonne, la séance inaugurale de la *Société de culture morale*. M. Séailles, dans son discours, a dit :

L'illusion serait grande d'imaginer que la lutte contre l'Eglise est terminée, mais les progrès de la démocratie, la fondation de l'école laïque, la séparation des Eglises et de l'Etat nous mettent dans des conditions nouvelles. *Il est temps* de sortir de la critique et des négations, de laisser les vaines disputes, *de chercher les vérités communes, de dégager l'idéal qui peut nous accorder, sinon dans la théorie, du moins dans la pratique et dans l'action...* Nous voudrions donner ce spectacle nouveau d'hommes sincères qui, sachant qu'ils professent, sur l'inconnu ou sur l'inconnaissable, des opinions différentes et même contraires, que les uns croient en Dieu, que les autres n'y croient pas, que les autres croient qu'ils n'y croient pas, ne voient, dans ces divergences, aucun motif de s'excommunier, de se haïr, de se déclarer imbéciles ou scélérats, mais, sans s'attar-

(1) *Semaine religieuse de Cambrai.*

der à des querelles stériles, sont prêts à chercher ensemble si, *au delà de ce qui les sépare, en descendant assez profondément en eux-mêmes, ils ne trouveraient pas qu'ils ont au moins en commun la volonté du bien sur la terre et le devoir d'y travailler ensemble...*

Libérons-nous du byzantinisme, de la confiance dans les mots, de la foi dans les dogmes sauveurs. *Rien n'est plus propre à nous affranchir de cette superstition que l'action sociale, qui comprend l'éducation morale de l'individu aussi bien que l'amélioration du milieu économique.*

Le projet ici exposé, les idées que nous avons soulignées, les mots eux-mêmes se trouvent, à toutes les pages du *Sillon* et de *l'Éveil démocratique.* N'est-ce pas une trahison vraie, quoique non prévue, non voulue, d'avoir enrôlé des jeunes catholiques par milliers, sur tous les points de la France, pour les embarquer dans une telle galère ?

Et que voilà une parole sur *l'Action sociale,* faite pour donner à réfléchir à beaucoup de gens, aux yeux desquels, par elle-même, et séparée d'une action franchement catholique, l'action sociale est la panacée propre à guérir toutes nos plaies !

Or, voici d'abord l'entrefilet qu'on a pu lire dans *l'Éveil démocratique* du 6 janvier 1907 :

Nos amis du *Sillon* ont eu PLUSIEURS FOIS l'occasion de lier avec certains protestants, en particulier avec les jeunes gens des *Unions chrétiennes,* des relations qui témoignent, de part et d'autre, d'une profonde sympathie et d'une loyale cordialité.

C'est ainsi qu'à Montpellier nos camarades, ayant accepté l'invitation de l'Association chrétienne des étudiants protestants, purent, dans une causerie intime qui

dura plus de deux heures, exposer nos idées démocratiques, préciser notre méthode et montrer ainsi qu'on
peut tout à la fois être fils soumis de l'Eglise romaine et
démocrate aussi intelligent que vaillant.

Puis nos camarades promirent aux jeunes protestants
de collaborer avec eux à cette œuvre d'hygiène morale
dont le but est de combattre la diffusion des journaux,
gravures, publications pornographiques, qui pullulent
dans les kiosques. Par là, ils affirmèrent à bon droit que
si nous devons marcher toujours la main dans la main
avec ceux qui combattent pour la Justice, pour la Vérité,
à plus forte raison quand ces militants sont *des disciples de ce Christ* qui est, à nos yeux, la Justice et la
Vérité incarnées.

Voici, dans une autre circonstance, les membres
du *Sillon* en rapport avec les jeunes gens des
Unions chrétiennes, en qui ils reconnaissent de
vrais disciples du Christ et avec lesquels ils partagent le même idéal chrétien.

Les principaux du *Sillon* se sont rendus, en juin 1905
au cercle des étudiants protestants, rue de Vaugirard,
à Paris. Dans son numéro du 10 du même mois, *le
Sillon* a rendu compte de cette entrevue. Les protestants leur ont dit cette vérité : « Pour suivre jusqu'au
bout votre idée démocratique, il faudrait refuser les
principes de l'autorité ecclésiastique. » En d'autres termes : « Vous faire protestants comme nous. » Le *Sillon*
s'est contenté de répondre : « L'objection est trop délicate
et spécieuse pour être discutée en quelques mots. »

Le 26 janvier 1907, le *Sillon* organisa à Paris-Gre-
nelle, rue Blomet, une réunion contradictoire. L'orateur délégué du *Sillon* était le « camarade » René Bernard, il traita de la *possibilité de la Démocratie*.
Comme il expliquait la nature du *Sillon*, qui n'est pas,
disait-il, un mouvement politique ni un mouvement
catholique, M. le Roy lui posa cette question : « Le *pro-*

testant peut-il faire partie du *Sillon* ? » « Oui, répondit M. Bernard, on peut faire partie plus ou moins intégrante du *Sillon*, selon qu'on participe plus ou moins à notre idéal. Un protestant peut donc, jusqu'à un certain point, être du *Sillon* (1). »

Fait plus significatif encore, voici que les membres des Unions chrétiennes entrent en collaboration directe avec les organes du Sillon. *L'Éveil démocratique* du 24 février 1907 contient un article de tête dont le titre général : *Idées et doctrines*, comporte une subdivision en plusieurs chapitres ; le premier, qui forme l'article de ce jour, est intitulé *Volontés convergentes*. Or, le signataire ajoute à son nom sa qualité de *Secrétaire général des Unions chrétiennes de jeunes gens*.

*_**

Mais qui saurait dire quelle limite le président du *Sillon* mettra au besoin qui le tourmente d'aimer et de cajoler tous les ennemis de la foi et de la patrie ?

N'était-ce pas sous la présidence d'un *Joseph Reinach* qu'il allait, il y a quelques mois, pérorer, en compagnie d'un pasteur protestant et de M. l'abbé Naudet !

Voici le texte de l'affiche apposée sur le pourtour de la Basilique du Sacré-Cœur :

SALLE DE LA MAISON VERTE
127, *rue Marcadet.*
JEUDI 21 FÉVRIER
MEETING ANTIALCOOLIQUE
sous la présidence de
M. Joseph Reinach, député.
ORATEURS INSCRITS :

L'abbé Naudet.
Marc Sangnier, du Sillon.
Auguste Schaffner, pasteur.

(1) *L'Action catholique*, mars 1907.

On ne peut que s'associer entièrement aux réflexions dont *l'Action catholique* (mars 1907) accompagnait la mention de ce fait :

Vraiment l'aberration mentale est immense et le danger non moindre. On dirait véritablement que rien de bon (lutte contre les mauvaises images — lutte contre l'alcool, etc.) ne peut être entrepris qu'avec l'aide, l'appui, la mainmise de quelque *non*-catholique.

Dans le cas présent, deux catholiques, en se mettant sous le protectorat du plus hideux ennemi de la France et de la religion, du plus discrédité des juifs, semblent vouloir soulever le cœur de leurs coreligionnaires français.

La présence d'un juif et d'un protestant, jugée nécessaire pour convaincre le peuple du danger de l'alcool, pénètre en même temps ce peuple d'estime et d'égards pour la haute valeur du juif et du protestant.

Cela *atténue* d'abord l'éloignementpour leurs personnes, puis, par conséquence, pour leurs doctrines.

C'est une vraie perversion morale morbide chez les organisateurs, chez ceux qui ont inventé ou accepté ce mélange, et c'est l'appel à la même perversion chez ceux qui ont assisté à cet étrange meeting.

Nos sillonnistes et démocrates chrétiens veulent se persuader que par ce rapprochement ils préparent seulement celui des juifs et des protestants vers l'idéal catholique ; ne préparent-ils pas, au plus, un rapprochement mutuel dans un abandon réciproque de doctrines, pour aboutir à un état d'athéisme sceptique dans une indifférence générale ?

**

Ce n'étaient pourtant que les premiers pas. Le 25 juin, *l'Autorité* signalait en ces termes un autre essai :

Le *Sillon* annonce une réunion qui ne laissera peut-être pas de mettre l'autorité diocésaine de Paris dans l'embarras.

N'allez pas croire qu'il s'agisse d'un meeting catholique à l'occasion du meurtre de Debroise, tué en l'honneur de sa foi. Non, le *Sillon* peut bien manifester bruyamment en faveur des anarchistes russes, qu'il salue comme les martyrs de l'autocratie ; mais il craindrait de manquer à la douceur évangélique s'il organisait quelque protestation contre l'assassinat des prêtres dans nos rues par les apaches, amis du gouvernement. D'abord, ce serait faire de la politique, et tout le monde sait que le *Sillon* ne s'en mêle pas.

La prudence exigée pour le triomphe de la Cause, — eh ! pas la prudence politique, — n'a même pas permis au *Sillon* de marquer sa présence aux obsèques de la jeune victime, rendues si imposantes par le concours de tous les groupements catholiques. Dame ! le *Sillon* n'est pas une œuvre confessionnelle.

Donc, il annonce, pour le 30 juin, une réunion publique, à la salle de l'Horticulture, sur le thème de la *Civilisation chrétienne en péril*.

Les orateurs sont M. Marc Sangnier, président du *Sillon*, et Edouard Soulier, secrétaire général de l'Union chrétienne des jeunes gens de Paris (protestants). La réunion est présidée par le pasteur protestant M. Léon Peyric, secrétaire général des œuvres protestantes de la Maison Verte. On se procure des cartes au *Sillon* et à l'Union chrétienne.

L'annonce se trouve en grands caractères dans *Demain*, la revue moderniste de Lyon, dont le magasin de vente, à Paris, est installé aux portes de l'Institut catholique, où elle trouve, parmi les jeunes ecclésiastiques, une clientèle empressée.

Et, précisément, la question va être de savoir si l'autorité ecclésiastique autorisera les membres du clergé à prendre part à cette manifestation et aux conférences d'études qui la précéderont.

Nous n'avons point à préjuger de cette décision. Mais quelque forme qu'elle prenne, intervention ou abstention, défense ou tolérance, elle sera nécessairement d'un haut intérêt.

M. Sangnier, se présentant la main dans la main avec les protestants, pour parler de la *civilisation chrétienne*, si le clergé est invité à s'abstenir, il deviendra notoire que les chefs de la hiérarchie catholique ont une conception de la défense de la civilisation catholique en France, différente de celle du *Sillon*; si sa présence est tolérée, nous aurons le spectacle du clergé romain collaborant avec les protestants pour le triomphe d'un commun idéal chrétien.

N'a-t-on pas raison de dire que, dans un cas comme dans l'autre, ce sera intéressant?

Il restera à M. Sangnier la ressource de dire qu'à ses yeux civilisation chrétienne et civilisation catholique sont deux choses distinctes. L'aveu serait précieux. Mais reste à savoir également si l'autorité ecclésiastique trouvera cette équivoque de son goût et la favoriserait.

La réunion annoncée eut lieu, précédée d'un banquet où fraternisèrent Sillonnistes et protestants, agrémentée de la présence d'une quinzaine d'ecclésiastiques, dont un figurait sur l'estrade, et qui se montrèrent les plus enthousiastes parmi l'auditoire, les plus empressés, à la sortie, auprès des orateurs.

Sous ce titre *l'Américanisme ressuscité*, le même journal relevait peu de jours après (7 juillet) un autre fait non moins significatif :

La collaboration active du *Sillon* avec les protestants et les libres-penseurs dans la poursuite d'un même idéal chrétien (*sic*) n'est pas autre chose qu'une audacieuse reprise de l'américanisme condamné par Léon XIII.

Son résultat immanquable sera de faire fusionner,

avec les libres-penseurs et les protestants, cette jeunesse catholique que l'on a confiée à M. Marc Sangnier.

En Amérique même, pays non catholique, nombre d'évêques protestent contre cette promiscuité, qui favorise principalement le développement d'associations dont le but, sous l'apparence d'un haut dessein moral, est de ruiner l'influence, l'existence de l'Église catholique, s'il se pouvait, pour y substituer une religion purement humanitaire.

Voici une pièce qui fait le pendant de celle que *l'Autorité* a publiée, ces jours derniers. On peut lire encore, sur les murs de Paris, cette affiche très suggestive :

LIGUE FRANÇAISE DE LA MORALITÉ PUBLIQUE

Une seule morale pour les deux sexes	*Une morale pour l'individu et pour l'État*

Comité parisien. — *Secrétariat :* 47, rue des Petites-Écuries

Grande réunion publique

sous la *Présidence du Docteur* Tribouler, *Médecin des hôpitaux*, à l'Hôtel des Sociétés Savantes, rue Danton, le vendredi 28 juin 1907

La Démoralisation sociale

PRENDRONT LA PAROLE :

Louis COMTE Rédacteur en chef du *Relèvement national*.	Marc SANGNIER du " Sillon "

Abbé VIOLLET, et Raoul VIMARD, de l'Association nationale des libres-penseurs.

On trouve des cartes : à *la Source*, 99, avenue Ledru-Rollin ; au *Sillon*, 34, boulevard Raspail ; à *l'Union Chrétienne*, 14, rue de Trévise.

Le Relèvement social est un journal de province, organe protestant rédigé par le pasteur Comte.

L'affiche une fois posée, on a craint sans doute qu'à cause de l'étroitesse de certains esprits l'accouplement de titres si divers de l'abbé Viollet avec le pasteur Comte, de l'évangéliste Marc Sangnier avec le libre-penseur Vimart, n'eût des inconvénients ; et l'on a collé une petite bande de papier bleu sur la mention : « de l'association internationale des libres-penseurs », qui accompagne le dernier nom.

Simplicité de la colombe et prudence du serpent.

C'est un douloureux problème pour les catholiques, que M. Sangnier puisse, publiquement et quotidiennement, placer sous le patronage formel du Saint-Père et du cardinal Merry del Val la tactique actuelle du *Sillon*, qui est en opposition certaine avec l'esprit et les décisions de l'Eglise, sans que l'autorité ecclésiastique le démente sur ce point.

Cette autorité ignore vraisemblablement les faits. La presse catholique a donc le strict devoir, à la fois, de l'informer et de prémunir l'opinion.

La *Revue du clergé français* vient de choisir ce moment pour développer longuement, dans un article sur *le Clergé et le Sillon* (1ᵉʳ juillet 1907), les motifs qui doivent pousser le clergé catholique à « propager activement » le mouvement dirigé par M. Marc Sangnier.

L'Avant-garde, journal protestant, écrivait, le 15 août 1907, sous le titre : *Sillonnistes et Unionistes* :

Un fait vraiment nouveau et bien propre à frapper les esprits s'est passé à Paris, le dimanche 3o juin. Grâce aux efforts combinés de M. Marc Sangnier, le président du Sillon, et de M. Edouard Soulier, le secrétaire général de l'Union chrétienne de Paris, des jeunes gens des Unions chrétiennes et du Sillon ont pu étudier en commun quelques-uns des problèmes de la pensée et de l'action qui se posent actuellement devant *la conscience chrétienne*.

Un plein succès a couronné la courageuse initiative des organisateurs de la réunion. La note dominante de la journée a été en effet *un sentiment profond de communion d'âmes*. Dans les discussions de l'après-midi, dans les toasts du banquet, dans les discours de la réunion publique, la pensée des orateurs s'est élevée parfois très haut. Et alors on sentait que tous les cœurs indistinctement vibraient du même enthousiasme, et qu'il existait entre les esprits *cette parenté étroite qui résulte de la communauté d'idéal et d'aspiration* (1).

Il y avait là de quoi réjouir tous ceux qui désirent établir une union entre catholiques et protestants, sur tous les points où les uns et les autres sentent et pensent de même, et sur tous ceux aussi où une action commune pourrait être entreprise avec fruit. *Et l'on pressentait aussi ce que pourraient devenir les rapports entre les différentes confessions chrétiennes, si nous savions avoir le cœur et l'esprit larges, comme les devraient avoir les disciples du Christ.*

En même temps ces réunions étaient bien faites pour rassurer tous ceux qui craignent que de tels rapprochements ne puissent s'effectuer qu'au prix du sacrifice des principes auxquels il est nécessaire de tenir. Sur ce point il n'y a eu aucune ambiguïté possible ; de part et d'autre, des paroles assez nettes ont été prononcées pour écarter tout ce que quelques-uns auraient pu interpréter comme des abdications. Mais ce qui faisait le lien véritable des cœurs, c'était quelque chose qui allait au delà des divergences confessionnelles : *un amour commun pour la personne du Christ*, qu'on sentait réellement présente et agissant au sein de l'assemblée.

Dans un prochain article, nous essaierons d'évoquer quelques-unes des paroles dites ; nous nous demanderons tous s'il n'y a pas eu, dans cette rencontre, des enseignements précis qu'il nous importe de recueillir précieusement dans notre cœur, afin que notre action, dans notre pays, devienne plus énergique et plus féconde.

_____

(1) On remarquera l'identité de langage entre sillon istes et protestants.

Une si heureuse union ne pouvait manquer de porter des fruits. L'organe des jeunes protestants, *l'Union chrétienne*, publie cet appel à la *propagande de l'Éveil démocratique* :

Camarade,

Vous connaissez déjà le vaillant journal qu'est *l'Éveil démocratique*, dirigé par Marc Sangnier. Il est hebdomadaire et tiré à 60.000 exemplaires. L'ambition de Marc Sangnier est que *l'Éveil démocratique* ne soit pas uniquement l'organe du *Sillon*, mais le journal de toute la jeunesse chrétienne qui lutte pour le maintien de la civilisation chrétienne et l'établissement de la démocratie. Indigné et écœuré comme nous par la presse de pornographie et de chantage, ainsi que par la presse qui est aux mains des financiers, il aspire à voir son libre et généreux organe devenir quotidien ; il aimerait, pour y parvenir, à pouvoir compter sur votre concours.

Voulez-vous faire cette bonne action de vous employer à trouver des abonnés (4 fr. par an) et à vendre des numéros (5 centimes l'un) ?

Les idées chrétiennes ne conserveront pas leur influence dans le domaine social sans la très ardente intervention de chacun de nous...

Travaillons ferme. Bon courage !

ÉDOUARD SOULIER.

« Voilà donc un pasteur qui dit : « Travaillons ferme » en faveur du *Sillon*.

« Ce pasteur avait lui-même écrit dans *l'Éveil*.

« Et voici comment le Bulletin de propagande du *Sillon* préludait à l'appel ci-dessus :

Nos camarades ont lu, dans *l'Éveil* du 17 février, l'article de Marc Sangnier : *Un nouveau parti*, dont la conclusion était connue par avance de tous ceux qui avaient pu suivre les discussions du Congrès d'Orléans. Le *Sillon* s'ouvre et s'élargit chaque jour. Il apparaît, non pas comme un groupement confessionnel et fermé, mais comme un mouvement qui ne croit devoir refuser le concours d'aucune volonté convergente.

L'article de M. Edouard Soulier, dans *l'Eveil* du 24 février, témoignait déjà que cette orientation correspondait à un besoin très vivement ressenti par des cœurs généreux, *animés de l'esprit chrétien*, épris de notre idéal démocratique. Aujourd'hui, ces sympathies si ardentes veulent devenir agissantes : la circulaire suivante montre assez éloquemment sur quels auxiliaires précieux notre propagande va pouvoir compter désormais.

Les « auxiliaires précieux » de la « propagande » du *Sillon* « élargie » sont des *protestants !* Les mêmes protestants auxquels Sanguier allait offrir son cœur, au Congrès de Bordeaux, comme il commence à le faire à peu près partout.

J'ai déjà nommé *l'Avant-garde*, « organe des chrétiens sociaux de langue française » dirigé par le pasteur Jean Roth. On lira avec beaucoup d'intérêt l'article qu'il intitule *Amicale*, en date du 15 août 1907. Il montre sous son vrai jour l'union qui se prépare, de quel côté seront les concessions ou l'abdication, de quel côté l'inflexibilité.

A tous les lecteurs de *l'Avant-garde*, amis et compagnons de travail, salut et fraternité.

On trouvera plus loin, en nombre assez considérable, des communications fort intéressantes de personnalités catholiques. Présentons quelques signataires. Il y a Joseph Favre, le pieux chantre de Jeanne d'Arc, *le Père Hyacinthe*, le vénérable apôtre de la Réforme catholique, auquel M. *Séailles*, dans le discours que nous reproduisons dans ce numéro, rend un témoignage si noblement

ému, il y a l'*abbé Naudet*, le vaillant directeur de *la
Justice sociale*; il y a l'*abbé Célestin Samuel,* dont
l'œuvre bienfaisante, ignorée du plus grand nombre,
porte déjà, ici et là, des fruits si bénis. D'autres encore
m'ont écrit dont je ne dois pas ou dont je ne puis pas,
faute de place, publier les lettres. Au cours des deux derniers mois, le chiffre des ecclésiastiques inscrits sur le
Registre de *l'Avant-garde* s'est très sensiblement
augmenté, comme aussi le chiffre de nos lecteurs laïques
de toutes catégories.

De quoi je me réjouis fort, car ce nous est un précieux
encouragement. Nous sommes certainement, actuellement, le journal religieux le plus répandu en France.
Nous n'en tirons vanité aucune. Il y a des succès redou-
tables à cause des responsabilités qu'ils entraînent. Le
nôtre — auquel nous n'aurions jamais osé croire, dont
nous ne supposions pas même la possibilité au début, —
est de ceux-là.

Mais il est évidemment la preuve que nous répondons
à un besoin. Comment nous y répondons ? Je crois que
c'est plutôt mal que bien ; mais enfin, nous y répondons ;
et cela, à mon sens, beaucoup moins par les solutions
que ' s apportons que par la sincérité avec laquelle
nous nous attachons, le désintéressement complet, ecclésiastique, confessionnel en outre, que nous mettons à la
recherche de ces solutions. Cela seul importe : Qui donc
pourrait se flatter d'avoir trouvé une solution définitive
aux grandes questions qui, de nos jours, assiègent les
consciences ? C'est assez de les chercher passionnément
sur les voies de la liberté. Et je suis assuré que chacun
de ceux qui cherchent ainsi avec nous a le sentiment
profond et reconnaissant toujours renouvelé et agrandi
par des expériences répétées que, cherchant ainsi, on ne
cherche pas dans le vide, mais qu'elle se réalise et de
plus en plus et de mieux en mieux la parole du Maître:
« Qui cherche trouve. » Oui, quand on cherche, on
trouve ! On ne trouve pas tout ce qu'on voudrait trouver,

tout ce qu'on cherche. Mais on trouve. On s'enrichit, d'instant en instant, de réalités insoupçonnées, précieuses, promesses de réalités supérieures, et l'on trouve surtout la satisfaction du devoir accompli.

On trouve encore — et combien c'est doux ! — des frères, des sœurs, qui cherchent eux aussi comme on cherche soi-même, et ce qu'on cherche soi-même. Cette communauté de recherches vous constitue avec eux en parenté spirituelle incontestable. On se rappelle avec pitié les jours passés où l'on s'ignorait de parti-pris, où l'on se méprisait, où l'on se combattait parce qu'on s'ignorait, et l'on se dit l'un à l'autre, *comme me l'écrivait dernièrement l'abbé Naudet*, que je me fais une joie de rencontrer un de ces jours : « Depuis, j'ai fait bien du chemin. Vous aussi. Il me semble que c'est vers la lumière, la justice et la vérité. Et, s'il est des points sur lesquels nous sommes divisés, que d'autres où, en notre commun maître Jésus, nous pouvons avoir le *cor unum et anima una*(1) ». On s'enrichit les uns les autres réciproquement d'expériences communes ou différentes ; on s'encourage à la poursuite du même idéal de justice ; on travaille ensemble à jeter les fondements de la cité fraternelle de demain. Et tandis qu'ainsi s'unissent les cœurs, les mains, les efforts, je crois entendre la voix du Maître incomparable nous dire : « Voilà qui est bien, bons et fidèles serviteurs. Vous êtes fidèles en peu de chose encore. Mais vous entrerez dans la joie du Seigneur ! »

Et puisque l'apport que nous ont fourni, par ce numéro de *l'Avant-Garde*, des amis et des frères, venus de différentes cités de catholicité, m'en donne l'occasion, qu'il me soit permis de leur souhaiter, parmi nous, très cordiale, très chaude bienvenue. Je les prie d'être persuadés qu'ils seront toujours traités parmi nous avec respect, respect pour leurs personnes, pour leurs convictions, pour leur liberté, et avec affection grande et véritable, non point comme des frères inférieurs qui ont tout à apprendre

(1) Un même cœur, une même âme.

de nous, mais comme des frères tout court, dont très con
trairement nous avons à apprendre : aussi que ceux d'en
tre eux, connus ou inconnus, qui croient avoir quelque
chose à nous dire, le disent avec la plus entière liberté.

*Nous n'aurons qu'à gagner à cet échange de vues.
Encore une fois, nous ne sommes pas de ceux qui
jugent n'avoir rien à apprendre des catholiques.
Nous avons à apprendre de tous. Il y a de la vérité
partout. Toute vérité est bonne à savoir. Les uns la
comprennent d'une façon, les autres d'une autre. Il
y a bien dans chacune de ces façons de comprendre
la vérité. Les uns l'envisagent sous un angle, les autres sous un autre. Il est bon de connaître les aspects
différents de la vérité, selon les points de vue différents.*

Il n'y a que les orgueilleux et les sots pour penser autrement. Malheur a l'homme ou au groupement
d'hommes qui s'isole et, par suite, s'immobilise dans la
facile, mais orgueilleuse et stupide illusion qu'il a
toute la vérité et qu'il l'a lui seul. Celui-là ou ceux-
là ont la vérité contre eux. Car le propre de la
vérité, c'est de dominer tous les hommes et de se communiquer a tous. Je ne sais rien de plus haissable que
l'homme qui dit : « Voila ce qu'il faut croire », et qui
cherche a imposer l'étroitesse de ses vues bornées ou
par la force d'un syllabus ou a coups de majorités.
Disons ce que nous croyons ; disons pourquoi nous le
croyons ; légitimons nos convictions au regard de ceux
qui croient autrement que nous ou qui ne croient pas
du tout, par la pureté, l'intensité de notre action fraternelle et rendons bravement justice à la pareille, toutes
les fois que nous la retrouverons et n'importe qui que ce
soit, un libre-penseur comme Séailles, *un catholique
comme Naudet, Marc Sangnier, Samuel, Loyson,* un
protestant à quelque nuance qu'il appartienne... (Jean
Roth.)

Et, du même journal encore, dans le même numéro :

A *l'Avant-Garde* nous suivons avec un ardent intérêt toutes les manifestations d'un rapprochement interconfessionnel entre protestants et catholiques ; nous avons été émus par les échos de la réunion publique organisée par *l'Union chrétienne de jeunes gens* et par *le Sillon*.

Puisque les esprits vont de ce côté, on lira avec sympathie la formule rédigée en octobre 1905, à Rouen, dans une chambre d'hôtel où un abbé très catholique avait donné rendez-vous à des pasteurs et à des laïques protestants.

De notre entretien était sortie la résolution suivante :

« Les soussignés, catholiques et protestants, également émus de malentendus funestes qui semblent séparer toujours davantage de l'Evangile nos contemporains, déclarent qu'ils ont une même confiance en Jésus-Christ Notre Seigneur, pour le salut des individus et des sociétés ; par lui ils vont au Père céleste, en lui ils reçoivent le même Esprit, avec lui ils croient au triomphe du Royaume de Dieu, pour lui, enfin, ils se déclarent prêts à collaborer, dans une même foi, une même espérance, un même amour, dans la lutte contre le péché et la souffrance, en laissant au second plan les questions d'église ou de dogme, qui ont assurément leur grande importance, mais qu'ils cessent d'envisager comme des barrières insurmontables entre chrétiens de diverses confessions. Pour tout résumer, leur devise est celle-ci : *A ceci tous connaîtront que vous êtes mes disciples, si vous vous aimez les uns les autres*, et leur idéal est celui-ci : *Qu'ils soient un pour que le monde croie que tu m'as envoyé !...Un seul troupeau, un seul berger.* »

Wilfred Monod.

*
* *

Disons en concluant :

Toutes les idées qui étaient au fond du projet d'un congrès des religions, au fond de l'américanisme condamné par Léon XIII, qui sont le fond de la religion humanitaire par laquelle on veut remplacer le catholicisme, se retrouvent dans le *Sillon*, y passent de la théorie aux actes, avec la puissance d'une organisation sérieuse et agissante, et conservant encore, en bonne partie, le bénéfice de la bienveillance obtenue des chefs de l'Eglise.

Comme il s'est élargi, en effet, comme il a fondu le *Dilemme de Marc Sangnier!* Certes, le chef-d'œuvre de méthode positive que Charles Maurras a opposé à ses visions l'avait déjà fait évanouir. Mais le président du *Sillon* s'était chargé à lui seul de ruiner sa proposition.

Ou le positivisme monarchiste de *l'Action française*, disait-il, ou le *christianisme social* du *Sillon*. Charles Maurras n'a rien laissé subsister de l'opposition qu'on voulait établir entre le christianisme social et la forte doctrine de son groupe; il a même prouvé que lui et ses amis appelaient de toutes leurs forces l'influence, l'autorité salutaires de l'Eglise. Mais, pendant ce temps, Marc Sangnier faisait évoluer si rapidement son christianisme social qu'à cette heure, comme Charles Maurras l'annonçait, à la place de cette bienfaisante action chrétienne, dont les caractères ont toujours été parfaitement déterminés dans l'histoire et dont le *Sillon*, se parant publiquement du titre de mouvement *d'action sociale catholique*, était sacré l'organe par l'épiscopat, il ne nous offre plus qu'un idéal indéfinissable, insaisissable, pas plus catholique que protestant et humanitaire.

Que Marc Sangnier ne se plaigne pas d'être suspecté dans sa foi. Il ne s'agit pas de ce qu'il pense, de ce qu'il admet et croit dans son for intérieur; nous incriminons ce qu'il prêche.

Et nous disons : l'union, l'idéal que vous prêchez, l'œuvre que vous faites ressemblent à l'union, à l'idéal, à l'œuvre auxquels s'attache en Allemagne le célèbre professeur Harnack qui, à un autre point de vue, travaille à la fusion des catholiques et des protestants, auxquels il s'efforce de montrer, lui aussi, qu'ils ont le *même idéal chrétien*.

Nous disons que le protestant Paul Sabatier n'avait pas tout à fait tort d'écrire dans le numéro de janvier d'*Hibbert-journal* :

« Il est bien sûr que le *Sillon*, si loin qu'il puisse se croire de Loisy et de Fogazzaro, est la manifestation, sur un terrain différent, d'une seule et même poussée de sève... L'on peut dire que, si les novateurs, comme on les appelle, sont si à l'aise avec les protestants, s'ils ne les fuient pas maladivement, comme on faisait jusqu'ici, *c'est parce qu'ils les ont dépassés.* » (C'est M. Sabatier qui souligne.)

Au seul point de vue national, *le Péril protestant, la Conquête protestante* ne sont pas de vains épouvantails. Le progrès de l'anarchie protestante est toujours chez nous un progrès d'anarchie politique et sociale. Voilà pourquoi c'est un devoir de dénoncer la manœuvre antinationale et anticatholique du *Sillon*.

Le moyen qu'il a découvert pour sauver le pays et la religion est justement le même que celui auquel recourent les auteurs de la conjuration antichrétienne dont le but est la destruction de la France catholique : ils livrent tous les services aux protestants et leur confient toutes les directions, autant qu'ils le peuvent, parce que ce sont leurs meilleurs auxiliaires dans cette entreprise impie et criminelle.

CHAPITRE VI

« L'Ame commune »

« Le plus grand Sillon », ou l'alliance du *Sillon* avec les protestants et libres-penseurs, a donné lieu, dans les colonnes de *Demain*, à une discussion des plus intéressantes, et que je recommande à toute l'attention du lecteur.

Cet intérêt se prend d'un double point de vue : la discipline intérieure du *Sillon*, et ses méthodes d'action.

Les profanes croient généralement que l'unique force de discipline, au *Sillon*, consiste dans la loi d'amour, dans cette parfaite conformité de vues et de sentiments qui rapproche les âmes, et dans l'intimité qu'elle crée. Le *Sillon* l'a exprimée dans une formule devenue célèbre, c'est l'*âme commune*. L'*amitié du Sillon*, l'*âme commune du Sillon* font seules sa cohésion. Elles ont servi de thème à des discours sans fin, avec des épanchements débordants, et des variations indéfinies, si bien que le *cor unum et anima una* des chrétiens de la primitive Église semblait bien près d'être dépassé.

Mais, de même qu'au point de vue des méthodes et de l'action, on eut, trop longtemps, le tort de ne pas comprendre que le *Sillon*, tout en no parlant que d'action catholique et de restauration chrétienne, n'était cependant, dès le principe, qu'un mouvement républicain démocrate; de même, par une erreur non moins fatale, beaucoup de néophytes et d'adhérents furent longtemps sans s'apercevoir que Marc Sangnier était à lui seul, et exclusivement, *l'âme commune du Sillon;* que l'ineffable *amitié du Sillon* n'était pas l'intime communion d'idées des membres entre eux, mais leur stricte conformité aux idées et aux sentiments de Marc Sangnier.

J'ai déjà eu occasion d'indiquer discrètement qu'au *Sillon* le président savait maintenir si fermes les droits d'une autorité sans partage, qu'il y avait de quoi arracher ce cri à ses sectateurs désabusés : Démocratie, tu n'es qu'un nom ! et que cette main gantée de velours, toujours flatteuse et caressante, ne cachait qu'assez maladroitement une rude et maîtresse poigne (1).

La discussion que nous avons à relater le fera bien voir.

Mais d'autres incidents, datant de la même époque, ne le disent pas moins haut; et, à ce titre, il faut en placer d'abord le récit.

Je veux parler de la rupture publique de M. l'abbé Desgranges avec le *Sillon,* dont il avait été contre moi l'apologiste officiel.

Elle honorerait encore davantage M. l'abbé Desgranges, si les motifs qu'il en a donnés publique-

(1) *Les Erreurs du Sillon,* 2ᵉ partie, chap. IV.

ment se rapportaient davantage à un désaccord sur
les idées, et non pas seulement à des querelles
domestiques.

Il paraît que si la scission est devenue publique
et retentissante, la responsabilité en retombe sur
les exigences et l'intransigeance du président du
Sillon. *Le Petit Démocrate* de Limoges, dirigé par
M. l'abbé Desgranges, et organe du groupe sécess-
sionniste, en indique ainsi la cause (24 octobre
1907) :

Depuis un certain temps, nous avons cru ne plus pouvoir accepter, dans un certain nombre de groupes du
Centre, la responsabilité de tout un ensemble de procédés qui semble compromettre ces idées mêmes du *Sillon*,
auxquelles nous donnons une adhésion de plus en plus
raisonnée et agissante. Nous aurions souhaité que ce
désaccord ne fût pas connu du public. Nous étions absolument résolus à vivre indépendants du *Sillon*, comme
durant nos premières années d'apostolat, et de réaliser
ainsi, dans une autonomie reconquise, l'intégrité de
notre idéal catholique et démocratique; mais il nous
semblait possible de le faire sans être contraints de livrer
au public les raisons de notre désaccord. Le *Sillon Central* n'a pas voulu qu'il en fût ainsi. En exigeant qu'un
congrès du *Sillon* soit tenu à Limoges aussitôt après le
nôtre, que les affiches annonçant ce congrès soient appo-
sées sur les murs de Limoges tout à côté des nôtres,
Marc Sangnier nous a mis dans l'obligation douloureuse
de nous expliquer. L'abbé Desgranges l'a fait en notre
nom.

Et voici en quels termes mal fardés le même
journal, dans son article de tête du 31 octobre,
s'explique sur ces motifs. On sent, à le lire, quel
déchirement dans l'*âme commune* :

Nos amis, les démocrates du Centre, ont toujours affirmé, avec une netteté qui défie toutes équivoques, leurs idées catholiques, républicaines, démocratiques. Rien, dans leurs méthodes ni dans leur action quotidienne, ne permet d'élever un doute à ce sujet. Leur séparation d'avec le *Sillon* vient, une fois de plus, témoigner de la sincérité avec laquelle ils veulent mettre d'accord leurs principes et leurs actes. C'est parce que le *Sillon* — aux déclarations si ardemment républicaines et démocratiques — *est organisé intérieurement comme la plus absolue des monarchies;* c'est parce que son chef, Marc Sangnier, est propriétaire de son journal, propriétaire de sa revue, propriétaire de son siège social ; c'est parce que Marc Sangnier convoque dans ses conseils, au gré de sa fantaisie, sans l'ombre d'une élection, des camarades choisis par lui parmi les groupes de province; c'est parce que tout sillonniste qui cesse d'être en absolue communion de vue avec Marc Sangnier n'a plus qu'à quitter le *Sillon;* c'est parce que Marc Sangnier est tellement arrivé à confondre la cause de la démocratie et celle de sa propre personne qu'il laisse répéter dans son entourage ce qu'Henri Colas affirmait à Nontron : « Il faut croire à la mission providentielle de Marc et lui vouer une confiance absolue et inconditionnée (1) »; c'est pour cela que nous sommes sortis du *Sillon,* après tant d'autres, et nous ne permettrons à personne, pas même au citoyen Parvy, d'écrire, dans *le Populaire du Centre* ou ailleurs, que notre sortie du *Sillon* équivaut à notre sortie de la Démocratie.

Nous savons bien que c'est, du reste, la thèse qu'a soutenue catégoriquement Marc Sangnier à la séance de travail de son congrès, la thèse qu'il a habilement insinuée à sa réunion publique, permettant aux journaux réactionnaires et socialistes de l'accueillir avec la complaisance que l'on sait.

(1) Sur ce point, voir de curieux détails dans *les Erreurs du Sillon,* 1re partie, chap. II.

— « Vous êtes libres de nous quitter, nous a-t-il dit en substance dans les salons du Continental ; mais alors, faites des œuvres charitables, ne faites plus d'action démocratique, ne soyez pas la contrefaçon du *Sillon*. »

Nous voulons croire encore, malgré tout, que cette phrase traduit mal sa pensée, car, vraiment, il eût été par trop outrecuidant pour Marc Sangnier d'assimiler la démocratie à un produit dont il a déposé la marque de fabrique au tribunal de commerce. Eh quoi ! Les groupes qui ont pour organe *la Démocratie du Sud-Est ;* ceux de la Lozère, ceux des Alpes et de Provence, les démocrates du Centre, la foule de ceux que l'autoritarisme de Marc Sangnier a éloignés du *Sillon* ne peuvent avoir qu'une action démocratique fraudée parce qu'ils ne sont pas du *Sillon ?* Non, certainement, Marc Sangnier n'a pu vouloir dire cela.

Il serait vraiment étrange que cet ennemi des monopoles, qui a critiqué avec tant d'énergie ceux de l'Action libérale et de la Jeunesse catholique, vienne maintenant nous soutenir qu'il n'y a ni république, ni démocratie hors de son organisation autocratique.

Nous voyons très bien quel intérêt les réactionnaires et les socialistes ont à soutenir cette thèse contre des groupes de catholiques démocrates qui les gênent. Nous ne pouvons croire que notre ancien ami, Marc Sangnier, ait voulu donner des armes contre nous à ceux qui sont dans cette région nos adversaires communs.

Nous avons dit — et nous le répétons encore — que nous saurons prendre la défense des sillonnistes lorsqu'ils seront injustement attaqués. Nous déclarons, de façon à ce que nul n'en ignore, que nous ne laisserons passer sur notre propre compte ni les insinuations malveillantes, ni les affirmations erronées.

Il faut le répéter : Démocratie, démocratie, tu n'es qu'un nom !

M. l'abbé Desgranges écrit la même chose au *Populaire du Centre :*

Le *Sillon* est devenu une monarchie absolue, soumise à l'autorité exclusive de Marc Sangnier, autorité compliquée de la force capitaliste que sa grande fortune lui permet de faire peser sur un mouvement. Il est unique propriétaire du journal, de la revue, du siège social. Les groupes de province ont été dépossédés peu à peu de tout moyen effectif de contrôle.

Quiconque, quels que soient les services rendus, n'est pas d'accord avec Marc Sangnier n'a plus qu'à quitter le mouvement. Les démocrates de la vallée du Rhône, de l'Est, de Paris, les d'Hellencourt, Basseville, Laurentie, Lecocq, Duburg, Gonin, Jacques Debout, Georges Calmant, qui vient de mourir, et mille autres, ont été successivement débarqués. Les meilleurs éléments du *Sillon de la Gironde* ont été expulsés la semaine dernière. Du reste, on nous le répète nettement : quiconque veut être du *Sillon* doit avoir en Marc Sangnier *une confiance absolue et inconditionnée.*

Nous croyons, disait récemment, à Nontron, un délégué du *Sillon* central, que Marc a une mission providentielle, c'est pourquoi nous le suivons avec une confiance mystique, en dépit des évêques.

Eh bien ! nous ne pouvons admettre cette conception. Nous voulons, dans le parti démocratique, que les individualités et les groupes provinciaux jouissent de ces garanties dont vous êtes si jaloux dans le parti socialiste.

Nos amis ne veulent pas que nos grands orateurs, devenus des pontifes, exigent une sorte de vœu d'obéissance. Nous ne le voulons pas de Marc Sangnier. C'est là toute notre prétention.

Marc Sangnier arrive donc à Limoges, pour tenir un congrès du *Sillon*, aussitôt après celui du *Petit Démocrate* et de M. l'abbé Desgranges. Voici ce que ceux-ci nous en apprennent (31 octobre) :

Un congrès du *Sillon* était tenu à Limoges dimanche.
Nous devons reconnaître que les camarades du *Sillon
Central* ont fait preuve d'une rare ténacité. Depuis un
mois, ils essayaient vainement d'organiser des conférences dans la région. Il leur fut impossible de trouver
à Limoges un seul camarade capable de se charger de
l'organisation matérielle de ces réunions. Les adhésions
arrivèrent en si petit nombre qu'on fut obligé de renoncer aux réunions annoncées, sur une première circulaire, pour le samedi 26 octobre.

Nous n'avons pas à cacher que ce congrès, placé immédiatement après le nôtre, nous a fait beaucoup de
peine, parce qu'il nous a contraints à dire au public ce
que nous aurions voulu taire. Il nous a cependant causé
une joie profonde puisqu'il a révélé l'unanimité étroite,
intangible des deux cents camarades qui luttent avec
nous à Limoges et dans la Haute-Vienne. Pas un seul
de ces amis fidèles n'a pu être détaché des démocrates du
Centre par la campagne acharnée menée contre nous.
Il n'est pas de constatations dont nous puissions être
plus heureux et plus fiers.

Lorsque, à la séance de travail, le dimanche matin,
Marc Sangnier demanda quels étaient les sillonnistes de
Limoges, trois seulement répondirent, dont l'un, étranger au département, habite ici en garni pour quelques
mois ; l'autre, voyageur de commerce, n'y réside que
quelque temps chaque année ; le troisième, enfin, tout
à fait inconnu de nous tous. Si Marc Sangnier a pu
jamais mettre en doute l'unanimité des camarades de
Limoges, il a dû, dimanche dernier, ouvrir les yeux à
l'évidence.

Nous voudrions ne rien dire de la séance de travail.
Nous ne pensions pas qu'on dût y faire notre procès.
C'est pourtant ce qui s'est produit et nous avons eu le
chagrin de recevoir la lettre suivante, avec des notes
sténographiques permettant de justifier ces diverses
assertions.

Singulièrement suggestive, cette lettre, comme on va le voir. En la rapprochant des détails concernant la réunion publique, dont *le Petit Démocrate* l'a fait suivre, on aura une page vraiment vécue, éclairant, pour ceux qui n'y voyaient pas encore assez, le personnage du président du *Sillon*.

« Mon cher Camarade,

« J'ai assisté, avec deux de mes amis, à la séance de travail organisée par M. Sangnier, le dimanche 27 octobre, dans les salons du Continental. J'y étais venu dans les dispositions d'esprit les plus pacifiques et les plus conciliantes.

« Au cours d'un récent voyage à Rome, un prélat, qui soutint la cause du *Sillon*, m'avait exprimé son grand désir de modération et de paix. J'espérais que nos anciens amis nous traiteraient de la même manière, et la date fâcheuse de leur congrès, placé immédiatement après le nôtre, ne m'avait pas enlevé cette illusion.

« Le début de la séance n'était pas fait pour la détruire. Après la prière et la lecture d'un rapport, j'eus le plaisir d'entendre Marc Sangnier exprimer, d'une voix lasse, tout le chagrin que lui causait le départ de l'abbé Desgranges et de ses amis. S'il demandait aux congressistes de ne pas lui poser des questions sur ce sujet délicat, lui-même se promettait, pour sa part, d'aborder le débat sans passion, comme sans parti pris.

« C'est donc avec une douloureuse surprise, qu'après ce préambule, j'entendis M. Sangnier déclarer sérieusement que notre ami l'abbé Desgranges, « après avoir été bonapartiste, avoir appartenu à tous les partis, n'avait jamais aimé la démocratie pour elle-même; qu'à l'heure actuelle il ne savait pas quelles pouvaient être ses idées, que, probablement, suivant en cela l'exemple de plusieurs autres prêtres, il était surtout préoccupé de se mettre à plat ventre devant les évêques et, la bouche en cœur, les assurer de sa parfaite soumission ».

« Je ne commenterai point ces énormités, que l'emportement d'une polémique ne suffit pas à excuser. Il n'excuse pas davantage les propos badins, qu'aux rires de l'assistance Marc Sangnier a tenus sur « cet abbé et ce vieil évêque (*sic*) Mgr Gilbert, son confesseur, qui sont assez scrupuleux pour se faire un cas de conscience de la conduite de Jean Mascurel ». Il n'excuse pas, non plus, les insinuations que l'on fit savamment planer sur les démocrates du Centre, en répétant que l'on avait sur eux de volumineux dossiers. Que penser aussi de ce peu loyal procédé qui consiste à lire, d'une voix ridicule, des lambeaux de phrases extraits du rapport d'un de nos camarades ? Il me semble pourtant que l'on s'est étendu avec moins de complaisance sur une certaine lettre, écrite par un prêtre de la région et qui contiendrait, paraît-il, quelques appréciations sévères, tombées des lèvres de hauts dignitaires de Rome. Peut-être me suis-je trompé, mais à ce moment M. Sangnier m'a paru quelque peu mal à l'aise. Cela 'm'étonne encore, j'ai cru si longtemps à la réception triomphale !

« Je ne parlerai pas des autres aménités dont on nous a gratifiés au cours de cette séance. M. Sangnier s'est flatté d'écrire une comédie-bouffe avec les différents faits et gestes des démocrates du Centre. Qu'il le fasse. Mais à nous, il nous sera permis de demander à tout honnête homme si les procédés que j'ai eu la honte et la douleur de constater sont de ceux qu'autorise la délicatesse la plus élémentaire envers des personnes que l'on se plaisait à couvrir de fleurs un instant plus tôt. Nous le demandons aux cinquante sillonnistes présents à ce congrès.

« Louis Bonnet. »

La réunion du cirque, annoncée par plus d'un millier d'affiches, s'est ouverte devant un public d'abord clairsemé. Les socialistes, que les chefs du parti avaient conviés, arrivèrent peu à peu dans la salle. Les catholiques démocrates de Limoges, qui viennent si nombreux à nos réunions, avaient manifesté, par leur abstention, leur blâme aux organisateurs de ce congrès incorrect. La salle était composée de socialistes et de curieux et elle eut, à certains moments, une telle attitude que Marc Sangnier n'hésita pas à la flétrir avec un réel courage.

Nous ne dirons rien du discours de Marc Sangnier si ce n'est qu'il fut comme toujours très éloquent et qu'il développa une foule d'idées qu'il nous plaît de voir répandre le plus souvent possible.

L'orateur parla de sa rupture avec nous en termes absolument charitables et l'éloge qu'il fit de l'abbé Desgranges, aux applaudissements de toute la salle, nous aurait évidemment touché davantage, s'il n'avait été en quelque sorte démenti par avance à la réunion du matin. L'ensemble de la réunion a laissé à l'auditoire cette impression que Marc Sangnier débarquait les évêques avec désinvolture et qu'il ne lui déplaisait pas, au moment où il s'apprête à pénétrer sur le terrain politique, de reprendre à son compte le fameux discours de Gambetta, à Romans. Certes, on sait ce que nous pensons du cléricalisme et de la démocratie.

Le précédent numéro du *Petit Démocrate* affirmait à diverses reprises notre ardent désir de voir la démocratie s'organiser en dehors de toute ingérance politique du clergé. L'abbé Desgranges ne prend presque jamais la parole sans insister sur ces vérités. Mais il est de certains auditoires où des critiques de cette nature sont interprétées comme des attaques contre l'Eglise. On obtient ainsi des succès faciles, des applaudissements, des éloges dans les journaux anticléricaux, mais tout cela ne nous paraît ni très courageux, ni très chrétien.

A cet égard, la lecture des journaux de Limoges est édifiante. Plusieurs ont compris que Marc Sangnier jetait toute une partie de son catholicisme par-dessus bord. Dans le fond, nous savons que ce n'est pas vrai, mais nous aurions aimé que l'orateur dissipât toute équivoque et nous fît entendre avec plus d'ampleur de ces éloquentes professions de foi qui, jadis, nous remuaient si profondément lorsque nous avions la joie de l'écouter.

Mais l'épilogue vaut à lui seul toute la pièce, tout un poème. Si je ne savais à quel point M. Marc Sangnier est incapble d'avoir agi pour m'être agréable et me flatter, je lui devrais une lettre publique de remerciements. En quittant sa bonne ville de Limoges, il fit apposer sur les murs une affiche dont j'extrais ce passage :

L'attitude si digne et si courtoise de l'auditoire de Dimanche, l'intérêt ardent qu'il portait à l'exposé des idées qui nous sont chères, tout nous fait espérer que le Sillon, qui n'a jamais été bien connu à Limoges, pourra se développer rapidement dans cette ville et y servir utilement les intérêts de la République.

Infortuné abbé Desgranges, chargé par Marc Sangnier d'écrire *les Vraies idées du Sillon*, sans les connaître !! Vous voyez bien qu'il faut en revenir à moi (1).

**

Mais laissons de côté cet épisode, et venons au débat ouvert dans *Demain*.

Les lettres qu'on y échange sont pleines de révélations piquantes.

Le plus grand Sillon fait l'objet principal de ce débat. Ce sujet intéresse toute l'histoire de

(1) Mais comme il y a de quoi consoler tous les autres, auxquels on a toujours dit, aussi, pour toute réponse qu'ils ne comprenaient pas.

la jeune école et met à forte épreuve les principes qui, jusqu'ici, paraissent faire son originalité. La direction nouvelle que Marc Sangnier lui imprime va susciter une critique très serrée, très pénétrante, du projet lancé au Congrès national d'Orléans et de la métamorphose dont il est l'indice.

Or, c'est un des anciens lieutenants de Marc Sangnier, un membre de cette élite intellectuelle du *Sillon* qui s'est séparée de lui presque tout entière, il y a deux ans, M. François Laurentie, qui entame et pousse cette critique.

C'est de sa bouche que le lecteur va entendre, sous une forme non moins précise et pressante, les observations qu'il a trouvées ailleurs sous ma plume, relativement à la phraséologie vague et creuse du *Sillon*, à ses contradictions fréquentes et invraisemblables, à l'absence de doctrines et de principes, caractérisant ce mouvement qui se donne comme régénérateur de la société et de la religion.

Le *Sillon* aura aussi ses avocats qui, comme M. Deslandres, du *Sillon* de Dijon, ne manquent ni de talent ni d'habileté.

C'est le procès du *Sillon* qui va se débattre entre initiés. Le lecteur prononcera.

Gröningue (Pays-Bas), 5 mars 1907.

Monsieur,

Je viens de lire, dans votre numéro du 1er mars, l'article de l'abbé Beaupin sur le VIe Congrès national du *Sillon*. Au risque de sembler sévère, je n'hésite pas à dire que je le trouve pauvre d'idées et de fond. Ceux qui, comme moi, ont eu la mauvaise fortune de ne pouvoir lire que ce compte rendu ou quelques autres sortis vraisemblablement et selon les habitudes du *Sillon* du cabinet même de M. Marc Sangnier, regretteront que *De-*

main n'ait pas donné sur le Congrès d'Orléans des renseignements plus personnels, joints à des appréciations plus motivées.

Je laisse de côté les phrases clichées des sillonnistes. « Toutes les équivoques » ont été « audacieusement » brisées, c'est entendu. Il y a eu « franchise et hardiesse », entendu encore. M. Beaupin emploie deux fois l'expression : *briser l'équivoque.* Or, dans son article sur le Congrès syndical du *Sillon* (*Demain*, 4 janvier), il parlait de « dissiper une équivoque » et de se « dégager de l'équivoque ». Je le retrouve donc, et cela me fait plaisir. Mais cela ne m'instruit pas, car la seule équivoque qu'il veuille bien aujourd'hui signaler est celle-ci, dont vraiment je n'ignorais pas l'existence : Les masses populaires, égarées par les déclamations de quelques sectaires et trompées par le langage de quelques réactionnaires, s'imaginent toujours que le catholicisme est l'adversaire né du progrès démocratique.

Retranchons donc, si vous le voulez bien, de l'article de l'abbé Beaupin ces découvertes solennelles. Retranchons-en aussi les détails sur la propagande organisée par le *Sillon* en faveur de *l'Eveil démocratique*, et la partie finale qui renseigne sur les travaux du *Sillon* au cours de l'année passée. Occupons-nous des *idées* qui, la phraséologie mise à part, remplissent à peine le tiers de l'article.

Ces idées sont incohérentes.

Je cite : « Les séances de travail ont changé de physionomie. On n'y lit plus de ces rapports théoriques et généraux, traitant de quelque important problème de sociologie, dont l'intérêt et l'utilité sont indiscutables, mais qui n'ont pas toujours un but pratique immédiat; on n'y entend plus de ces discussions complexes et vagues, où il est si difficile de se reconnaître, et qui se terminent, d'ordinaire, par le vote bénin de quelque vœu destiné à demeurer sans effet. On y passe en revue les diverses formes que revêt la propagande sillonniste. »

La propagande sillonniste porte, je pense, sur les idées du *Sillon. Où s'élaborent-elles, ces idées ? Où se précisent-elles ?* On ne peut pourtant pas discuter indépendamment et exclusivement sur les moyens de perfectionner des formes de propagande, sans s'occuper des idées qu'on propage.

On en est si empêché que l'abbé Beaupin ajoute : « On examine la position que le *Sillon* doit prendre dans les conflits actuels. « J'ai bien peur que cet examen ne comporte ou ne suppose ce que M. Beaupin appelle en mauvais termes une « discussion complexe et vague », car comment fixer ce « but pratique immédiat », à savoir « la position que le *Sillon* doit prendre dans les conflits actuels » si on n'a pas des maximes générales sur des questions complexes » et une doctrine arrêtée *si l'on a cette doctrine, quelle est-elle ?* Et si les congrès nationaux n'en parlent jamais ou ne la discutent jamais, où la discutera-t-on ? J'admets que le *Sillon* ne soit qu'un *esprit* qui, appliqué à tel objet, se manifeste et s'accuse, et que, par conséquent, dans une certaine mesure on puisse dire : les congrès du *Sillon* ne s'occupent plus que de fixer la position que le *Sillon* doit prendre dans les conflits actuels. Mais cela même, c'est bien, en fin de compte, préciser l'esprit du *Sillon*, et donc s'occuper de discussions « théoriques et générales ». Qu'importe après cela qu'on lise ou qu'on ne lise pas de rapports ? La discussion en est-elle moins « complexe » ? S'occuper de propagande et fixer sa propre position en face des problèmes actuels, alors qu'on est encore d'aucun parti classé, ce n'est pas sans doute faire une politique d'Aristote, ni même une politique abstraite, mais encore, et au premier chef, c'est faire de la politique « théorique et générale ». Avoir dit au Congrès d'Orléans, ainsi que l'abbé Beaupin lui-même le rapporte : « Il est nécessaire, dans la France d'aujourd'hui, d'opérer un audacieux déclassement des partis » c'est affirmer qu'on 'entend coopérer à cette œuvre *nécessaire* parce qu'on est de tel esprit qu. l'on précise ou que l'on rappelle... Et le thème général est repris.

Par conséquent, le choix des mots, au début de l'article, est désastreux.

Quant à cet « audacieux » *déclassement des partis*, je ne sache pas que la trouvaille soit si hardie, ni l'invention bien neuve. « Il faut, dit M. Beaupin, montrer aux Français abusés que les meilleurs démocrates se trouvent dans les rangs des catholiques. Beaucoup d'hommes, appartenant à d'autres confessions religieuses, ou simplement animés du désir de faire régner plus de justice dans la société présente, pourront ainsi joindre leurs efforts à ceux des sillonnistes. » Très bien ! mais si cela veut dire simplement que tout parti catholique est un non-sens, et qu'on doit, en politique, se grouper autrement que sous l'étendard religieux, la « grande idée » des congressistes n'a rien de bien original, grâce à Dieu (1).

Les seules nouveautés réelles qu'ait entrevues ou signalées, — inexactement peut-être, — l'abbé Beaupin, sont moins défendables, ou doucement chimériques, ou certainement fausses.

« Beaucoup d'hommes, dit-il, appartenant à d'autres confessions religieuses, etc..., reconnaîtront dans l'idéal *chrétien* [c'est-à-dire *catholique*, je pense], l'idéal qu'eux-mêmes poursuivaient ailleurs. » Rien n'est moins certain, parce que d'abord les mots « idéal chrétien » ne sont pas définis. Qu'on ne puisse indiquer aucune raison valable de ne pas faire coopérer pour telle œuvre politique ou sociale précise, et même à préciser, des catholiques démocrates et des non-catholiques démocrates en conformité générale de vues politiques et sociales, d'accord. Que même on doive tout faire pour amener ce groupement de forces, d'accord encore. Mais que « l'idéal

(1) Il va sans dire que nous ne faisons point nôtres toutes les idées de M. Laurentie.

chrétien » on arrive, dans un « parti nouveau » (l'abbé
en parle), et en tant que chrétien, à servir en quelque
sorte de programme reconnu, même par les adversaires
du nom chrétien, c'est ce qui ne veut pas dire grand'
chose. Et la formule politique ou sociale de cet « idéal »,
impossible d'ailleurs à donner, tomberait, une fois
émise, sous les mêmes critiques dont l'abbé Beaupin
accable ou devrait accabler le *parti catholique*. M. Marc
Sangnier, dans une phrase plus habile et plus fine, que
cite son interprète, — infidèle, je crois, — parle de la
« répercussion de l'idéal chrétien dans le domaine politique et social ». Ce vague est bien suffisant.

Malheureux, en revanche, et même nettement faux
parce que plus précis et moins équivoque, est cet extrait
du *Sillon*, donné toujours par l'abbé Beaupin : « Nous
ne voulons pas que, sur le terrain politique et social,
l'union se fasse d'après la conformité du culte religieux,
mais entre des hommes qui veulent réaliser, dans la
société, *le même idéal moral*. » Peut-il y avoir véritablement *identité* d'idéal *moral* entre des hommes de
confessions ou d'opinions métaphysiques différentes,
même sur le point précis de l'organisation sociale ? Un
jour ne viendra-t-il pas où une différence poindra ? Les
divergences pourront rester longtemps inaperçues, tant
qu'on se contentera, par exemple, de parler de justice ou
d'autres notions générales. Mais, pour des catholiques,
le catholicisme seul, l'idéal moral catholique seul est le
sel de la terre. Il n'y a pas d'idéal « moral » qui soit le
même que celui-là, sinon lui-même. Donc, je consens
qu'on dise : le même idéal politique, ou le même idéal
économique, ou, à la rigueur, et en limitant le sens de
ce mot, le même idéal démocratique, mais non le même
idéal *moral*.

Et il serait bon, désormais, alors même qu'on défend
une idée juste, à savoir, par exemple, que les groupements politiques ne doivent pas se faire exclusivement
sur l'idée religieuse, de ne plus employer de termes

imprécis et inexacts, surtout lorsque l'imprécision est à
ce point dangereuse et décevante...

Il est bien probable qu'un jour ou l'autre, ici ou là,
une discussion publique, — et écrite, *scripta manent*, —
s'ouvrira sur un grand nombre de points que le *Sillon*,
malgré son horreur affichée de l'équivoque, laisse toujours dans l'ombre. Je n'ai nulle qualité pour l'ouvrir. Il
y faudrait un philosophe. Mais, si peu dialecticien que
l'on soit, on se surprend sans cesse à regretter dans les
articles sillonnistes, avec l'abus des mots, une extrême
obscurité.

Exemple : que veut dire l'abbé Beaupin en écrivant
que « beaucoup d'hommes », séparés religieusement du
Sillon, « pourront *joindre leurs efforts* à ceux des
sillonnistes » ? Tous les hommes de bonne volonté ont
toujours *pu* joindre leurs efforts. Cette expression signi-
fie-t-elle que le *Sillon* acceptera leur collaboration effective à sa revue, à son journal, à sa propagande, à ses
congrès ? Est-ce dire que le *Sillon*, désormais, pourra
comprendre ou englober ces hommes ?

C'est ce que donnerait à croire le passage cité par
l'abbé : « Elargissant le *Sillon*, nous prévoyons sans
crainte la collaboration d'hommes qui, animés du même
idéal que nous [vague, cela], ne partagent pas notre foi
positive. » Jadis, en effet, le *Sillon* admettait ou préten-
dait admettre la liberté de discussion entre amis et entre
adversaires. Aujourd'hui, le *Sillon* « s'élargit » et pré-
voit la « collaboration » d'hétérodoxes ; c'est, semble-t-il,
qu'il s'ouvre tout à fait aux non-sillonnistes ou à ceux
qui, en tant que non-catholiques, ne sont pas absolument
sillonnistes. Ce qui revient à dire que le *Sillon* comprendra des non-sillonnistes... Mystère !

Est-ce bien cela ? ou de pareilles phrases rééditent-elles
seulement de vieux propos du *Sillon* ? Mais, alors, pourquoi employer le mot « élargir » ?

Ce qui est curieux, c'est qu'il y a dix-huit mois le
Sillon excommuniait un grand nombre de jeunes gens

qui ne promettaient pas, *a priori*, une confiance « absolue et inconditionnée » au maître. Avec intransigeance, leur « *collaboration* » était rejetée. Aujourd'hui, le *Sillon* ouvre des bras immenses. On dira, je le sais bien, que l'exécution passée était nécessaire pour maintenir l'intégrité de l'esprit sillonniste (c'est-à-dire l'esprit de M. Marc Sangnier), et que ce premier rétrécissement a seul permis l'élargissement futur. Le malheur, c'est que, précisément, les expulsés étaient infiniment moins exclusifs que le jury sans mandat qui les condamnait.

Donc : 1° M. l'abbé Beaupin se sert de termes sous lesquels il est impossible d'apercevoir une pensée précise et qui ne soit pas contradictoire ;

2° En dépit des affirmations, toutes les équivoques ne sont pas dissipées au *Sillon*. Il faut souhaiter qu'elles ne tardent pas à l'être. Un groupe qui parle déjà de « mériter » un « parti nouveau » doit au public une extrême clarté.

Mais je doute, Monsieur, qu'il la donne. Le *Sillon* se tire de toute difficulté par la souplesse verbale, et ne craint pas les formules contradictoires. De plus, il affirmera toujours qu'il met en pleine lumière son originalité (voir les deux articles de M. Beaupin), qu'il va dire toute sa pensée, qu'il la dit... Mais, au total, il la laisse ignorer. De plus, il considère tout questionneur catholique comme prévenu. Nous ne saurons donc pas grand'chose.

Veuillez agréer, Monsieur, l'assurance de mes bien dévoués sentiments.

François LAURENTIE,
Maître de conférences
à l'Université de Gröningue.

M. Henry du Roure, administrateur du *Sillon*, se charge de la réponse :

Monsieur,

La « lettre à l'éditeur » que je viens de lire dans le

dernier numéro de *Demain*, m'a surpris assez tristement.

C'est l'honneur de votre revue d'avoir, jusqu'à présent, écarté les polémiques qui ne sont que des polémiques, et de s'être abstenue soigneusement d'user, à l'égard d'adversaires et même d'amis, du ton aigre et sottement malveillant qui est... qui était celui de *la Vérité Française* parlant du Père Laberthonnière. Aussi bien, car j'ai peu de goût pour la peine du talion, ce n'est point sur un pareil ton que je répondrai à M. Laurentie ces lignes hâtives, dont je m'excuse, car il va sans doute s'en autoriser 'pour déclarer que le *Sillon* devient encombrant. Mais vous avez jugé bon d'ouvrir ce débat...

Une seule objection me paraît un peu sérieuse : qu'est-ce qu'on a voulu dire, à Orléans, en parlant du « plus grand *Sillon* », et comment peut-il être question d'accepter le concours d'hommes qui, sans partager notre foi religieuse, partagent notre *idéal moral ?*

— Notre idéal moral, nous dit-on, ce ne peut être que l'idéal catholique.

Vous nous ferez bien, j'espère, la grâce de croire que nous le savions et ne pensions pas avoir fondé une morale particulière à l'usage du *Sillon* et de ses amis. Et vous aurez, dès d'abord, compris qu'il est simplement question de collaborer avec des non-catholiques dans certains cas où leur idéal moral se confond avec le nôtre. Il est évident, pour n'en citer qu'un exemple, que, parmi les libres-penseurs, plusieurs proposent de lutter pour l'honnêteté et la propreté intellectuelles, non seulement en combattant la pornographie, mais en s'efforçant d'apporter dans le journalisme et la politique des mœurs intègres, une conviction qui se respecte et respecte chez les autres la sincérité de la pensée, enfin le mépris résolu de certaines tactiques qui reposent sur le mensonge, de certains procédés de polémique qui supposent la calomnie : et si ce sont bien là, en même temps, des exigences de la morale catholique, et de celles justement auxquelles le *Sillon* croit qu'il est plus urgent de satisfaire, pourquoi n'accepterions-nous pas sans arrière-pensée, et pour ce cas précis, le concours des libres-penseurs ? Je dirai même que, parfois, cette union avec des non-catholiques peut se faire en vue de défendre une idée proprement religieuse, par exemple lorsqu'il s'agit de lutter, avec l'aide de protestants, contre l'athéisme et le matérialisme envahissants.

Avons-nous donc eu tort de parler d'*idéal moral* (et remarquez que je ne tiens nullement à cette formule : encore faut-il, avant de la critiquer, la comprendre) au lieu de nous en tenir à l'expression d'*idéal démocratique?* Je ne le crois pas, si par là nous avons pu faire saisir à plusieurs que notre idéal démocratique est bien, en un certain sens, un *idéal moral*, puisqu'il ne consiste pas tant dans un accroissement de jouissances matérielles que dans un plus complet développement de la personne humaine, appelée à des responsabilités plus hautes, consciente de devoirs nouveaux.

Et maintenant on demande, — sans bonne grâce aucune, d'ailleurs, — pourquoi le *Sillon* s'élargit aujourd'hui et s'ouvre, lui qui se refermait hier. Serait-ce donc que nous nous abaissons à de misérables « questions de personnes » ? Je le veux bien : et je ferai remarquer en passant qu'il est bien peu de choses de ce monde où les « questions de personnes » ne jouent légitimement aucun rôle. Ce que l'on a appelé la crise présente du catholicisme en France, est-ce autre chose, en dernière analyse, qu'une « question de personnes » ? Et n'êtes-vous pas, Monsieur, persuadé, comme nous le sommes, que le catholicisme étant ce qu'il est, si les catholiques n'avaient pas, socialement et intellectuellement, l'attitude réactionnaire que vous savez, en d'autres termes, si le catholicisme n'était pas représenté par les mêmes personnes, cette crise serait résolue ? Mais la « question de personnes » qui se pose lorsqu'il s'agit du *Sillon*, ce n'est pas nous qui la posons, et c'est la suivante :

« Etant données les idées que le *Sillon* émet, les tendances qu'il manifeste, les attitudes qu'il adopte, doit-on ou non faire confiance à ceux qui, en fait, exercent dans le *Sillon* la plus décisive influence, ou, si vous le préférez, le dirigent ? »

Cette question, M. Laurentie se l'est posé il y a dix-huit mois et il l'a résolue contre nous. Je ne saisis pas très bien, dès lors, de quoi il se plaint et je m'étonnerais plutôt qu'il soit demeuré si longtemps dans un mouvement qui lui déplaisait déjà à tant d'égards ; car les défauts qu'il y découvre, tels que le vague et l'absence de maturité, ne sont pas de ceux qui s'acquièrent avec la durée, — à moins qu'il ne pense que nos idées ont, du jour de son départ, perdu toute leur précision.

Toujours est-il que M. Laurentie a quitté le *Sillon* non point chassé, comme pourrait le faire croire le mot d'exécution qu'il emploie, ni exclu par quelque vote ou décision, mais très librement, ainsi qu'il me l'a dit à moi-même. Je ne vois point qu'un mouvement soit tyrannique parce que ses membres ont, à chaque minute, la liberté de le quitter... Ils ont, même, vous avez pu le voir, non pas vingt-quatre heures pour maudire leurs juges, mais dix-huit mois pour prendre à partie des hommes aux côtés de qui ils avaient combattu, et insinuer de l'un d'entre eux qu'il est une façon d'autocrate et des autres qu'ils sont des imbéciles domestiqués. Injure gratuite faite à quelques milliers de jeunes gens, qui ne s'en affligent pas, d'ailleurs, outre mesure.

Vous me pardonnerez cette lettre un peu longue, en vous souvenant que celle de votre correspondant se terminait par un défi de répondre à nous adressé. Je n'ai point la prétention d'avoir répondu à tout ; mais toutes les idées du *Sillon* ne sont pas nécessairement enfermées dans le compte rendu de l'abbé Beaupin, ni dans ma lettre. *L'Eveil démocratique*, notamment, a publié sur le « parti nouveau » un article que M. Laurentie aurait pu lire avec fruit. Je m'étonne qu'il n'ait point pris la

peine de remonter aux sources, afin de juger sur les pièces mêmes : c'est une pratique assez honnête et dont ceux
qui enseignent doivent donner l'exemple.

Je m'étonne aussi que cet article, d'une hostilité si peu
déguisée, le seul de ce [illegible] qui ait paru dans *Demain*,
sorte de la plume d'un homme qui, deux ans plus tôt, se
fût chargé peut-être d'écrire pour votre revue le compte
rendu qu'a fait l'abbé Beaupin. Il me paraît que c'est
encore une façon de se respecter que de respecter ceux à
qui on a fait quelque temps cet honneur de les appeler
ses amis. Mais ceci est au nombre des choses qui ne s'apprennent pas dans les écoles.

Veuillez agréer, Monsieur, l'assurance de mes sentiments les plus dévoués.

Henry DU ROURE.

Mais voici qu'entre en ligne un apologiste de
talent, M. Maurice Deslandres, professeur de droit
à la Faculté de Dijon, et membre du Sillon, relève
à son tour les critiques de M. Laurentie :

Dijon, 25 mars 1907.

Monsieur,

C'est avec une grande tristesse que je viens de lire,
dans le dernier numéro de *Demain*, la lettre de M. Laurentie « à propos du *Sillon* »....

Il y a là, en somme, un double blâme : premièrement,
imprécision des doctrines, deuxièmement, *concentration, accaparement de leur élaboration*.

Permettez-moi de vous dire ce que j'en pense.

Le *Sillon* a-t-il vraiment des doctrines si imprécises ?
Je reconnais volontiers qu'il ne fabrique jamais, législa-
teur pour rire, de ces superbes projets de lois, rédigés en
chapitres et en articles bien alignés, admirables bibelots
de vitrines, à qui rien ne manque que la ratification des
Chambres pour signifier quelque chose. Je sais qu'il n'a
pas été l'auteur de la loi sur le repos hebdomadaire, qu'il

n'a pas son projet sur la réduction des heures de travail,
ni sur les retraites, ni sur les syndicats de fonctionnaires.
Mais peut-être reconnaîtra-t-on qu'il est assez vain d'étudier dans le détail des réformes dont l'opinion n'impose
que les principes fondamentaux aux Chambres, dont
c'est le métier de les mettre sur pied.

Et, d'ailleurs, je suis fort frappé que le *Sillon*, dont
les idées sont toujours blâmées pour leur imprécision,
soit si rudement attaqué. S'il n'avait vraiment que des
ébauches de doctrines, des fantômes d'opinions, comment
paraîtrait-il si dangereux à tant de gens? Nous sommes
dans un siècle où les fantômes ne font plus guère peur,
et s'il y a des spécialistes dont cela semble être toute la
fonction sociale de dénoncer toutes les « *Erreurs du
Sillon* (1) », et s'il y a dans la presse, dite libérale, une
conspiration du silence à son égard, et si tant de jeunes
gens de familles bourgeoises, après avoir pris contact avec
lui, s'en éloignent, tout cela semble bien prouver qu'il a
des idées beaucoup plus précises qu'on ne veut bien le dire,
assez précises pour qu'on puisse les qualifier d'hérésies,
pour qu'on y reconnaisse la condamnation d'un état
social livré aux seules forces et aux seuls égoïsmes indi-
viduels. Mais non, parce que le tempérament oratoire de
Sangnier le porte aux formules compréhensives et générales, les « idées du *Sillon* » ne sont pas nuageuses,
comme il est d'usage de le dire. Et sur la dignité
humaine commandant les lois protectrices de l'ouvrier,
et sur le rôle des syndicats, et sur l'accession progressive
des ouvriers à la direction de l'entreprise et sur la nécessité de leur large indépendance au regard du patronat,
et sur l'impossibilité d'une transformation immédiate et
par voie d'autorité de l'organisation du travail, et sur la
malfaisance de la substitution de l'étatisme industriel
au capitalisme actuel, comme sur la nécessité de rompre
avec toutes les traditions barbares contraires à notre

(1) Exactement comme toute la fonction sociale de M. Deslandres
semble être d'en faire l'apologie.

morale chrétienne : duels, coutumes immorales parmi
les jeunes gens des écoles, complaisance pour l'inconduite masculine, licence de la rue, le *Sillon* a des solutions extrêmement nettes, sinon une série de projets de
lois tout préparés à déposer au Parlement. Ces solutions
forment un tout très cohérent. Elles tendent, en somme,
uniquement à réaliser, dans la société, l'idéal moral
apporté au monde par le Christ, en partant de cette
constatation que les volontés individuelles, à elles seules,
même éclairées par la religion, sont impuissantes pour
faire l'état social que celle-ci réclame, et qu'il y faut un
effort collectif appuyé sur l'état lui-même.

On objectera peut-être : est-ce donc cela la doctrine
du *Sillon* ? Et si elle est telle, en quoi se distingue-t-elle
de celle des catholiques sociaux et pourquoi ne se rattache-t-elle pas purement et simplement à celle-ci ? Il
me semble que la réponse est facile. D'une part, l'effort
du *Sillon* est plus étendu que celui des catholiques
sociaux, et il déborde la question sociale au sens où on
la prend généralement, au sens économique du terme.
Il prétend s'emparer de la vie entière pour l'orienter
dans son ensemble, dans un sens démocratique. Il veut
formuler un idéal de vie qui permette au plus grand
nombre, à tous, si cela est possible, de mener une vie
meilleure, plus consciente, plus morale, plus pleine ; mais
la vie n'est pas simplement la vie matérielle, et le duel,
et l'immoralité, et les abus de la caserne sont des maux
aussi contraires à l'idéal de la vie chrétienne que les
maux du salariat, que le sweating-system.

L'effort du *Sillon* est autre que celui des catholiques
sociaux, parce que son domaine est plus vaste, et, par là,
il est en un sens moins précis — l'étant plus d'ailleurs
au fond, parce qu'il s'étend à l'ensemble de la vie, — et
il est autre encore et moins précis, je l'admets parce que
son but n'est pas tant de formuler une doctrine que d'en
prouver la sincérité.

Que le christianisme, dans sa doctrine, implique et

commande la vie consciente, l'amour des autres, des
petits avant tout, les sacrifices, le détachement des
richesses ; que le Christ, que ses premiers disciples aient
enseigné et vécu cet idéal, personne ne le conteste guère ;
mais que les catholiques d'aujourd'hui puissent être
fidèles à cet enseignement, qu'ils ne soient pas, dès qu'ils
sont la proie de la richesse, qui les possède beaucoup
plus qu'ils ne la possèdent, les esclaves lâches et impuis-
sants des préjugés de classes, de l'égoïsme, des institutions qui établissent si durement la distinction des possé-
dants et des autres, c'est ce que la majorité des hommes
d'aujourd'hui ne peut admettre. Et comme il est à peu
près impossible de rompre pratiquement avec un état
social que l'on juge imparfait parce qu'on ne peut à soi
seul réaliser le monde meilleur qu'on voudrait, et comme
ainsi même si l'on est disposé à admettre des transformations qui vous coûteraient, on en est réduit à peu près
à proclamer qu'on est, en effet, prêt à les subir, il en
résulte que, ne faisant guère qu'affirmer de bonnes
dispositions, l'acceptation éventuelle de sacrifices et de
renoncements, il est difficile de convaincre les masses de
la sincérité de ses convictions et de ses paroles. C'est ce
qui fait que les catholiques, même les sincères, vivent
une vie qui contredit leur doctrine en grande partie,
parce que l'état social dans lequel ils sont pris le leur
impose, ont une peine infinie à prouver aux souffrants
de la société qu'ils accepteraient un autre ordre social
moins favorable pour eux, plus conforme à leur idéal.
J'estime, pour ma part, que l'effort spécifique du *Sillon*
est moins d'établir la doctrine sociale qui s'harmonise
avec le christianisme, moins de la répandre, que de prouver qu'elle est sincère dans l'âme des catholiques conscients.

Mais comment peut-il atteindre ce but ? Ce n'est pas
par des livres ou des discours, par des exposés métho-
diques de ses doctrines, c'est par la vie, par les attitudes,
par les gestes, si je puis dire, de ses membres. Sacrifier

de son avenir, accepter des situations inférieures à celle
qu'on pourrait ambitionner pour rester dans telle ville
où l'on agit, pour garder de la liberté, temps ou indépendance ; avoir pour amis ceux à qui on donnera de son
temps, de son intelligence, de son cœur plus qu'ils ne
vous en donneront, entrer en relations avec les adversaires les plus déterminés, quitte à devenir suspect à
ceux de son monde, reconnaître devant eux les défauts
de l'ordre social actuel, les abus dont on profite et dont
sont coupables ceux que l'on fréquente quotidiennement,
quitte à paraître à ceux-ci d'insupportables censeurs, des
traîtres même, ou des révolutionnaires, voilà ce qui s'impose au catholique qui veut vraiment convaincre le
peuple que le catholicisme, bien loin d'être un obstacle
aux transformations démocratiques et sociales nécessaires, peut, au contraire, être, pour elle, un puissant
agent de progrès.

Seulement il est faux de comprendre que si l'effet spécifique du *Sillon* n'est pas tant dans l'élaboration d'une
doctrine que dans la démonstration par la vie de sa sincérité, la vertu fondamentale à exiger de lui n'est pas
l'extrême précision des idées, *si tant est qu'elle soit aussi
désirable qu'elle semble à beaucoup.*

Et ici je touche à une question importante, celle de la
valeur relative de la précision et la force des convictions. Expérience faite, le progrès social n'est jamais sorti
du programme rigide et méthodique d'une école ou d'un
docteur en science sociale ; expérience faite, presque
jamais même une loi ne s'est appliquée comme l'avaient
imaginé ses auteurs, ni bien souvent n'a produit les
résultats voulus par eux. Impuissance de l'esprit à
démêler les ressorts de la société, à agencer leurs mouvements, à imaginer les institutions qui pourront s'en rendre
maîtresses, ou mobilité des choses humaines et inconsis-
tance de cette fluide matière sociale qu'on cherche à
modeler et qui perd la forme en laquelle on a voulu la
fixer avant même qu'elle soit prise, peu importe la cause,

il est certain que ce sont plus les sentiments, les dispositions morales, les aspirations, les forces instinctives par lesquelles la vie agit sourdement que les systèmes précis, arrêtés par les esprits calculateurs qui mènent le monde. Et c'est pourquoi, s'il est tout de même nécessaire de formuler en textes précis de lois positives les réformes que l'on peut vouloir pour l'amélioration de l'ordre social, il est plus utile encore d'élaborer l'idéal supérieur duquel ces lois procèdent et auquel s'alimenteront les aspirations et les sentiments sans lesquels la règle de droit courrait le risque de rester lettre morte.

En tous cas, deux œuvres sont nécessaires : celle qui aboutit aux formules définitives et celle qui se fait dans le domaine plus incertain des conceptions générales et lointaines. J'estime que la seconde est la principale, et je comprends qu'un mouvement de jeunes qui peuvent envisager les choses dans un avenir plus reculé, et qui sentent en eux plus le travail d'aspirations générales que le besoin de précises réformes s'y donnent plus volontiers.

Pour autant, il est bon qu'ils comprennent qu'à côté de leur effort un autre effort est nécessaire, qu'il est bon qu'ils le secondent, il faut qu'ils comprennent que tout leur idéal ne peut pas de suite prendre corps en des projets législatifs définis. Mais je crois que cette distinction des deux œuvres nécessaires justifie ce que celle du *Sillon* peut avoir de trop général et de trop vague au gré de beaucoup d'esprits.

Je me suis attardé sur ce point parce que c'est, il me semble, celui sur lequel il importe le plus de s'entendre, celui qui a un intérêt supérieur à celui du *Sillon*.

J'ai trouvé dans les observations de M. Laurentie une autre critique beaucoup plus particulière, au contraire, au *Sillon* : c'est le reproche du rôle trop exclusif de Marc Sangnier dans l'élaboration de la doctrine sillonniste.

Je dirai ce que j'en pense en quelques mots, mais très sincèrement.

Il est, à mon avis, indispensable que les idées du *Sillon* soient la synthèse de toutes les consciences sillonnistes. Cela est nécessaire parce que nous professons une doctrine démocratique dont la formule est qu'il faut porter au maximum la conscience et la responsabilité de chacun, et que donc nous ne pouvons pas étouffer les consciences des camarades sous les dogmes d'un seul. Cela est nécessaire parce que la pensée individuelle est infiniment plus sujette à l'erreur, aux exagérations, qu'une pensée collective. Cela est nécessaire parce que l'effort du *Sillon* étant de prouver la sincérité d'une doctrine plus encore que de l'élaborer, il faut qu'elle soit le fruit de la pensée de tous pour que tous puissent l'affirmer comme intégralement leur.

Notre vœu est donc que les « idées du *Sillon* » ne soient pas les « idées d'un Tel », mais les « idées de tous », et nous nous insurgerions si nous voyions régner au *Sillon* un despotisme doctrinal. Mais, en réalité, il n'existe pas. Du dehors, on peut sur ce point se tromper. Marc Sangnier prononçant les discours les plus retentissants, écrivant les articles de tête de *l'Éveil*, soutenant en cas de besoin les polémiques, on peut croire qu'il est tout le *Sillon*. On oublie que la *Revue*, chaque quinzaine, *l'Éveil*, tous les huit jours, contiennent quantité d'articles de nombreux camarades qui écrivent dans la liberté de leur pensée, et que, pour un discours de Sangnier, il s'en prononce dix ou vingt d'orateurs dont il ignore parfois les noms. On oublie que si Paris est le centre où la vie s'entretient et se réchauffe, la province est le champ infiniment étendu, où, par l'activité d'une multitude de camarades, elle se manifeste.

Je n'ignore pas que, par instants, entre ce centre et cette circonférence d'immenses rayons, des tiraillements peuvent se produire. Mais il n'empêche qu'il y a une vie vraiment collective beaucoup plus autonome qu'on ne croit et qui fait que le *Sillon* est, comme il doit être, une vraie usine démocratique pour l'élaboration de sa doctrine.

Voilà, Monsieur, les réflexions que m'a suggérées la lettre de M. Laurentie. Et, en somme, si on pouvait en effacer le pénible accent de parti pris et d'irritation, il faudrait se féliciter qu'elle ait été publiée. Le *Sillon* ne pourra, je crois, que gagner à voir se formuler les critiques qu'on porte contre lui. Il pourra, j'espère, en dissiper beaucoup; il fera plus encore son profit de ce que les autres pourront contenir d'exact. Mais que toute polémique gagnerait donc en force et en efficacité à être courtoise et fraternelle !

Agréez, monsieur le Directeur, avec mes excuses pour ces longues explications, l'expression de mes meilleurs sentiments.

M. DESLANDRES.

M. l'abbé Beaupin, de son côté, tient à se défendre lui-même. Voici la partie de sa réponse concernant les points principaux :

Les congressistes d'Orléans étant tous d'accord sur ce que l'on est convenu d'appeler *les idées du Sillon*, je n'avais pas à exposer à nouveau ces idées, qui n'ont pas été discutées dans les séances de travail.

J'avais à rendre compte de ce que j'ai vu et entendu au congrès. Or, si j'ai bien compris ce qui s'est passé à Orléans, les sillonnistes se trouvent aujourd'hui en présence d'un fait nouveau : des non-catholiques, protestants ou libres-penseurs, *respectueux d'ailleurs du catholicisme*, suivent avec un intérêt croissant le mouvement du *Sillon*, constatant qu'il représente des idées et des aspirations semblables à celles qu'ils découvrent en eux et se demandent s'ils ne pourraient pas travailler avec le *Sillon*. Ce fait nouveau a amené les sillonnistes à se poser cette question : faut-il ouvrir le *Sillon* à ces nouveaux venus, « leur permettre de joindre leurs efforts à ceux des sillonnistes » et déclarer tout haut qu'ils pensent comme les sillonnistes sur le duel ou sur la Taupe? Ils ont répondu par l'affirmative.

« Une grande idée » a donc bien « dominé toutes les préoccupations des congressistes », celle d'élargir le *Sillon* et de l'ouvrir, dans la mesure où ceux-ci même le désireront, à tous ceux qui ont « le même idéal moral » que les sillonnistes.

En parlant de gens qui ont « *le même idéal moral* », j'ai fait une constatation de fait. Il y a des hommes qui, sans être catholiques, veulent que la justice règne le plus possible en ce monde, et croient que la démocratie ne sera possible que le jour où certaines dispositions morales seront présentes dans les âmes. Souhaiter « qu'ils reconnaîtront dans l'idéal chrétien l'idéal qu'eux-mêmes poursuivaient ailleurs », c'est émettre le vœu qu'ils se convertissent à la religion catholique et ce n'est pas réintroduire, de façon détournée, l'idée de la création d'un parti catholique.

Il s'agit bien d'un *élargissement* du *Sillon* puisque jusqu'ici la question de la collaboration directe des non-catholiques au *Sillon* n'avait pas été posée. Il s'agit d'accepter que ces non-catholiques partagent notre désir de faire la démocratie, interviennent au besoin dans les réunions du *Sillon*, écrivent dans *l'Éveil* ou la *Revue*, bref, joignent leurs efforts aux nôtres sur le terrain politique ou social, *voire même sur le terrain moral*, s'il s'agit, par exemple, d'une campagne contre la Taupe ou le duel.

Comme vient de l'écrire Marc Sangnier, dans *le Sillon* du 25 mars : « Si... ces non-catholiques ont tellement l'habitude de se rencontrer avec nous sur le terrain social et politique, s'ils conçoivent la démocratie comme nous, si, constamment, nous les re' ouvons à côté de nous pour combattre le même combat, quoi d'étonnant à ce que le nom de sillonniste finisse par être adopté par l'usage, pour les désigner, surtout s'ils ne s'en défendent pas et sont assez courageux pour ne pas craindre d'être flétris de ce nom par les réactionnaires ou les anticléricaux? »

Il y a dix-huit mois, un certain nombre de nos amis ayant les mêmes idées politiques et sociales que nous, se sont séparés de nous, parce qu'ils ne considéraient pas les méthodes de M. Marc Sangnier et de ceux qui sont demeurés ses collaborateurs comme les meilleures et les plus efficaces pour conquérir l'opinion publique à nos idées. Ils ne concevaient pas de la même manière que nous le gouvernement intérieur du *Sillon*. Je ne discute pas ici la question de savoir qui de nous a eu tort ou raison. Je constate simplement qu'il y a eu divergence entre eux et nous sur cette question grave.

L'exclusivisme dont ils se prétendent les victimes n'a pas lieu de s'exercer contre ceux qui acceptent de collaborer avec les sillonnistes tels qu'ils sont, sans se préoccuper, d'ailleurs, du système de gouvernement intérieur du *Sillon*.

Veuillez agréer, Monsieur, l'assurance de mes sentiments les meilleurs.

Eugène BEAUPIN.

C'est ici que la discussion devient tout à fait vivante. M. Laurentie, dans sa réplique, met les points sur les i, et devient plus pressant.

Paris, 8 avril 1907.

... Selon M. Beaupin, un certain nombre des amis du *Sillon* se seraient, il y a dix-huit mois, éloignés pour la raison suivante : « Ils ne concevaient pas, dit-il, de la même manière *que nous* le gouvernement intérieur du *Sillon*. » Historiquement, la raison est inexacte ou insuffisante. Mais peu importe, car il ne s'agit pas aujourd'hui de ceux qui ont quitté le *Sillon*, il s'agit de ceux qui « en sont ». Eh bien! je serais heureux de savoir comment M. Beaupin conçoit le *gouvernement intérieur* de son mouvement. Voilà une question du plus haut intérêt et qui se rattache étroitement aux discussions en cours. J'ai demandé, en effet, qu'on m'expliquât ce qu'il faut entendre par « le plus grand Sillon », ou comment on conçoit la composition du plus grand *Sillon*. Qu'on me parle d'abord du gouvernement intérieur de cette combinaison nouvelle : rien de plus logique.

Remarquez que l'abbé Beaupin aurait bien pu, dès aujourd'hui, en toucher quelques mots. Mais j'ai déjà signalé l'habitude du *Sillon* de parler toujours de ses idées, de ses conceptions, etc., sans les énoncer.

Dès maintenant, d'ailleurs, cette phrase : « Ils ne concevaient pas de la même manière *que nous* le gouvernement intérieur » est pleinement inintelligible si on la rapproche de certaines formules qui ont cours. Non seulement le *Sillon* n'a jamais été une association, mais on ne peut même plus, paraît-il, considérer les sillonnistes comme formant « un groupe ».— Alors, qui est ce pluriel, ce *nous* éternellement employé ? — On n'a plus le droit de demander quelles sont les conditions pour être du *Sillon* : cette question est dénuée de sens. Alors, comment peut-on concevoir encore, avec des accessions et des éliminations, un gouvernement intérieur ?... Mais je ne veux pas aujourd'hui discuter à fond ce problème, et je viens à M. Deslandres.

M. Deslandres a vu dans ma lettre deux blâmes : l'un portant sur l'imprécision des doctrines, l'autre sur l'accaparement de leur élaboration.

Je lui ferai observer d'abord qu'il n'a pas répondu à deux autres questions précises :

1° *Comment le Sillon conçoit-il la collaboration des hétérodoxes dans le plus grand Sillon ?* Dans quelles limites ces éléments, jadis étrangers au mouvement, seront-ils sillonnistes ? Quelle est exactement la part d'idéal moral commun exigée, ou, s'il est seulement question de collaboration accidentelle sur des points

déterminés, pourquoi parler de mouvement « élargi »,
et où est la nouveauté ?

2° *Comment se concilie l'élargissement d'aujour-
d'hui avec l'intransigeance d'il y a dix-huit mois ?*

Sur les autres sujets abordés par M. Deslandres,
j'avoue n'être pas encore complètement satisfait.

Premier point. — Les doctrines du *Sillon* sont-elles
imprécises ? M. Deslandres dit non, développant son opinion dans une page remarquable, et même magistrale,
qu'on doit me savoir gré d'avoir provoquée, mais qui
amène à son tour deux questions.

D'abord, toutes les doctrines ou tendances qui, en
dehors des formules de la pure morale évangélique ou
catholique sont exposées ici, M. Deslandres les donne-
t-il pour les idées ou les sentiments définitifs du *Sillon ?*

D'autre part, puisqu'il y a de par le monde un grand
nombre d'hommes qui ne répudient *aucune* de ces idées
ou tendances, et qui ne sont pas du *Sillon*, — à qui, du
moins, nous avons pu voir qu'on refusait cette qualité,
— *n'y a-t-il pas je ne sais quel principe essentiel au
Sillon, dont la définition est toujours étudiée ?* La
véritable *idée* sillonniste, ne serait-ce pas celle-là ? mais
quelle est-elle ? Il semble qu'on revienne purement et
simplement à la vieille définition : *le Sillon est une
amitié*. Mais je demande : *entre qui ?* Où est le point
fixe ? Au fond, l'idée dernière, le principe du *Sillon*, c'est
l'union étroite (et pourtant sans engagements) autour
d'un centre. Mais quel est ce centre ? Quelles sont ses
idées à cette tête centrale, ou, plus exactement, quel est
son instinct ?

Second point. — M. Deslandres affirme qu'il n'y a
pas, au *Sillon*, de despotisme doctrinal, et qu'en revanche il y a « une vie vraiment collective beaucoup plus
autonome qu'on ne croit ». Qu'il n'y ait pas de despotisme doctrinal, j'en conviendrais assez volontiers, d'autant que personne n'a jamais pu, à proprement parler,
exercer ce despotisme-là. Quant à l'autonomie de la vie

collective, M. Deslandres oublie ou ignore que la revue *le Sillon* a été, en fait, fermée à maintes reprises à ceux qui croyaient avoir quelque chose à y dire, que des « camarades » se sont vu couper la parole dans des réunions pourtant privées, que certaines questions n'ont jamais pu être posées sans attirer les foudres et provoquer, comme on dit au *Sillon* « *l'élimination* » des questionneurs, c'est-à-dire leur excommunication. Il semble oublier même, bien qu'il parle de tiraillements inévitables, que le *Sillon* de Dijon a été maintes fois tout spécialement suspect. J'espère même le servir en ajoutant qu'il l'est encore : on voudra me prouver que je suis mal informé.

Puis M. Deslandres, si pleine et si solide que soit sa lettre, ne touche pas, sur ce sujet, au véritable point en question. *De qui les idées viennent-elles au Sillon?* voilà ce qu'il importe de savoir. D'où partent les initiatives, et qui a le dernier mot ? Par quelles têtes doivent passer les pensées pour qu'elles soient « du *Sillon* »? L'idée du plus grand *Sillon*, par exemple, est-elle vraiment, une pensée collective ? L'idée antérieure du plus étroit *Sillon* en était-elle une autre ? N'y a-t-il pas des théories, des aperçus politiques, qui deviennent idées « du *Sillon* », de ce seul fait qu'*un Tel* les a conçues? N'y en a-t-il pas d'autres qui ne seront jamais « du Sillon », de ce seul fait qu'*un Tel* ne les a pas conçues? En un mot, où est la véritable pensée du *Sillon?*

M. Deslandres exprime le vœu que les idées du mouvement soient bien les idées de tous. « Nous nous insurgerions, dit-il, si nous voyions régner au *Sillon* un despotisme doctrinal. » En d'autres termes, il faut que la pensée des Dijonnais compte. Ils estiment, en cas de divergence entre leur manière de voir et celle du *Sillon* central, qu'ils sont pleinement « du *Sillon* » en exprimant librement leur sentiment, qu'ils sont précisément sillonnistes en cela. Seulement, si le conflit continue ?... Dijon, alors, s'insurge, au nom même de sa conception du

Sillon. Il se juge bon sillonniste, de ce fait seul qu'il s'insurge, au nom des droits de la pensée collective... Mais c'est le moment précis où les sillonnistes dijonnais s'entendront démontrer qu'ils ne sont plus du *Sillon*. On leur posera la question : « Avez-vous en M. Marc Sangnier, président du *Sillon* par la grâce de Dieu, une confiance « absolue et inconditionnée », une confiance *a priori*, et une confiance toute particulière en ses lumières spéciales pour trancher le débat courant?... » S'ils font seulement mine d'hésiter, ils auront, comme dit M. Henry du Roure, « la liberté de quitter le mouvement ».

Je pose donc la question : où réside la pensée permanente du *Sillon?* quel est le cerveau qui assure la continuité de l'esprit sillonniste? N'est-il pas vrai qu'il n'y a qu'un seul être qui soit comme fatalement, nécessairement, du *Sillon?*

Je vous répète, Monsieur, qu'en accumulant mes demandes, je ne fais qu'exprimer l'incertitude de ma propre pensée. Il y a en France un grand mouvement démocratique que tout le monde est intéressé à bien comprendre. Nous aurons peut-être prochainement un parti sillonniste. Il est de toute urgence que l'on sache si l'on doit en être, si l'on peut en être.

Veuillez agréer, Monsieur, l'assurance de mes bien dévoués sentiments.

François LAURENTIE.

Quelques jours après (14 avril), M. Deslandres répond par une très longue lettre, que M. Laurentie analyse assez exactement, au début de sa réplique, pour que nous en omettions le texte, afin d'abréger. La lettre de M. Laurentie en fait très bien ressortir les côtés avantageux et les points faibles. Sa dialectique, à lui, demeure impitoyable.

Grôningue (Pays-Bas), 1er mai 1907.

Monsieur,

J'ose encore vous demander l'hospitalité. On ne peut dire que cette discussion sur le Sillon ait été inutile. Sera-t-il oiseux de la poursuivre encore? J'estime qu'il reste quelques points obscurs, et les lecteurs de *Demain* ne m'en voudront pas, j'espère, si quelque correspondant se sent disposé à nous les éclairer et s'il apporte dans cette controverse, avec la franchise intellectuelle de M. Deslandres, son art d'exposer et de discuter.

Un mot personnel, d'abord. J'ai fait allusion à la scission qui s'est produite en 1905. M. Deslandres trouve, en somme, que ce qui est fait est fait (je suis de son avis) et ajoute que le *Sillon* central a donné du départ des « amis » une explication différente de celle que ceux-ci donnent. En passant, je serais bien aise de connaître l'explication du *Sillon* central. Celle des « éliminés » n'importe pas. Mais les raisons que le « centre » a eues de les exclure peuvent, au contraire, éclairer sur ses principes.

Arrivons, maintenant aux idées de M. Deslandres. Je relève dans sa lettre quelques points que je considère comme importants :

1° M. Deslandres fait de nouveau le vœu (pourquoi le vœu? c'est une constatation ou une affirmation que j'aurais voulu) que l'élaboration des idées du *Sillon* soit collective. Vœu excellent ;

2° Il ne croit pas à l'infaillibilité de M. Marc Sangnier et lui refuse, *a priori*, une confiance « absolue et inconditionnée ». C'est d'un sage ;

3° Il lui accorde pourtant une confiance toute particulière (c'est très compréhensible), lui reconnaît un rôle éminent, si éminent que le nom même du *Sillon* est sa propriété personnelle et que la condition nécessaire et suffisante pour qu'on soit « du *Sillon* », c'est qu'on soit de son avis. À quoi M. Deslandres ajoute que si pourtant lui, M. Deslandres, avait sur certains « points fondamen-

taux » une conception décidément différente de celle de
M. Marc Sangnier, il quitterait le *Sillon* ou s'en ferait
exclure, mais se croirait encore, en son âme et conscience,
plus sillonniste que M. Marc Sangnier, tout en n'étant
plus « du *Sillon* ». Donc, une hypothèse est possible. Il
se peut que la même idée sillonniste (réputée identique)
entraîne les uns ici, les autres là. Mais le mouvement
« du *Sillon* » est toujours celui de M. Marc Sangnier,
et réciproquement. C'est dire que, dans le *Sillon*, rien,
absolument rien, ne peut prévaloir contre la pensée de
Marc Sangnier. Le mouvement est à lui, le *Sillon*, c'est
lui. Tout ce qui est « du *Sillon* » ne l'est que par rapport à lui.

Voilà ce que je tire de la dernière partie de la lettre de
M. Deslandres, et cette page est la plus nette que j'aie
jamais lue sur la question. Encore voudrais-je savoir ce
que M. Deslandres entend par les « points fondamentaux ». Il n'y a là, je pense, qu'une question d'appréciation personnelle. Mais qui me dit que l'appréciation de
M. Sangnier est celle de M. Deslandres? Ce n'est pas
l'opinion de ce dernier qui importe, c'est uniquement
celle de M. Sangnier. Son éternelle formule sera : Je
ne vous retiens pas, mais, pour être du *Sillon*, je juge
présentement telle attitude ou telle conception capitale,
fondamentale. M. Deslandres aura beau dire que tel n'est
pas son avis. Peut-il, oui ou non, se qualifier « du
Sillon », si M. Marc Sangnier ne le veut pas?

Que maintenant M. Deslandres s'efforce de rendre justice à son chef, c'est parfait. Tout le monde sait que le
président du *Sillon* a du tempérament et que l'idée religieuse lui doit de son renouveau. Il a été insolemment
catholique, et c'est très beau. Puisqu'il sait parler, je
comprends aussi qu'on le prenne pour faire des discours.
Enfin, il est la cheville ouvrière du *Sillon*, c'est évident.
Mais aucun de ses mérites n'est en question. Ce n'est pas
non plus l'existence d'un mouvement démocratique français qui peut me déplaire.

Il s'agissait pour le moment de savoir si les idées du Sillon tiennent debout, et, pour cela, de les connaître d'abord.

Il s'agissait aussi de savoir si le Sillon n'est pas dupe de certains mots (pensée collective et consciente, etc.), et spécialement si la « vie » du Sillon n'est pas autre chose que la vie de Marc Sangnier.

Pour ma part, je considère cette dernière question comme réglée.

Reste l'autre. Car, sur le chapitre des idées, projets, tendances du *Sillon*, M. Deslandres a esquivé la question, aujourd'hui capitale.

J'avais dit très nettement, à la fin de ma dernière lettre, que je désirais surtout savoir si l'on pouvait être du *parti nouveau* conçu par le *Sillon* comme une émanation de lui-même. Je n'en sais toujours rien, puisque M. Deslandres (que je soupçonne aussi ignorant que moi sur ce chapitre) n'a pas voulu ou n'a pas pu me fixer, même d'une façon approximative, les conditions nécessaires pour être du parti. Ce qu'il dit sur « l'illusion de la lumière *absolue* » me paraît juste, ou peu s'en faut. Encore un profane est-il en droit de demander des clartés relatives, et lorsqu'on parle de former le noyau d'un parti nouveau, c'est-à-dire lorsqu'on est sur le point de lancer des milliers d'hommes dans une grande aventure où sont intéressés à la fois le catholicisme français et la démocratie française, la précision est bonne.

Or, je le répète, M. Deslandres, — avec une prudence que je loue, mais dont il ne veut absolument pas se départir, avec une réserve si sage qu'elle semble presque exclure présentement l'action politique, — se contente d'énumérer les *raisons* que les sillonnistes « doivent » avoir de « se rapprocher d'hommes qui, sans partager leur foi religieuse, leurs dogmes, croient à la justice, au bien moral, etc. ».

Ces hommes-là, d'ailleurs, constitueront, si je comprends bien, le « plus grand *Sillon* ». *Mais le « plus grand Sillon » est-il exactement, dans la pensée des sillonnistes, le parti nouveau ?* ou de qui se composera ce parti ? Quelle exigence excessive y a-t-il à demander cela ?

Puis, les raisons de rapprochement données par M. Deslandres sont multiples et copieuses. Mais une foule de non-sillonnistes les trouveraient à eux tout seuls (1). Et je ne vois pas que l'énoncé de ces raisons forme un programme d'action *politique*, même une esquisse de programme, ou encore renseigne sur le « gouvernement intérieur » du parti nouveau.

Même les idées du *Sillon*, telles que M. Deslandres les a exposées dans sa première lettre, constituent-elles, à proprement parler, un rudiment de programme pour le parti? Outre que M. Deslandres me dit aujourd'hui, comme j'avais lieu de le penser, qu'elles lui « semblent (2) » seulement « constituer la conscience collective actuelle » et non immuable du *Sillon*, c'est-à-dire toute autre chose qu'un programme, elles ne paraissent souvent être plutôt des méthodes que des résultats, ou des tendances que des solutions, même provisoirement pratiques, et sont enfin peu abondantes.

Donc, je demande : puisque vous voulez vous grouper politiquement avec les hétérodoxes, sur quelles bases opérerez-vous le groupement *politique* ?

Autre point. M. Deslandres insinue, si je le saisis bien, que M. René Bénard, par exemple (*Revue* du 10 mars), n'a pas fait une tentative vaine en rapprochant les désirs présents de l'idée initiale des fondateurs du *Sillon*. Je

(1) Si même la « grande idée » du congrès d'Orléans, c'est la découverte ou le soupçon de ces *raisons*, je m'obstine à ne pas la trouver neuve, surtout au *Sillon*. Aussi M. Deslandres n'a-t-il pas répondu à la question que je lui posais la dernière fois en ces termes, ou à peu près : *s'il ne s'agit que de collaboration accidentelle sur des points déterminés, où est la nouveauté ?*

(2) A lui tout le *Sillon* ?

n'ignore pas que tout mouvement devient plus ou moins politique, et que le *Sillon* a toujours pensé que son action, quelque jour, se manifesterait dans la politique. Mais il ne faut pas que le groupe initial du *Sillon* ait trop bon dos. *En 1905, quelques-uns des fondateurs du* Sillon *se sont laissé arracher des signatures pour affirmer dans une circulaire que la conception du plus étroit* Sillon *était bien leur conception primitive.* Signeraient-ils aujourd'hui le contraire ? Il y a, depuis un certain temps, une tendance à prêter rétrospectivement à ces grands ancêtres une vision trop nette de l'avenir : M. Deslandres, qui n'est pas le plus aveuglé des sillonnistes contemporains, se déclare mauvais prophète. Moi non plus, je ne m'occupe guère des prophéties. La vie me paraît, comme à M. Deslandres, déjouer bien des plans.

Il y a plus d'intérêt à savoir si une idée, beaucoup plus constante au Sillon *que celle du « parti nouveau » et qui a été sa raison d'être, l'idée de constituer une élite par l'éducation mutuelle, se concilie aisément avec l'idée présente. Se proposer d'organiser un parti politique, ou se proposer, comme on l'a tant dit, de favoriser par une éducation réciproque la constitution d'une élite démocratique, ce n'est pourtant pas la même chose !* C'est même si différent que je demande : n'y-a-il pas contradiction entre les deux objets ? Ne s'excluent-ils pas l'un l'autre ?

On ne parle plus guère de l'élite aujourd'hui, à moins que l'élite ne soit désormais ce « plus intime *Sillon* », qui sera comme le cénacle du Maître ? Mais, il y a dix-huit mois, cette élite restreinte était tout. On ne craignait même pas de faire d'importants sacrifices numériques à sa formation intégralement démocratique. Aussi le problème que j'ai soulevé demeure-t-il, et, pour la troisième fois, je demande : comment concilie-t-on le *Sillon*, les idées présentes d'élargissement avec le rétrécissement passé ?

C'est toute la raison des allusions que j'ai faites aux scissions de jadis. *La marche zigzagante du Sillon est, en réalité, une suite de démarches contradictoires, où la pensée collective ne peut pas être, de bonne foi, saisissable.*

Si le « parti nouveau » doit être le parti de M. Marc Sangnier, il sera du moins intelligible. Mais nous devons le savoir. Encore une fois, peut-on en être ? doit-on en être ? Et la réponse à cette question sera toute faite quand le *Sillon* aura répondu à cette autre demande : *comment le parti sera-t-il organisé ?* Cela, personne ne le dit. Car il ne suffit pas de s'écrier, comme l'abbé Beaupin : « Notre conception du gouvernement intérieur n'est pas la même que la vôtre », il faut exprimer celle qu'on croit avoir, prouver qu'elle n'est pas contradictoire avec celle qu'on vient d'avoir, qu'elle est démocratique, etc. Il ne suffit pas davantage de dire que le parti et son programme s'organiseront par la vie, car la vie, au *Sillon*, ce n'est pas autre chose, à mon sens, que l'instinct de M. Marc Sangnier.

Veuillez agréer, Monsieur, mes excuses pour ces nouvelles pages, mes remerciements, et mes bien dévoués respects.

François LAURENTIE.

5 mai 1907.

P. S. — Ma lettre a été écrite à la hâte. Me permettrez-vous d'y ajouter ces quelques mots, qui, à la fois, résumeront et préciseront ma pensée ?

1° Je considère comme acquis que le *Sillon*, c'est M. Marc Sangnier, puisqu'il ne peut pas, lui, ne pas en être, et que nulle idée et nul individu ne peuvent en être que par lui. Inutile donc à ses amis de se prévaloir accidentellement des vues initiales des fondateurs du *Sillon*. Une idée de M. Marc Sangnier, prévue ou non, est sillonniste de ce fait seul qu'elle est sienne ;

2° *Quel est le but véritable ou plutôt la raison d'être*

du Sillon *d'aujourd'hui ?* Est-ce toujours de former avec intransigeance et par l'éducation mutuelle une élite intégralement démocratique, précisant par la vie, par la vie commune, son idéal propre et exclusif ? Est-ce de faire de la politique en tant que parti ? (Alors je demanderai toujours : pourquoi l'exclusivisme passé ?)

Quand la réponse sera donnée nettement, on pourra examiner si le but *réel* présent et le but passé ne s'excluent pas l'un l'autre ;

3° *De quoi se composera le « parti nouveau » qu'on a signalé imprécisément ? Sera-t-il « le plus grand* Sillon, *ou autre chose ?*

Premier cas. — Le parti nouveau sera le plus grand *Sillon.* Alors, je le trouve *a priori* inféodé au président du *Sillon.* En effet, on ne dit jamais aux hétérodoxes : nous collaborerons avec vous, mais bien : vous collaborerez *avec nous.* Or, nous c'est M. Marc Sangnier, centre unique, nécessaire et fixe. Etre du parti nouveau, c'est donc collaborer avec lui. Un parti comprenant exactement le « plus grand *Sillon* » et auquel M. Sangnier appartiendrait sans en être le chef, voilà qui est inintelligible au *Sillon.*

Second cas. — Le parti nouveau est autre chose que le plus grand *Sillon.* Alors, qu'est-ce que c'est ?

Dans l'un et l'autre cas, comment sera-t-il organisé ?

Nouvelle lettre de M. Deslandres. Elle est curieuse, parce que le seul point sur lequel il tente de répondre avec quelque précision, éclaire d'un jour non suspect l'évolution actuelle du *Sillon,* qui fera le sujet du chapitre suivant.

Dijon, 20 mai 1907.

Monsieur.

La nouvelle lettre de M. Laurentie, publiée dans le numéro du 17 mai, me cause un réel embarras. La première de la série est du 5 mars, celle que j'écris est la huitième; que doivent penser vos lecteurs de ce déluge à propos du *Sillon*? Ne vont-ils pas, comme tant d'autres, trouver ce *Sillon* bien encombrant?

Je ne puis vraiment pas, dans ces circonstances, leur infliger une réponse de plusieurs colonnes. Et que de colonnes ne faudrait-il pas pourtant pour satisfaire mon interlocuteur ! A chaque lettre, ses questions se multiplient et prennent plus d'ampleur, et tout ce que j'ai pu dire semble non avenu.

Donc, malgré mes explications sur l'importance et la spontanéité de l'action des groupes du *Sillon* en province et sur les ruptures même possibles en cas de désaccords définitifs au sein du *Sillon*, M. Laurentie « considère comme acquis que le *Sillon*, c'est *M. Marc Sangnier* ».

Malgré ce que j'ai dit de la précision du programme du *Sillon* qui, s'il ne rédige pas des projets de réformes législatives, n'en a pas moins une doctrine très ferme sur l'orientation et les conditions de l'évolution démocratique, M. Laurentie nous dit : « Il s'agissait de savoir si les idées du *Sillon* tiennent debout et pour cela de les connaître d'abord », et sans doute il estime que c'est ce que nous ne sommes pas en mesure de faire.

Malgré les précisions que j'ai cherché à apporter sur le plus grand *Sillon* et la collaboration avec des « hétérodoxes », M. Laurentie écrit : Sur le chapitre des idées, projets, tendances du *Sillon*, M. Deslandres a esquivé la question aujourd'hui capitale. »

Voilà vraiment une façon singulière de recevoir les éclaircissements que l'on a demandés. Et j'avoue qu'elle ne m'encourage guère à continuer la conversation, qu'elle me ferait plutôt regretter de l'avoir entreprise et entretenue, si M. Laurentie avait dû être mon seul interlocuteur, si je ne savais aussi, par de nombreux témoignages, que beaucoup, dans le *Sillon* ou au dehors, ont au contraire compris et approuvé mes explications.

Quoi qu'il en soit, je n'imposerai pas aux lecteurs de

Demain la répétition de ce que j'ai dit sur tous ces points, et dans cette réponse à la nouvelle lettre de M. Laurentie, je ne m'arrêterai que sur un seul point : celui du *Parti nouveau.* Encore le ferai-je le plus brièvement possible. Pour comprendre la question, il s'agit, à mon avis, de saisir les diverses formes et les différentes extensions que peut prendre l'action du *Sillon.*

Elle comporte certainement et essentiellement tout d'abord cette *formation d'une élite démocratique* par la vie intime des groupes composés de sillonnistes, c'est-à-dire de personnes partageant l'idéal démocratique du *Sillon* et convaincues que cet idéal suppose pour sa réalisation le développement de vertus morales que le christianisme seul peut développer et entretenir. La formation de la conscience religieuse, l'étude des questions sociales, l'entraînement au dévouement par la propagande sillonniste, collaboration au journal et à la revue, vente de *l'Éveil,* conférences, œuvres positives correspondant à l'idéal sillonniste sont les moyens de formation de ce qui doit tendre à être « l'élite démocratique ».

Elle comporte ensuite une collaboration momentanée ou constante avec des hommes qui, sans être intégralement sillonnistes, parce qu'ils ne partagent pas complètement soit notre foi religieuse, soit notre idéal démocratique, sont pourtant désireux de réaliser un certain nombre de réformes, dans les lois ou dans les mœurs, qui rentrent dans notre programme général. Lutte contre la violation du repos dominical, contre l'indécence croissante des affiches et des étalages de libraires, efforts pour l'affranchissement des syndicats au regard des politiciens ou des patrons, pour le développement de leur action professionnelle, etc., interminable serait la liste des efforts pour lesquels le *Sillon* peut trouver en dehors de lui, en dehors des catholiques mêmes, d'utiles collaborateurs. Et j'espère, laissez-moi le dire en passant, qu'après qu'on a vu le Saint-Père recevoir des institutrices

anglaises protestantes et les entretenir de leur mission
d'éducatrices religieuses, et l'archevêque de Westmins-
ter, primat de l'Eglise catholique romaine, signer avec
l'archevêque de Cantorbéry, primat de l'Eglise anglica-
ne, et le président du Conseil national des Eglises évangéliques libres, un mandement collectif pour la meilleure observation de la loi du dimanche, on ne sera plus
si sévère pour cette collaboration du *Sillon* et d'hétérodoxes, qu'on voudra bien ne plus en tirer argument pour
démontrer que le *Sillon* devient protestant.

Donc l'action du *Sillon* concentrée, pour la formation
de ses membres, dans l'intégrité de sa doctrine peut et
doit être extériorisée en quelque sorte dans la collaboration avec d'autres pour des œuvres et des efforts répon-
dant à son idéal. Et c'est de cette collaboration, qui peut
devenir habituelle avec ceux qui se rapprochent et se
rapprocheront sans doute de plus en plus de lui, que
peut sortir le *plus grand Sillon*, dont je serais fort en
peine, d'ailleurs, de faire le portrait et d'analyser la struc-
ture, puisque aussi bien c'est de la vie, non encore vécue
et non de nos arbitraires imaginations qu'il recevra sa
constitution intime et sa forme.

Mais sans doute l'action du *Sillon* ne s'arrêtera pas
là encore.

Si sa doctrine, comme c'est notre conviction profonde,
est capable, je ne dis pas de transformer demain la société et de se transcrire intégralement en des réformes
positives immédiates, mais de fournir à ce besoin de
progrès dont les hommes à tous les âges de l'histoire
ont été tourmentés un aliment qui l'apaise, si elle est
capable d'orienter les générations présentes vers un état
plus conforme à la dignité humaine et à la justice, si elle
peut unir pour cela les énergies à tendance jusqu'ici révolutionnaires et les forces morales d'inspiration religieuse
jadis dissociées ou hostiles, il est évident qu'elle sera un
ferment dont les partis politiques eux-mêmes seront tra-
vaillés. D'éléments de gauche désormais désabusés sur

la vertu d'une révolution matérialiste, consistant à exproprier une classe au profit d'une autre ou à substituer aux particuliers patrons l'État patron et convaincus que le syndicalisme est vain s'il n'est pas soutenu par des vertus de dévouement et d'abnégations favorisées par le sens religieux; d'éléments de droite, devenus moins inquiets de la révolution sociale, sanglante et païenne annoncée depuis le début du xixe siècle et plus tourmentés de leur responsabilité personnelle dans le maintien d'un état de choses qui n'est un état « d'ordre social » que parce qu'il n'y a pas de violences physiques et non parce qu'y règne la justice peut se constituer, en effet, un *nouveau parti*. C'est ce que Sangnier proclame en parlant du *déclassement des partis*. C'est ce que l'allure nettement démocratique d'une fraction du *parti catholique belge*, l'attitude du *Centre allemand*, refusant de se coaliser avec les partis bourgeois contre les socialistes, les succès des *chrétiens sociaux d'Autriche*, évitant l'échec des partis bourgeois dans les instructives élections, début du suffrage universel en Autriche, nous font entrevoir comme l'orientation de demain.

Le *nouveau parti* n'est donc pas une chimère. Les partis actuels sont assez fourbus et démonétisés pour que d'ailleurs un travail de reconstitution s'impose à eux, que l'esprit du *Sillon* pourra inspirer.

Comment ce *parti nouveau* peut naître de l'action sillonniste, c'est tout ce que je veux indiquer.

On voit assez d'ailleurs *les conditions nécessaires pour être du parti nouveau*, et il est inutile, je crois, de les énumérer, comme semble le demander M. Laurentie, puisqu'elles se résument, en somme, à l'adaptation à l'action politique de l'esprit sillonniste.

On voit assez aussi que le *parti nouveau* n'est pas le *plus grand Sillon*, qui se comprend très bien sans action politique, *sans pénétration du sillonnisme dans la politique proprement dite*.

Quant à répondre à ces questions : le parti nouveau *peut-on en être? doit-on en être ?* c'est, il me semble, affaire de conscience personnelle. Oui, si l'on est sillonniste et si, en effet un mouvement politique correspondant à l'idéal sillonniste se produit. A vrai dire, si ces conditions existent, on ne se posera même pas la question.

Quant à dire : *comment le parti sera organisé,* c'est, il me semble, bien inutile, car il n'y a pas mille manières pour un parti politique de se constituer, et ce n'est plus, du reste, par un décret de Moscou promulgué d'en haut qu'un parti politique s'organise, à l'instar de la Comédie Française.

Il reste, il est vrai, une question, qui est à mon sens la plus délicate, c'est de savoir si le *Sillon* pour ce *nouveau parti* désirable doit être seulement un *organe inspirateur* ou s'il doit être l'*organe organisateur,* si j'ose ainsi parler. Je veux dire si le *Sillon* doit borner son rôle à l'élaboration de cette doctrine, à la propagation de cet esprit qui deviendraient le ferment du *parti nouveau,* celui-ci, se constituant par ailleurs spontanément sous le souffle sillonniste simplement, ou si le *Sillon* doit prendre la tête de ce parti entrant directement dans l'action politique proprement dite, suscitant des mouvements, des groupements politiques nouveaux, organisant lui-même un parti national.

C'est là à l'heure actuelle, une question qui se débat au sein du Sillon et sur laquelle des idées divergentes se produisent. J'estime donc, quelque précise que soit l'opinion que l'on puisse avoir sur ce point, qu'il est opportun d'en réserver la manifestation pour des réunions sillonnistes et qu'il vaut mieux ne pas jeter cette question encore pendante dans le domaine des discussions publiques.

Peut-être M. Laurentie va-t-il trouver que « j'esquive la question aujourd'hui capitale », que j'observe « une prudence dont je ne veux pas me départir ». Je ne suis pas la difficulté (je la précise), mais j'en réserve la discussion pour le milieu qui me paraît lui convenir, ayant par ailleurs cherché à dégager toutes les formes possibles et toutes les extensions aujourd'hui discernables de l'action sillonniste.

J'espère, cher Monsieur, que vos lecteurs me pardonneront cette nouvelle lettre. C'est la dernière que je consente à leur infliger. Nous ne pouvons songer à porter dans *Demain* toutes les questions qui concernent le *Sillon*, idées, organisation, rôle respectif des groupes divers et de son protoganiste, projets et extensions de l'avenir. Laissez-moi vous remercier, en terminant, de votre inlassable hospitalité et remercier de leurs sympathies, dont l'écho m'est souvent revenu indirectement, beaucoup de vos lecteurs. Laissez-moi remercier également M. Laurentie d'avoir suscité cette occasion d'examen de conscience en public. J'ai bien peur de l'avoir peu converti ; je souhaite de ne pas l'avoir blessé et d'avoir, malgré tout, réveillé en lui quelque chose de l'état d'âme sillonniste.

Agréez mes remerciements, avec l'expression de mes sentiments tout dévoués.

MAURICE DESLANDRES.

CHAPITRE VII

Le Sillon, parti politique

« Fontaine, je ne boirai pas de ton eau », c'était
le refrain bruyant et quotidien du *Sillon*, se détournant avec dégoût des sources empoisonnées de la
politique.

Or, aujourd'hui, on vient de le voir, il se montre
penché sur leur bord, ne résistant presque plus
à l'envie de s'y abreuver.

Ce qu'il y a de plus frappant et de plus grave,
ce n'est pas le fait en lui-même de cette évolution.
Le *Sillon* a déjà trop fréquemment justifié par ses
inconséquences ce que j'écrivais en finissant la critique de *Par la mort :* « Marc Sangnier se comprend-il lui-même? Sait-il bien ce qu'il veut et où
il va? »

Mais ici l'inconséquence devient contradiction
fondamentale et reniement de soi-même.

Car le *plus grand Sillon* n'est qu'une évolution
politique. L'alliance de Marc Sangnier avec les protestants et les libres-penseurs n'a d'autre but que
l'organisation d'un *parti politique,* et c'est à cela
qu'il sacrifie le caractère de mouvement catholique
qu'il avait pris pour unique raison d'être et qui lui
avait valu les encouragements de l'Eglise.

Et, je dois l'avouer, lorsque, dès le premier jour,

je signalais, dans le *Sillon*, l'équivoque qui cachait une action politique sous le beau nom d'action sociale évangélique, je ne prévoyais pas que les événements me donneraient si prochainement, si complètement, si manifestement raison.

De même, ici, dans la discussion qu'on vient de lire, les dénominations pompeuses *d'idéal moral*, *d'idéal chrétien*, commun aux non-croyants et aux catholiques du *Sillon*, bien qu'exprimant confusément des intentions généreuses, désignent surtout une communauté d'aspirations politiques. Ce dont il s'agit principalement, c'est de favoriser par l'élargissement du *Sillon* son entrée dans l'arène des partis, et son intervention dans les affaires. On n'aurait rien compris à cette évolution, si on ne discerne pas cela.

Tout lecteur attentif aura déjà pu s'en rendre compte. Voici encore une lettre écrite à *Demain*, qui achève de mettre le fait dans tout son jour :

Monsieur le Directeur,

Voulez-vous me permettre, « à propos du *Sillon* », de vous exprimer le même regret que M. Bertier, en me plaçant à un point de vue un peu différent ? Je ne suis pas « une voix autorisée » et je n'ai pas la prétention de donner un conseil aux sillonnistes, je veux seulement émettre un avis personnel qui n'a d'autre valeur que de m'être inspiré par la sympathie que j'éprouve pour le *Sillon*.

Il ressort nettement, de la lecture de *l'Eveil démocratique*, que nous assistons à la transformation rapide du *Sillon* en un parti politique : on demande, en effet, un « audacieux déclassement des partis » ; on réclame pour le *Sillon* une place, un casier tout neuf à côté des vieux cadres parlementaires. Il y a lieu de prévoir pour bientôt la participation du *Sillon* à la lutte électorale. Cette évolution s'accélère, et Marc Sangnier ne s'en cache pas, lui qui, dernièrement, décourageait le zèle encombrant d'amis trop portés à définir le *Sillon* d'après son passé, c'est-à-dire à lui ôter la souplesse nécessaire aux transformations futures.

Mais il y a lieu d'examiner si cette évolution n'est pas une régression et le début d'une contradiction.

Je crains bien que les deux « manières » du « plus étroit » et du « plus grand Sillon », qui s'opposent à deux ans de distance, ne soient que l'expression visible d'une déviation plus profonde dans les idées.

Le « plus étroit *Sillon* », quoique le mot ait été pris en mauvaise part, convenait bien au but par lequel on aimait à le définir il y a deux ans : l'éducation de la démocratie. Nous nous souvenons tous qu'elle consistait à « porter au maximum la conscience et la responsabilité de chacun », selon l'exubérante expression qui fut en son temps conquérante et irrésistible. Nous nous souvenons aussi que cette éducation, cet éveil, cette évocation des âmes devait être l'œuvre de « l'élite », du petit nombre, qui n'en est pas moins « la majorité dynamique ».

Le *Sillon* se proposait alors d'être ce « petit nombre », cette élite, d'où « le plus étroit *Sillon* ».

Aujourd'hui, il s'agit de toute autre chose. On se propose de conquérir le pouvoir. C'est le nombre, le « grand nombre » qu'il faut désormais. D'où « le plus grand *Sillon* ».

Les deux « manières » du *Sillon* semblent donc bien correspondre à deux « définitions » du *Sillon*.

Il ne faut pas beaucoup insister pour montrer l'opposition de ces deux définitions. Elle n'apparaît peut-être pas évidente à tous les sillonnistes d'aujourd'hui, mais elle leur eût paru flagrante il y a deux ans. Ils disaient alors que la politique ne crée rien, qu'elle utilise seulement les forces sociales existantes, qu'elle en est une simple résultante, qu'il y a mieux à faire que d'entrer dans le déterminisme des influences parlementaires et de les subir, car ce n'est pas trop de toutes nos énergies pour les créer.

Voilà ce qu'on expliquait souvent alors, ce qu'on semble avoir oublié depuis.

On me répondrait peut-être qu'il y a deux ans l'éducation démocratique était encore à faire, les forces sociales à créer, et qu'il fallait donc y travailler ; mais que la moisson est mûre aujourd'hui et qu'il faut la récolter. C'est un raisonnement qui ne paraîtra pas évident à beaucoup de monde, car il reste bien à faire.

Peut-être aussi n'a-t-on pas complètement délaissé l'éducation, et, sous prétexte de mieux faire, a-t-on pris le parti d'entrer dans la politique sans négliger l'éducation, de se lancer dans les deux directions, de courir les deux lièvres ? Qui trop embrasse mal étreint, dit le proverbe, et il est à craindre qu'à faire deux métiers on ne les fasse mal l'un et l'autre et qu'on ne compromette l'un par l'autre.

N'y a-t-il donc plus assez de travail autour de l'éducation démocratique, ou bien les méthodes pour la réaliser se seraient-elles montrées insuffisantes dans la pratique ? A la vérité, si c'était ainsi qu'on pense aujourd'hui au *Sillon*, son évolution serait comme l'aveu d'un échec de l'idéal sillonniste, sous l'apparent triomphe du nombre.

J'aime encore mieux croire que son « aventure politique » n'est qu'une déviation passagère du *Sillon*.

S'il y persévère, il utilisera les forces sociales actuelles, il en « profitera », mais il n'en créera plus.

Heureusement, rien de définitif n'est encore venu fixer cette tendance régressive. Espérons donc que l'éducation de la démocratie restera, tant que besoin en sera, la définition du *Sillon*.

Agréez, monsieur le Directeur, l'assurance de ma considération distinguée.

C. G.

On ne saurait mieux dire ; et je ne saurais mieux

faire que de rappeler certaines déclarations antérieures du *Sillon* :

Si d'ailleurs la lutte politique semble mal engagée et
peu rassurante, combien paraissent au contraire réconfortants les succès qui, partout, couronnent les efforts
désintéressés, à condition, bien entendu, qu'il ne s'y
mêle aucune arrière-pensée politique (1).

Etre de l'opposition, — ce qui, pour certains, hélas !
n'est qu'une façon détournée de faire carrière (!) —
qu'est-ce autre chose qu'anathématiser toujours le ministère, quoi qu'il fasse de bon ou de mauvais ?...
Disons, d'ailleurs, à la décharge de ceux qui, avec un
courage que nous ne saurions trop admirer, mènent la
lutte contre le sectarisme puissant, que leur attitude
même est la conséquence directe et nécessaire de celle
qu'ont prise leurs adversaires.

Cette politique est détestable. Il faut avouer qu'à
l'heure présente il est impossible d'en faire d'autre.
Quelques-uns de nos amis qui s'y sont essayés se sont
bien vite aperçus du danger qu'ils couraient: ils avaient
des idées..., ils réclamaient qu'on crût à leur sincérité... ils demandaient, par exemple, qu'on leur accordât cette épithète de républicains à laquelle ils avaient
droit, et, comme on leur disait « vous n'aurez notre
confiance que lorsque, au prix d'un sacrifice de vos idées
aux nôtres, vous vous aurez fait pardonner en quelque
sorte votre qualité de catholique », l'amour-propre fut
parfois vainqueur de la conviction et, la mort dans l'âme,
ils se résignaient à défigurer leurs opinions, afin que —
lamentable paradoxe — on consentît à reconnaître
qu'elles étaient belles.

Le Sillon s'est toujours maintenu à l'écart de ces
navrants spectacles. Il a proclamé bien haut qu'il ne
faisait pas de politique, parce qu'il n'avait pas le
droit de s'exposer à ce que l'esprit qui fait sa force

(1) *L'Esprit démocratique,* 1re partie, chap. VIII.

*put être enserré dans des équivoques, put être souillé
à leur contact impur* (1)... »

A Toulouse, où il présida d'abord une réunion des
prêtres amis du *Sillon*, Marc Sangnier fut amené à
expliquer comment l'œuvre du *Sillon, bien que très
nettement distincte de toute action politique*, devait
s'inspirer de l'esprit républicain (2).

J'aime surtout à relire cette page des *Vraies
idées du Sillon*, où M. l'abbé Desgranges, répon-
dant, au nom de son École, au reproche que je
faisais à celle-ci de dissimuler une action principalement politique sous le nom d'action sociale (3),
l'en défendait en ces termes :

Nous n'avons cessé de répéter qu'une agitation politique serait impuissante à porter remède à nos maux.
« Changez la clientèle gouvernementale, dit Marc Sangnier — et c'est à cela que s'acharnent les hommes politiques de tous les partis d'opposition — vous n'aurez
rien fait, si vous n'avez pas, en même temps, changé
l'opinion publique; et si nécessairement la clientèle
nouvelle ou quitte le pouvoir, ou ne peut y rester qu'en
se laissant entamer par ce mal qui ronge les masses
profondes de la société française...

Il faut donc transformer l'opinion publique. Il y a des
problèmes moraux, sociaux et religieux qui s'agitent, et
ce n'est pas en jetant des bulletins dans les urnes qu'on
résoudra ces problèmes (4)...

Pourquoi donc, un jour, dit-il encore dans ce même
discours sur *l'Avenir de la Démocratie*, les intérêts
véritables, les intérêts sociaux, les intérêts moraux ne
parviendraient-ils pas à être représentés par une poli-

(1) *L'Esprit démocratique*, chap. I.
(2) *Le Sillon*, 25 juin 1904.
(3) *Les Idées du Sillon :* le Sillon et la politique.
(4) Marc Sangnier, *l'Avenir de la démocratie.*

tique nouvelle, correspondant mieux à ces intérêts eux-mêmes ; et si l'organisation professionnelle permet aux représentants attitrés des différents métiers d'avoir voix au chapitre, si les questions sont souvent étudiées, si certaines solutions sont même élaborées par des professionnels, autrement dit si la politique s'élargit, s'enracine et est arrachée à cette clientèle de spécialistes politiciens, en vérité y verrez-vous grand dommage ?...

Notre pensée est claire : l'action politique est insuffisante. On ne guérit pas une éruption par des grattages ou par des emplâtres, mais bien par des remèdes internes qui assainissent le sang et reconstituent l'organisme tout entier.

La politique est une résultante, et en démocratie surtout, il convient qu'elle soit enracinée dans une solide organisation sociale. Tant que les citoyens n'auront pas reçu une certaine éducation civique, tant que les travailleurs ne participeront pas plus largement aux responsabilités économiques, tant que les masses électorales demeureront ignorantes, enlisées dans les préjugés et dans les équivoques, émiettées et irresponsables, nous attendrons en vain une République meilleure.

Une bonne politique sortira, au contraire, du travail profond d'éducation démocratique et de réforme sociale, comme les épis sortent des sillons.

L'action politique, ou plus exactement l'action électorale, ne nous paraît pas seulement insuffisante ; elle offrirait encore, si nous nous y livrions dès maintenant, un danger des plus graves pour le *Sillon* et risquerait de compromettre ses bienfaits ultérieurs.

Dans la société très tourmentée où nous vivons, il se produit à la fois des destructions impies, funestes, et des transformations inévitables. L'édifice social reçoit tout ensemble les coups de sape du temps et ceux des révolutionnaires. Deux tâches s'offrent à notre activité : défendre et étayer les parties essentielles de la maison nationale qui s'écroulent ; préparer les reconstructions indispensables de demain... le *Sillon* croit devoir s'occuper surtout de l'œuvre de reconstruction.

Dans ce dessein, nous nous efforçons de saisir avec soin le sens des évolutions inévitables, d'y adapter notre activité, de devenir apte à les conduire, de nous dégager de ce qu'il y a de caduc dans les formes sociales actuelles, de concevoir enfin, d'après les leçons chaque jour reçues de l'expérience et de la vie, le plan de la démocratie future. Cette œuvre, qui sera celle de notre génération, ne sera pas aisée à mener à bien. Il s'agit de délimiter des terrains nouveaux de labeur et de lutte, puisque, hélas ! ceux qu'avaient choisis nos aînés sont jonchés des tristes débris de leurs continuelles défaites. Nous croyons vraiment que nous devons avoir confiance, que nos idées seront fécondes, et que ces germes de rénovation sociale que nous portons en nous, Dieu les bénira. Dans ces conditions, qui ne comprendra que les vieux cadres de la politique actuelle fausseraient et paralyseraient ces conceptions neuves, ces initiatives nouvelles, et qu'une maladroite précipitation à sauver le présent nous ferait compromettre l'avenir.

Devons-nous donc croire qu'aujourd'hui on examine sérieusement au *Sillon* si « l'opinion publique est suffisamment transformée », si « les problèmes moraux, sociaux et religieux sont résolus », si « le travail profond d'éducation démocratique et de réforme sociale, d'où une bonne politique doit sortir comme les épis sortent du Sillon », est assez avancé pour qu'on songe à recueillir la moisson(1) ?

(1) Le *Sillon* du 10 septembre 1907 s'ouvre par un article de M. Hoog intitulé *Évolution politique*. En voici le début :

Si, jamais, le *Sillon* ne s'est interdit d'aborder le terrain de la politique militante — qui, plus que tout autre, sans doute, mériterait d'être assaini et fécondé — il a toujours affirmé, cependant, et aujourd'hui plus encore, qu'il était fermement résolu à ne rien sacrifier aux prétendues exigences de la politique et qu'il n'entrerait dans la bataille électorale que le jour où il pourrait s'y engager avec

Que parlons-nous de la décadence du *Sillon* ? Ne faut-il pas que sa prospérité et son développement aient pris des proportions inouïes depuis l'époque récente où il parlait comme il suit (mai 1906) ?

La politique, considérée sous son véritable aspect, est un résultat et non pas un but. Si elle n'est plus en incessante communication avec l'âme populaire, elle devient quelque chose de faux, d'artificiel et de malfaisant ; il importe qu'elle soit toujours en relation étroite avec la vie même de la nation et qu'elle en soit l'expression : comprise dans ce sens élevé et large, elle sera l'aboutissement et comme la récolte naturelle d'une longue, désintéressée et intelligente éducation sociale.

L'éducation sociale est donc, en quelque sorte, primordiale et antérieure à toute action politique ; notre but ne doit pas être d'embrigader des aveugles, mais d'abord de donner à chacun le sens de l'indépendance et des responsabilités : voilà l'œuvre propre de l'éducation, le véritable travail qui s'impose. Si nous voulons voir un jour instaurée dans notre pays une politique de principes, commençons par conquérir les consciences, les intelligences et les volontés. Les sociétés ne se réforment pas d'en haut, mais par la base : en un mot, comme on l'a dit justement, ne visons pas à la conquête du pouvoir, mais d'abord à la conquête de l'âme française (1).

Je lis encore, à la même date, dans un communiqué officieux à la revue *Demain* (2).

Le *Sillon* reconnaît l'heureuse influence exercée par

toutes ses idées, respectueux de toutes ses méthodes, gardant intact tout son honneur.

Ce jour est-il arrivé ? Telle est la question que se sont posée plusieurs amis du *Sillon*. Certains même se sont essayés à proposer quelques solutions...

(1) *À la voile*, organe des Sillons du Nord.
(2) *Demain*, 11 mai 1906.

une bonne législation dans l'ordre politique ou économique, il s'unit donc à tous les hommes de bonne volonté sur le terrain des réformes sociales pour en hâter, dans la mesure de ses forces, l'avènement. Mais il croit que ces réformes seraient impuissantes, sans l'esprit qui doit les animer, à assurer le bonheur et le progrès social. Il les considère plutôt comme la résultante logique de l'œuvre d'éducation populaire qu'il a entreprise pour rénover les âmes et instaurer au cœur de la nation les mœurs nouvelles qui produiront d'elles-mêmes les bons gouvernements et les bonnes lois. Il ne veut pas de ce pouvoir superficiel dont une coalition de partis ou d'intérêts dispose d'une façon éphémère; son ambition est plus haute : il ne comprend le pouvoir que solidement enraciné dans l'opinion publique, puisant sa force dans l'adhésion interne des consciences, des intelligences et des volontés.

Le *Sillon* ne méconnaît pas l'œuvre nécessaire de défense, la vaillance et la générosité de ceux qui s'y dévouent ; mais cette œuvre n'est pas la sienne, puisqu'il la considère comme insuffisante à assurer la victoire, car, pour vaincre, il faut non seulement résister, mais conquérir, *c'est pourquoi il n'est pas un mouvement politique.* Sa tâche n'est pas bornée aux résultats immédiats, son horizon s'étend au delà de la génération qui passe, il s'agit pour lui de faire l'éducation de l'âme populaire, de fonder, en se conformant aux conditions de la réalité et de l'expérience, la société nouvelle où vivra un peuple régénéré.

**

La réalité, la voici :

Il n'y a là qu'un nouveau cas de cette ambition brouillonne du *Sillon* ou, plus exactement, de son chef, de cette présomption égalée seulement par son absolue incapacité, qui le fait se jeter à la tête de tous les courants d'action ou d'opinion, avec l'espoir de s'en emparer, et passer de l'un à l'autre, les abandonner tour à tour, après n'avoir laissé d'autre trace que celles de son agitation stérile et de sa malfaisance.

A l'époque où, sous le nom d'américanisme et de rénovation religieuse, les erreurs modernistes commencèrent à se répandre dans les milieux catholiques, en France, et dans le clergé, le *Sillon*, ce groupement de jeunes laïques sans instruction et sans doctrine théologique, s'y jeta avec une ardeur qui ne fut surpassée par nul autre. Les colonnes de sa revue se remplirent de commentaires sur l'Encyclique *Æterni Patris* et de projets de réforme de l'enseignement ecclésiastique, jusqu'au jour où on se trouva si compromis qu'il fallut couper court.

Alors, on se lança dans le projet de fédérer, c'est-à-dire d'absorber tous les groupements de cercles d'études et de jeunesse catholique, ce qui ouvrit une ère de divisions.

Il y a trois ans, Marc Sangnier découvrit l'action sociale et économique (1). Un beau jour, le *Sillon* se mit à emplir la France de ses déclamations presque révolutionnaires, et si quelque chose put gâter un mouvement dont le pays et l'Eglise auraient eu beaucoup à attendre, ce fut bien le tapage fait par le *Sillon* pour s'y rendre important. Mais

(1) Marc Sangnier en a marqué lui-même la date, lors de la conférence de Roubaix (9 mars 1905) :

« Nous voudrions faire plus et commencer à organiser la démocratie non seulement en nous-mêmes, en nous libérant des préjugés, des partis pris et des convictions, mais déjà, autour de nous, en organisant matériellement l'embryon de *cette cité future* que nous rêvons. *Voilà pourquoi, depuis quelques mois, le* Sillon *s'occupe activement d'œuvres économiques.*

en fait d'œuvres sociales, qu'a-t-il réalisé? Rien.

Aujourd'hui, il fait entrevoir à la France qu'il va prochainement s'occuper de lui donner une direction politique.

Après, sans doute, il reviendra à l'Eglise, pour la régénérer.

C'est pourquoi nous ne pouvons trouver une conclusion plus juste que d'inviter le président du *Sillon* à s'appliquer, à prendre pour lui-même cette page récemment écrite par Marc Sangnier, sur le Bon sens (1) : Mais à quoi bon? Il sera probablement le seul à ne pas se rendre compte que faire trop pompeusement l'éloge d'une qualité dont on manque est encore une preuve du manque de bon sens.

Quoi qu'il en soit, pour l'édification des autres, voici son morceau :

On se figure parfois que le bon sens est une vertu médiocre et bourgeoise. On s'imagine qu'il convient à ceux qui n'ont pas d'enthousiasme, pas d'ardeur, et qu'il ne saurait s'allier à la fougue et à la passion réformatrice et révolutionnaire.

On se trompe. Le bon sens est justement, au contraire, la vertu nécessaire de ceux qui veulent changer quelque chose à la société présente, qui ont la hardiesse de penser et le courage d'agir en dehors des chemins usés.

Voici pourquoi.

Les hommes médiocres sont préservés à la fois des grands élans et des grandes chutes s'ils sont sans cesse

(1) *L'Eveil démocratique*, 28 mai 1907.

guidés et soutenus par les conventions qui les empêchent
aussi bien de tomber que de s'élever. Comme ils ne s'a-
venturent jamais hors des sentiers battus, ils traînent
toute leur vie selon des rites fixés à l'avance : leurs pas-
sions comme leurs vertus ne connaissent jamais les coupables ou magnanimes emportements. Etant absolument incapables de se conduire par eux-mêmes, ils sont,
en réalité, menés par une moyenne d'idées courantes
qu'ils n'ont pas élaborées et qu'ils ont, sans examen,
reçues toutes faites. Ils peuvent, en somme, sans grand
dommage, se passer de bon sens.

Mais ceux qui découvrent, au-dessus d'une foule
aveugle et courbée, de nouveaux et sublimes horizons
vers lesquels ils s'élancent ; ceux qui ont brisé les barrières étroites des conventions artificielles ; ceux qui ont
le constant souci, non de faire comme les autres, mais
de faire, en vérité, ce qu'ils doivent faire ; ceux qui, har-
dis navigateurs, voguent à pleines voiles sur une mer
encore inconnue et qui renoncent à suivre les rivages
familiers ; ceux-là, certes, ont besoin d'une solide et sûre
boussole. Ils ont besoin de mesurer à chaque instant
la route qu'ils ont franchie, de prévoir jusqu'où les
conduira l'effort actuel qu'ils viennent de donner. Il leur
faut du bon sens.

Tous les conquérants, tous les grands fondateurs,
depuis Napoléon jusqu'à François d'Assise, ont dû trouver en eux-mêmes cette raison que le commun des hommes rencontre et accepte dans les usages et les coutumes
reçus. Tous ont vérifié cette parole d'Alfred de Vigny :
« Le génie, c'est un grand bon sens. »

Qu'on ne vienne donc pas rabaisser une aussi sublime
vertu ! Qu'on ne la calomnie pas surtout, en se la figu-
rant sous des traits faux et injurieux et en la rapetissant
à la taille mesquine de ceux qui tenteraient de l'opposer
à ce qu'il y a de plus noble, de plus désintéressé, de plus
généreux dans l'âme humaine.

Ne nous laissons pas entraîner à de pareilles méprises,

et, si nous avons conçu de hauts et magnanimes desseins, n'oublions pas que nous avons besoin, pour les réaliser, d'un bon sens d'autant plus résistant que nos projets sont plus distants de la routine commune de nos contemporains.

Il n'est pas jusqu'aux œuvres même de l'imagination et du sentiment qui n'exigent un tact, une justesse intérieure, une exacte mesure sans lesquels les plus puissants ressorts se briseraient, incapables de produire aucun mouvement.

Sachons donc respecter et vénérer toujours le bon sens, nous surtout qui avons besoin de lui, puisque, mécontents du présent, nous voulons un avenir meilleur et que, pour l'obtenir, nous ne saurions nous passer de cet indispensable instrument. Comment bâtir une demeure qui puisse tenir debout, si nous méconnaissons les lois mêmes de l'équilibre ?

A merveille !

CHAPITRE VIII

Grandeur et décadence.

Le *Sillon* a noué de ses propres mains la corde
qui l'étrangle aujourd'hui. Il est victime de ses
propres agissements. Le comble de son infortune
est qu'il doit s'en prendre à lui-même du discrédit
où il est tombé aux yeux de l'épiscopat.

Cependant il n'a pas complètement tort, quand il
répond qu'on n'a pas lieu d'être si surpris de l'entendre parler politique.

Et c'est à quoi il est bon de nous arrêter en terminant.

La prospérité du *Sillon*, son développement
rapide, ses succès bruyants sont principalement
dus à la faveur de l'autorité ecclésiastique. Il n'eût
jamais attiré l'attention à ce point, ni conquis
autant de sympathies, d'adhésions et d'enthousiasme, sans son appui déclaré.

Or celui-ci était déterminé par deux causes. Il
faut sans doute voir la principale dans le caractère
de mouvement *catholique*, dont le *Sillon* se parait
avec courage, avec fierté, et même avec ostentation;
dans la générosité de sa foi, dans les affirmations
de son dévouement à l'Eglise, à la direction de ses
représentants.

Mais, il ne faut pas, non plus, craindre de le dire, cette faveur avait une autre cause, moins avouée, moins consciente peut-être, mais réelle aussi : c'était justement la tendance politique du *Sillon*.

Il ne déplaisait pas, alors, que Marc Sangnier et son école déclarassent hautement leur sympathie pour le régime actuel ; car ce n'est pas d'aujourd'hui, en effet, qu'ils la confessent et s'en font un titre. Mais tout en s'affirmant républicains, tout en prônant la République avec fanatisme, tout en repoussant tout accord avec ceux qui ne professaient pas la même fidélité, ils se défendaient plus haut encore de faire de la politique.

Cela s'appelait, pour presque tout le monde, se placer sur le terrain *constitutionnel*.

On était heureux de pouvoir patronner un mouvement catholique qui promettait d'accomplir de grandes choses pour la rénovation religieuse, tout en manifestant une sainte horreur pour ce qui aurait eu couleur d'opposition au régime; car telle était l'exigence de l'évolution marquée par le Ralliement.

Il n'y a point de témérité à dire que si le *Sillon*, même en donnant d'égales espérances au point de vue de la foi, avait été moins *constitutionnel*, il n'eût pas aussi vite conquis les suffrages.

Par quel événement les a-t-il perdus ?

Impossibilité particulière d'invoquer son indépendance à l'égard des évêques, impossibilité particulière de se constituer ouvertement en mouvement politique sans provoquer les désaveux de l'autorité religieuse : voilà le double nœud que le *Sillon* s'est lui-même passé au cou.

S'il s'était fondé et maintenu dans les conditions ordinaires des œuvres *politiques*, dont il se réclame aujourd'hui, des œuvres n'ayant pas un but directement religieux et social, le *Sillon* eût été parfaitement en droit de réclamer cette indépendance et cette liberté.

Les évêques ne sont pas chefs naturels en politique; ils n'y interviennent qu'au nom de la moralité et de la religion; et toute action ou organisation politique qui ne blesse ni les lois de la morale ni les intérêts religieux, échappe à leur autorité. Ils n'en pourraient prendre la tête qu'en se montrant les premiers des citoyens, comme on l'a vu autrefois, pour le plus grand bien du pays et de l'Eglise.

L'action sociale a des rapports encore plus étroits avec la morale et la direction religieuse que l'action politique. Une des erreurs du *Sillon* a été de le méconnaître, d'abord par des déclarations, à peine voilées(1), puis par des actes publics.

Mais, quoi qu'il en dise aujourd'hui, le *Sillon* s'est présenté, s'est fait adopter, s'est proclamé avec plus d'éclat même que de mesure, comme un mouvement essentiellement *religieux*, un mouvement *d'action sociale catholique*.

C'est à ce titre qu'il a obtenu la faveur du clergé et que tant de hauts personnages ecclésiastiques fondaient sur lui de si chères espérances.

Il suffit de rappeler en quels termes lui furent accordées les approbations les plus hautes, celles dont le *Sillon* s'était fait un invincible bouclier, pour se défendre contre toutes les critiques.

(1) *Les Idées du Sillon*, pp. 153 à 157.

Quand le cardinal Rampolla lui écrivait, en 1902, cette phrase tant exploitée depuis : « Il m'est très agréable de vous faire savoir que *le but et les tendances du Sillon ont hautement plu à Sa Sainteté* », ce but et ces tendances spécialement bénis, le secrétaire d'Etat les précisait en ajoutant : « Pour cette raison, Elle bénit de tout cœur les efforts que les membres de cette œuvre entendent faire *pour promouvoir le véritable esprit catholique dans le sein de la société et Elle en espère le succès désiré.* »

Et lorsque le cardinal Merry del Val prononçait à son tour ce jugement trop flatteur, dont le *Sillon* a si bruyamment triomphé : « Sa Sainteté s'est complue à encourager LES SAGES INITIATIVES du *Sillon* », lui aussi précisait en ajoutant : « Et dans l'espérance d'en voir toujours les bons résultats *au service de la religion pour le réveil de la foi et des sentiments catholiques*, Elle a béni, etc... »

Aujourd'hui le *Sillon* se déclare *un « mouvement républicain et démocratique qui, se plaçant donc sur le terrain temporel, ne saurait tomber sous la juridiction des évêques »*, « *un mouvement laïque se proposant de réaliser en France une république démocratique, honnête, juste et fraternelle »*.

D'où il appert qu'en se définissant de la sorte le *Sillon* donne complètement raison à celui qui marquait déjà son caractère et son but politiques en écrivant *les Idées du « Sillon »*, mais fausse compagnie à l'Eglise avec une désinvolture qui, naturellement, la froisse.

En un mot, l'équivoque sur laquelle reposait sa fortune a fini par se dissiper ; et, avec elle, son prestige.

Je trouve cette équivoque exactement décrite

dans une récente déclaration d'un personnage ecclésiastique de Reims (*Courrier de la Champagne,* 21 sept. 1907). Et, comme, d'ailleurs, c'est un jugement d'ensemble, je le citerai en entier :

Demain aura lieu à Reims une Journée-Congrès du *Sillon.* Marc Sangnier tiendra une réunion publique au Cirque.

La personnalité et l'œuvre du fondateur du *Sillon* ont été fort discutées ces derniers temps. C'est pourquoi, avant de rendre compte en toute impartialité des travaux du Congrès, nous avons cru intéressant de nous enquérir des sympathies ou des antipathies que rencontrent le *Sillon* et les sillonnistes à Reims.

Un prêtre du diocèse, dont la modération, le jugement droit et l'indulgence nous sont connus, nous donne le premier son sentiment. Contrairement à son habitude, il se montre rigoureux et absolu dans ses appréciations.

— J'estime, nous dit-il, que le *Sillon* a mérité les critiques sévères qu'ont portées sur lui Mgr Delamaire et Mgr Péchenard, qu'on ne peut pourtant accuser d'être des esprits étroits et intolérants et qui furent des amis de la première heure du *Sillon.* Ils ont été les interprètes d'une grande partie de l'épiscopat qui a d'abord été bienveillant, puis indulgent, puis enfin justement méfiant.

Le *Sillon* nous a irrités profondément par son esprit d'exclusivisme. Lui seul a le monopole de la vérité. Tout ce qu'il fait est bien ; tout ce que font les autres est mal. S'il savait seulement ce qu'il veut, il aurait une doctrine ! Mais peut-on appeler doctrine l'ensemble de théories vagues, inconsistantes, imprégnées d'humanitarisme et de quelque peu d'antipatriotisme qu'ébauche Marc Sangnier, au hasard des circonstances ?

On a reproché à Marc Sangnier ses accointances avec les protestants et les anticléricaux.

Le fait d'organiser des réunions publiques en commun, d'avoir des relations fréquentes avec des adver-

saires ne constitue pas à mon avis un péril. Il peut se
justifier par un très noble désir de conquête et produire
de bons résultats lorsqu'on est bien armé. Mais Marc
Sangnier est un rêveur, un illuminé, sans idées nettes,
sans bagage de connnaissances positives, sans plan arrêté,
qui se met souvent en état d'infériorité évidente vis-à-vis
des socialistes et des anarchistes, lesquels ont du moins
un programme qui est tout ce qu'il y a de plus positif.
On l'a bien vu à la conférence de Roubaix, où Marc
Sangnier n'a réussi, en fin de compte, qu'à céder à la
force de la logique et de l'argumentation de Jules
Guesde, auquel il a dû faire toutes sortes de concessions.

Il en est de même partout. Le *Sillon* ne fait pas de
conquêtes. Il aboutit tout au plus à procurer des auditoires bien pensants aux démagogues qui profitent de
l'aubaine pour catéchiser les nôtres de leur mieux.

— Et le *Sillon* de Reims, objectons-nous, l'enveloppez-
vous dans les critiques que vous faites du *Sillon* en
général?

— Le *Sillon* de Reims, depuis qu'il est fondé, n'a fait
que piétiner sur place. On lui avait pourtant laissé le
champ libre et il n'avait en face de lui aucun groupe rival.

Voyant cette inaction, la Jeunesse Catholique s'est
reconstituée. Aussitôt, on organise le Congrès que vous
savez et cela malgré le désir contraire exprimé par l'autorité diocésaine.

— Mais il nous semble que l'autorité diocésaine n'avait
pas à intervenir. Le *Sillon* n'est pas un parti catholique.
Il s'en défend énergiquement, comme vous avez pu le
constater au dernier Congrès catholique de Reims.

— Ah! je vous attendais là. *Le Sillon,* — je parle du
*Sillon en général, — vit sur une équivoque. Il est
parti catholique lorsque cela peut lui profiter pour
prendre pied officiellement dans les patronages,
dans les séminaires, dans les associations de jeunes
gens. Sitôt que l'autorité diocésaine prétend exercer
un contrôle sur lui, il se dérobe et allègue qu'étant*

*un parti républicain et démocratique, il n'a pas plus
de compte à rendre à la hiérarchie ecclésiastique que
l'Action libérale ou tel autre groupe du même genre.*

Et notre interlocuteur conclut... « Je souhaite que le
Sillon ne fasse pas de mal. En tout cas il aura stérilisé
complètement pendant longtemps bien des énergies, des
intelligences et des dévouements que nous ne retrouverons peut-être plus lorsque nous en aurons besoin. »

Un second prêtre, appartenant également à l'élite du
clergé rémois, auquel nous avons été demander ce qu'il
pensait du *Sillon*, nous a refait, à peu près dans les
mêmes termes, les critiques que l'on vient de lire plus
haut. Il affirma sa sympathie personnelle très vive pour
la plupart des membres du *Sillon* qui sont, nous dit-il,
de très bons catholiques très bien intentionnés. « Mais
autant, ajouta-t-il, j'aime les personnes, autant je réprouve l'œuvre, que je considère comme néfaste. Vous
pouvez affirmer, sans crainte de vous tromper, que les
principaux ecclésiastiques du diocèse pensent absolument
comme moi. »

Et voici, d'après le même journal, comment les
sillonnistes, qu'il a impartialement questionnés,
répondent à ce reproche d'équivoque :

— Tout le mal, continuent les deux membres du *Sillon,* est venu de ce que l'on nous a pris comme un *groupement catholique,* alors que nous étions un *groupement laïque de catholiques,* ce qui n'est pas la même
chose.

L'erreur initiale, commise sur notre compte, provient
de ce fait que beaucoup de prêtres, directeurs de patronages ou de cercles, voulant occuper leurs jeunes gens à
autre chose qu'à des parties de billard ou de manille,
ont fondé dans leurs maisons des cercles d'études affi-
liés ensuite par eux au *Sillon* qu'ils considéraient comme une association pieuse, aussi recommandable et
pour les mêmes raisons que la Jeunesse Catholique. Ce

n'est pas nous qui les avons trompés. Ce sont eux qui se
sont trompés sur le caractère de notre œuvre.

On nous la baille belle ! Pour un peu, le *Sillon*
se plaindrait aujourd'hui des importunes sollicita-
tions dont le fatiguaient ces patronages et cercles
d'Etudes pour obtenir une place dans son giron,
sans se douter qu'ils troublaient son action recueil-
lie et silencieuse.

En réalité, il a tout fait pour les attirer à lui, de
tous les points du pays et de toutes les origines,
afin de les englober.

Remarquons d'abord que, le *Sillon* étant, avant tout,
une *union morale*, tous ceux qui ont nos *tendances*,
adoptent nos *méthodes* et poursuivent le même *but* en
esprit d'amitié avec nous, sont du *Sillon* (1).

On voit tout ce que cette méthode a d'envelop-
pant.

Ce fut même un spectacle intéressant de suivre
les phases de ce mouvement qui, « sans être une
œuvre, » aboutit néanmoins à une Association
solidement organisée.

Le moyen de savoir si les individus et les groupes avaient l'âme du *Sillon*, n'était-ce pas de les
inviter, de les convoquer à de grandes réunions, à
des congrès où l'on s'éprouverait de part et d'autre ?

Nous tenons à être sincères avant tout, dit M. Marc
Sangnier ; nous avons toujours été adversaires de ces
unions de groupes vagues et imprécises dans lesquelles
on embrigade à force d'équivoques tous les jeunes catholiques, et qui petit à petit sont accaparées au profit
d'une Association. Nous voulons que l'on ne vienne au

(1) *Le Sillon*, 2 août 1904.

Sillon que dans sa pleine conscience et avec toute son âme (1).

En conséquence, et pour preuve, le *Sillon* organisa, sous le nom de *Congrès nationaux des Cercles d'Etudes de France*, des congrès présidés par M. Marc Sangnier, où les groupes isolés, et ceux rattachés à d'autres Associations similaires et plus anciennes, telles que l'Association de la Jeunesse catholique, furent invités à envoyer des représentants.

Quand le *Sillon* a pris, en 1901, l'initiative des Congrès nationaux, des Cercles d'Etudes, des Instituts Populaires, *ce fut avec l'intention de donner une certaine cohésion à tous ces Cercles d'Etudes, qui, à part la région du Sud-Est, se trouvaient isolés à travers toute la France. A ce moment, le Sillon ne cherchait qu'à répandre ses idées, qu'à faire pénétrer dans les Cercles son esprit, ses méthodes qui commençaient à se préciser* (2).

Deux ans après, au Congrès de Tours, en février 1903, le moment parut déjà favorable pour tenter une *fédération nationale des Instituts Populaires* et, sous le couvert de ces Instituts propres au *Sillon*, la fédération de tous les *Cercles d'Etudes*, nom générique des groupements existant dans les patronages, les séminaires, etc.

« On a parlé beaucoup des Cercles d'Etudes et des Instituts Populaires à ce Congrès, — dit un compte rendu indépendant — on a même fait une fédération nationale des Instituts Populaires. Il y a là quelque chose qui a paru très vague, très peu net à beaucoup d'assistants. Le

(1) *Le Sillon*, 10 mars 1905.
(2) *Le Sillon*, 10 mars 1905.

lien du *Sillon* avec les *six cents Cercles d'Études* dont les rapporteurs faisaient état a semblé bien ténu. On a dit que ces six cents Cercles n'étaient point tous fondés par le *Sillon*, mais qu'ils avaient « l'esprit du *Sillon* ». Est-ce bien certain ? Et peut-on affirmer que ces Cercles ont « l'âme commune » parce qu'ils sont abonnés à une revue et que quelques-uns envoient à l'occasion des délégués au Congrès des Cercles d'Études ? En fait, il existe par toute la France un réseau de Cercles d'Études se rattachant à des organisations diverses. Aussi s'explique-t-on que le *Sillon* ne possède pas la liste des Cercles d'Études *qu'il considère comme ses adhérents*, et quand on a demandé de l'établir et de la publier, on a encore fait des réserves (1).

« Il se trouva *dix-sept* Instituts Populaires pour constituer la fédération nationale, *encore ce titre fut-il accordé séance tenante, et sans aucun examen de leurs titres, à des Cercles d'Études inconnus jusque-là du Sillon.* »

Mais alors, concluait-on, « si c'est une fédération des Cercles d'Études qui est le but réellement poursuivi, comment se fait-il que les six cents Cercles à fédérer ne soient pas tous des créations du *Sillon*, et que l'on n'en ait même pas la liste ? Est-ce suffisant pour prétendre leur imprimer l'âme et la direction communes (2) » ?

Et je me souviens, car j'étais présent, de la vivacité, pour ne pas dire de l'emportement, avec lequel Marc Sangnier, aiguillonné par ces interrogations dont il sentait la pointe, et incapable de cacher complètement son vrai dessein, répondit aux applaudissements de sa cohorte : « Ce qu'on veut dire c'est que personne n'obligera le *Sillon* à demeurer un simple mouvement d'idées, servant seulement de lien entre les groupes, c'est que le

<hr>

(1) Le journal *la Sarthe*, 22 février 1903.
(2) Même compte rendu.

Sillon doit s'organiser enfin ; et personne ne m'empêchera de faire un jour ce que Dieu m'aura inspiré (*sic*)? »

A la bonne heure !

Autre nœud non moins douloureux, autre ironie du sort ! L'impossibilité pour le *Sillon* de s'avouer publiquement un mouvement politique, sans voir les évêques se détourner de lui, est une conséquence naturelle et inévitable de sa campagne acharnée contre la seule idée d'un *parti catholique.*

On sait que c'était là, que c'est encore le *delenda Carthago* du *Sillon.* Marc Sangnier et ses acolytes enflent leur voix, jusqu'à la briser, quand il s'agit de signaler « le terrible danger » qui nous menace et nous ferait « courir à l'abîme (1) ». Et il ne s'agit plus que de cela, chaque fois qu'ils parlent.

Plus que tout autre, à cause de son influence sur les milieux ecclésiastiques et de son crédit près des évêques, Marc Sangnier a contribué à faire prévaloir dans beaucoup d'esprits la thèse maîtresse du libéralisme, qui sépare la religion d'avec la politique. Car, personne ne peut s'y tromper, si ce n'est volontairement : ce qu'on repousse dans le *parti catholique,* ce n'est pas la dénomination ou le mot, qui ne ferait question pour personne ; c'est la chose même, c'est-à-dire la défense des intérêts religieux sur le terrain de la politique. Ce qu'on préconise, par le fait même de l'opposition au parti catholique, — et la logique libérale, celle du *Sillon,* spécialement, n'exige pas moins, — c'est la renonciation des citoyens catholiques à toute résistance

<hr>

(1) *Le Sillon,* 25 février 1905 : le parti catholique.

efficace au pouvoir, c'est l'abandon de la lutte politique, l'abdication des droits de Dieu et de la religion dans la société civique, la soumission à la tyrannie; tout cela sous le couvert de l'esprit évangélique, qui devient un simple masque, tout cela remplacé par un plan chimérique de rénovation sociale et chrétienne, relevant la société par la seule vertu de la perfection individuelle; comme si le fait même, le fait seul de vivre dans l'Etat constitué politiquement ne créait pas, au point de vue religieux, qui est la loi suprême de la société, comme de l'individu et de la famille, des droits et des devoirs politiques d'un ordre spécial. *Hæc oportuit facere et illa non omittere.*

Le *Sillon*, dis-je, est particulièrement responsable de cet état d'esprit régnant actuellement chez nous, surtout, peut-être, dans le clergé, et dont il est difficile de ne pas voir la trace dans ces consultations épiscopales récemment provoquées, et trop facilement obtenues par des journalistes sans mandat, connus par leurs campagnes soumissionnistes et modernistes.

Or, qu'est le *Sillon*, aux yeux des évêques, malgré ses efforts actuels d'émancipation laïque? Pour eux, il est resté, il demeure avant tout un mouvement catholique.

Mais les groupements catholiques, comme tels, doivent s'abstenir de la politique.

Quoi qu'il en soit du principe en lui-même, on doit rendre justice à la sincérité, à la loyauté avec laquelle l'épiscopat en fait ici l'application : Le *Sillon* se déclarant mouvement politique devient nécessairement un *parti catholique* et tombe sous ses propres anathèmes. *Tel cuide engeigner autrui...*

Mais la vraie conclusion que je veux tirer se rattache à un autre point de vue. Elle est la constatation de ce résultat incomplet dont je faisais l'aveu dès la première page. Et il tient à ce que les désaveux épiscopaux ont plus visé la tendance du *Sillon* à l'action politique que ses erreurs sociales et religieuses.

Certes, les actes épiscopaux que nous avons énumérés sont un coup accablant pour Marc Sangnier et son école, d'autant plus que, précédemment, ils s'enorgueillissaient d'une plus haute faveur.

Mais, quoique certains aient pu croire ou dire, ce n'est pas dans l'humiliation du président du *Sillon* que nous mettrions notre triomphe, c'est dans la réparation du mal qu'il fait.

Or, le désaveu de son ambition politique n'y suffit pas.

Plusieurs évêques, il est vrai, ont marqué, en termes brefs, mais significatifs, leur désapprobation et leurs inquiétudes sur divers points de sa conduite; et, d'ailleurs, le seul fait de leurs réserves officielles est déjà un grave avertissement pour les catholiques.

Mais si cette remarque nous est permise, puisque l'épiscopat, considérant surtout le *Sillon* comme un mouvement d'*action sociale catholique*, revendiquait à si juste titre son droit de contrôle et de direction, n'y aurait-il pas eu lieu de signaler plus tôt la violation ouverte et constante des règles tracées dans cet ordre par les souverains Pontifes Léon XIII et Pie X, rappelant les principes et les traditions de l'Eglise ?

En finissant d'écrire *les Erreurs du Sillon*, nou disions :

« Un des plus grands périls qui menacent l'Eglise de France est, à notre avis, que, depuis un certain temps, on semble attacher moins d'importance à la pureté de la doctrine qu'à la ferveur des intentions, et que, sous le prétexte d'éviter les causes de discussions, on ferme assez volontiers les yeux sur la valeur des idées, là où s'affirme un grand désir du bien. »

Les récents actes du Saint-Siège ne sont pas pour affaiblir l'importance de cette réflexion.

Et voilà pourquoi, aujourd'hui encore, nous réjouissant du résultat acquis grâce à la courageuse vigilance de plusieurs évêques, nous émettons de nouveau le vœu qu'il soit dit plus explicitement que le *Sillon* béni et loué par tant d'autorités ecclésiastiques n'a jamais été :

« Ni le Sillon qui fraternise avec les *Unions chrétiennes* protestantes,

« Ni le Sillon américaniste,

« Ni le Sillon loysiste,

« Ni le Sillon réformateur des études ecclésiastiques,

« Ni le Sillon propagateur des fausses notions du dogme,

« Ni le Sillon sacrifiant les preuves rationnelles de l'existence de Dieu dans l'apologétique populaire.

« Ni le Sillon affirmant que la vérité et la divinité du Christ « s'expérimente plutôt qu'elle ne se prouve »,

« Ni le Sillon condamnant en public la religion d'Etat,

« Ni le Sillon faisant cause commune avec les

démocrates chrétiens, exaltant M. l'abbé Naudet et M. l'abbé Dabry comme des martyrs, et couvrant de son adhésion enthousiaste le scandaleux discours de M. l'abbé Lemire sur la loi de Séparation,

« Ni le Sillon saluant la persécution religieuse comme un événement providentiel en faveur de la démocratie, et avantageux en lui-même pour l'Eglise,

« Ni le Sillon abusant de l'Evangile, à la façon des protestants, pour justifier ses écarts et ses erreurs,

« Ni le Sillon cherchant à enfermer la vérité religieuse et l'enseignement social de l'Eglise dans les formules et les clichés de leurs adversaires,

« Ni le Sillon faisant découler la démocratie de l'Evangile,

« Ni le Sillon qui couvre du nom d'action sociale catholique son action démocratique républicaine,

« Ni le Sillon présentant le Christ comme l'intérêt général *humain* et absorbant en lui tout intérêt privé ou social.

« Ni le Sillon prêchant un humanitarisme mystico-socialiste,

« Ni le Sillon condamnant la Société actuelle à disparaître,

« Ni le Sillon contredisant l'enseignement social de l'Eglise sur tous les points :

« En voulant réduire à un minimum la propriété,

« En lui opposant l'esprit chrétien,

« En refusant de chercher la solution des luttes de classe dans l'entente entre patrons et ouvriers,

« En combattant avec acharnement les syndicats *jaunes* pour ces raisons,

« En excitant au mépris et à la haine des patrons,

« En excitant les convoitises et les rancunes populaires par l'attente de la suppression du patronat
et du salariat,

« En prêchant le nivellement des classes,

« En soutenant qu'il ne faut pas être anti-socia-
liste,

« En contestant qu'il y ait des *erreurs sociales*
condamnées par l'Église,

« En troublant l'ordre social par sa participation
à des menées révolutionnaires,

« En déclarant que l'idée de patrie, en cas de
conflit armé, aboutit à une idée immorale,

« En livrant à la dérision le patriotisme militai-
re, auquel il oppose l'humanitarisme international,

« En dénigrant l'armée,

« En couvrant d'un pharisaïsme de mansuétude
évangélique les attaques violentes et les insinuations malignes dont il poursuit les catholiques
opposés à ses idées; en se targuant d'une charité à
toute épreuve, mais ne voyant en eux que de la haine,

« En semant partout la division, par son intolérable prétention de dicter aux catholiques leur
devoir ou de juger leur conduite, lorsque la sienne
est manifestement condamnable, comme dans la
question de la résistance aux inventaires ou des
élections, et dans presque toutes les questions
sociales (1).

(1) Voir les preuves et documents dans *les Erreurs du Sillon*.

APPENDICE

DEUX MAITRES DE LA VIE INTÉRIEURE

*L'auteur de l'Imitation de Jésus-Christ
et Marc Sangnier auteur de « la Vie profonde ».*

Non, il n'est pas vrai que le ridicule puisse tuer un homme dans la France d'aujourd'hui ; car Marc Sangnier devrait être mort depuis longtemps. Dans tous les cas, voici qui aurait dû l'achever.

Nous l'avons entendu saluer du titre de « Nouveau Messie (1) ». Aujourd'hui ses nouveaux amis le comparent à l'auteur de l'*Imitation !*

Rapprochement quasi sacrilège, car *la Vie profonde*, portée presque à la même hauteur que ce livre céleste, vénéré par toute l'Eglise, ne contient que les élucubrations d'un cerveau malade et d'une imagination malsaine

C'est le pasteur protestant, Edouard Soulier, qui, dans cette fameuse journée du 30 juin 1907, où Sillonnistes et jeunes gens des Unions chrétiennes fraternisèrent pour « la défense de la civilisation chrétienne en péril », lui décerna cette apothéose, aux applaudissements des catholiques et des membres du clergé présents à cette manifestation.

(1) Voir *les Erreurs du Sillon*, 1re partie, chap. 1er.

En bon protestant, il développait cette pensée qu'une puissante vie intérieure, entretenue par une attention soutenue à l'inspiration intime de la conscience, est le fondement de cette civilisation.

Il ajouta :

Aussi, puisque la civilisation chrétienne fait résider l'idéal de la vie individuelle dans une vie liée et pour cela appuyée avant tout sur les inspirations de la conscience, il était tout naturel que les chrétiens doués des consciences les plus pures et des esprits les plus pénétrants laissassent aux autres, comme guide, leurs observations et leurs expériences, le signalement des dangers moraux dont il convient de se garer, le secret de l'entrée en possession des forces spirituelles. C'est ainsi que nous avons, par exemple, l'*Imitation de Jésus-Christ* et, encore, cet autre ouvrage tout récent que je veux nommer : *la Vie profonde*, de Marc Sangnier. Les chrétiens lisent des livres qui développent la vie intérieure ; ils ont l'habitude de l'examen méthodique de conscience, et il est avéré que c'est cette intense vie intérieure qui assure seule à la fois l'originalité, l'indépendance, le courage, la volonté (1).

Eh bien! Surmontons le dégoût que pareil effort nous inspire, et mettons sous les yeux du lecteur quelques pages du manuel de vie intérieure de Marc Sangnier. Voici le chapitre qui a pour titre : *Au-dessus des forces humaines* (2).

Auprès d'une source, sous un palmier géant, Syra repose étendue. Des touffes de lauriers-roses embaument l'air immobile d'une voluptueuse tiédeur; des orangers aux fruits d'or inclinent vers le sol leurs rameaux pesants, tandis que des cactus difformes tordent leurs troncs

(1) Compte rendu, en vente au *Sillon*, page 76.
(2) Page 99.

noueux et présentent aux brûlures du soleil leurs épaisses feuilles grises. Plus loin, c'est le sable blanc de la plaine, couvert çà et là d'un rampant tapis d'herbe basse, et qui étend son éclatante nudité jusqu'à la ligne bleue des montagnes toute baignée d'une chaude et lumineuse vapeur. On distingue, très loin, se creusant au milieu des monts, un golfe harmonieux : la mer, bleu foncé, apparaît presque noire, parmi la teinte délicate et pâle de l'horizon. Aucun bruit dans l'air : à peine entend-on sourdre l'eau de la source, à peine une brume insensible, toute chargée du lourd parfum des lauriers, vient-elle caresser les larges feuilles du royal palmier. Syra, harmonieuse et belle, sereine comme la nature, resplendit de grâce et de force enfantines. Ses cheveux sont noirs, ses yeux ont une clarté étrange, un peu sauvages, mais très doux et confiants. Le soleil a doré son visage ; sa longue tunique rouge laisse voir la forme divine de son cou et deviner ses deux seins qui palpitent. A ses pieds, Ismaël, fils austère des larges solitudes, tenant d'une main un bâton de voyage et pressant de l'autre un riche poignard d'or, contemple la femme qui a soumis ses sens et son cœur, celle qui la première vainquit enfin sa fierté, et, tout haletant d'extase et d'amour, le traîna à ses pieds.

Syra dit à Ismaël, et c'était comme un chant qui emplissait l'air :

« Oh ! bien-aimé, viens plus près de moi, viens que je puisse reposer ma tête sur ta poitrine, que je puisse enlacer ton corps de mes bras souples de femme, que nous ne fassions plus qu'un et qu'à travers nos corps, nos âmes puissent se verser toute l'une dans l'autre, ô Ismaël, ô mon époux ! »

Alors Ismaël se leva, puis s'étendit près de Syra, la serra frémissante sur sa forte poitrine et longtemps en silence il la couvrit de ses baisers brûlants, puis il mur-

murait tout bas : « Hélas ! pourquoi cette heure-là n'est-elle pas éternelle ! »

« Soyons heureux, dit Syra, tant que l'heure brève est à nous ; goûtons l'éternité dans nos plaisirs d'un jour. Oh ! sainte nature, suivons ta loi bénie ! laissons brûler nos cœurs à ta flamme divine ; soyons comme la fleur qui livre son parfum aux airs, comme la source qui laisse sa pureté au sable, comme le soleil d'or qui répand sa chaude lumière à travers l'espace infini.

« A toi seul, Ismaël, j'ai donné tout mon être : ton âme est assez grande pour que mon cœur puisse y rayonner toujours. Je t'aime, ô bien-aimé. Je m'endors dans tes bras, je m'abandonne. Je suis à toi. »

Et les yeux clos, souriante de joie et de confiance, elle s'endormit.

Ismaël la contempla longtemps, puis doucement il se débarrassa de l'étreinte de ses bras, la laissa reposer sur le sable, et, rêveur, s'assit à ses pieds.

Jamais, ni quand tout petit il courait sur les grèves, jouait avec le flot qui venait et s'enivrait de l'air marin, ni quand il conduisait les longs troupeaux et regardait le soleil se coucher sur les montagnes bleues, ni quand il avait tué des bêtes sauvages au milieu du désert, ni quand il avait vaincu des guerriers puissants et reçu du vieux chef, admirant sa bravoure, un baiser glorieux, jamais Ismaël n'avait senti dans son cœur rien de semblable à ce qui le gonflait aujourd'hui d'extase et de volupté.

Quand il regardait Syra étendue, Syra, plus belle pour lui que les montagnes et que l'azur du ciel, Syra, sa femme, il s'abandonnait à un trouble étrange et des larmes infiniment douces venaient mouiller ses paupières de guerrier.

Cependant, quand il eut ainsi rêvé pendant longtemps, son bonheur était devenu très grave, et je ne sais quoi de triste commençait à s'élever tout au fond de son âme, comme ces vapeurs qui sortent des vallées quand le soleil vient à briller, après la rosée de la nuit.

« Pourquoi donc être heureux, pensait-il vaguement, si le bonheur est chose fragile et doit s'enfuir comme une illusion dans une barque rapide, nous laissant sur la rive ? Comment jouir d'un bonheur alors qu'on a senti qu'il est fait pour disparaître dès qu'on l'a pressé dans ses bras ? Quelle vanité que cette extase brève d'où nous nous réveillerons peut-être nus et affamés sur la terre aride !... Mais non, réprimons ce mauvais instinct de douleurs et d'angoisses. Syra dort près de moi. Syra m'aimera toujours. Mon seul bonheur est de l'aimer. Je serai donc heureux toujours, si je l'aime toujours. »

Ismaël réfléchit profondément : il comprit que cette passion qu'il avait pour Syra c'était là le bonheur et il crut qu'il pouvait dès lors le croire éternel.

Cependant, un doute affreux, qui lui parut d'abord, stupide et odieux, se présenta tout à coup devant lui. S'il allait un jour cesser d'aimer s'il allait pouvoir contempler Syra sans ce même frémissement de tout son être, s'il allait la baiser sans cette même extase !...Non, certes, il l'aimerait toujours ; mais le feu de sa passion irait sans doute s'éteignant avec l'âge ; ce ne serait plus un midi brûlant dans son cœur, mais un pâle soleil couchant.

Hélas ! tout ici-bas n'est que vanité parce que rien ne demeure, et l'homme pourrait-il ne pas se haïr, alors qu'il change sans cesse et rêve l'éternité pour ses désirs d'un jour ?

Ismaël, regardant d'un air étrange l'horizon du désert, commençait à voix basse sa lamentation désolée.

« Des choses d'ici-bas, l'homme est fou de rien aimer : les plus belles surtout sont bien dignes de haine, parce que, chimères trompeuses, elles font mieux oublier le vieux néant du monde qui nous tient captifs et enchaînés.

« Je n'aime plus la blancheur des lis parce que j'ai réfléchi qu'elle pouvait se ternir.

« Source de l'oasis, je n'aime plus ta fraîcheur, parce qu'un jour tu peux disparaître sous le sable brûlant du désert.

« Fruits délicieux, c'est le même soleil, qui vous a fait mûrir, qui va bientôt vous dessécher.

« Je hais le bonheur, parce que le malheur existe ; la force des jeunes guerriers, parce que la vieillesse est là qui attend pour raidir le corps souple et pour creuser la tombe. Je hais le rire impie, parce qu'il y a des larmes qui coulent ; la sagesse profonde qui s'élève orgueilleuse, alors que les hommes sont fous ; et je hais la vertu parce que le mal existe. »

Et Ismaël continuait toujours sa sombre rêverie désabusée, jetant à toute joie, à tout rayonnement, son implacable malédiction.

« Amour, je te hais... » Mais il s'arrêta tout à coup, effrayé : ses yeux venaient de se poser sur Syra endormie, belle dans sa triomphante insouciance. Il sentit comme un sanglot brûlant l'étouffer à la gorge, et il reprit timidement avec un frisson de tout le corps : « Amour, je te bénis... Syra, ma bien-aimée, tu seras toujours belle, tu reposeras toujours sous le palmier dans l'oasis du désert et moi je serai toujours à genoux près de toi, ton amant en extase. »

Puis, les yeux levés au ciel, immobile, et sans trembler cette fois, il ajouta : « Éternité, mystère profond qui te cache dans l'inconnu, je veux te faire descendre de ton ciel inaccessible, pour revêtir notre amour de ton immensité. »

Et Ismaël s'étendit de nouveau près de Syra qui dormait toujours. Il contempla ses longs cils noirs, il caressa ses cheveux souples, respira son souffle, et se souvint des dernières paroles de Syra : « Je m'abandonne : je suis à toi. » C'était bien cette heure-là qu'il voulait fixer pour toujours, cette Syra endormie, souriante, qu'il fallait immobiliser à jamais dans son souvenir d'amant. Laisser Syra vieillir et souffrir comme les autres femmes, quelle folie! Lui donner des fils qu'elle enfanterait dans la douleur, élèverait dans les larmes et qui grandiraient ensuite, victimes des mêmes illusions et de ce même instinct stupide qui porte l'homme à vivre, quelle odieuse cruauté!

Non, peu lui importe le reste, pourvu qu'il sauve son amour menacé. Qu'est-ce que la vie? une illusion méchante et qui trompe sans cesse. Seul le souvenir est sûr et fidèle.

Certes, l'amour de Syra vaut mieux que sa vie même. Il l'aime trop pour ne pas souffrir de la voir esclave du temps et de l'espace. Il la rêve immortelle comme une déesse, toujours souple et souriante dans sa longue robe rouge. C'est une déité, ce n'est pas une femme qu'il faut pour amante à l'austère guerrier, au pâtre épris de rêve et de chaste solitude.

Et le délire profond de l'infini est descendu dans le cœur d'Ismaël. Son amour, sa douleur évoquent devant lui mille visions étranges. Syra va se réveiller; il ne la reconnaîtra plus. Son cœur sera tout à coup vide d'amour, il n'aura plus à sa suite qu'une femme de chair, esclave sans prix et sans beauté. On va lui arracher jusqu'au souvenir de Syra... Non, non, il veut garder immortel cet amour en son cœur. Il n'a pas peur des plus folles hardiesses, car l'amour est fort comme la mort...

Tout à coup, Ismaël aperçoit le poignard d'or qui resplendit à son côté. Sans hésiter, il le saisit et le baise religieusement, comme une relique; puis il s'agenouille auprès de Syra et murmure à voix basse, ainsi qu'un prêtre saint qui fait une prière:

« Syra, Syra, c'est le moment sacré: n'aie pas peur, ô ma Syra, tu vas devenir immortelle dans mon cœur; tu n'étais que femme et je te fais déesse. Syra, je t'adore pour toujours. »

Alors, il recule légèrement la tête et, sans trembler, frappe deux grands coups de son poignard d'or dans le sein de la femme endormie.

... Syra tressaillit, fit un inutile effort pour se relever, déchira sa tunique et l'on vit le sang ruisseler à flots sur la poitrine nue. Farouche, elle regardait; quand elle vit, encore à genoux près d'elle, Ismaël tenant le poignard taché de son sang, elle poussa un cri de désespoir suprême qui retentit sinistre à travers l'immensité morne du désert, puis elle se tordit les bras; le sang qui sortait de sa bouche étouffait un sanglot. Enfin, elle tomba tout à coup muette, inanimée, étendue tout de son long sur le sable, la tête cachée dans ses deux mains crispées.

Plein de stupeur et d'épouvante, Ismaël criait : « Syra, Syra, tu ne m'aimes donc plus. C'est moi ton époux. Tu ne m'appelles plus comme autrefois pour partager ta couche. Ah ! réponds-moi : montre-moi ton visage, je veux voir sur tes lèvres ton immortel sourire de déesse. »

Brusquement, il écarta les deux bras de Syra. Il recula devant ces yeux sinistres, devant cette bouche toute pleine de sang, contractée par un rire effrayant, « Te voilà donc, ô bien-aimée, criait Ismaël éperdu, telle que t'a faite mon amour ! » Et il baignait ses mains dans le sang et en frottait son front, ses lèvres, sa poitrine, et il essayait de boire le sang qui sortait encore des larges blessures. Puis, tout à coup plein de dégoût, fuyant le regard fixe de Syra morte, il détourna la tête : « Au moins ne me reproche rien, gémissait-il, suppliant, car je t'ai bien aimée. »

Le soleil allait se coucher derrière les montagnes bleues. Il paraissait un disque énorme rouge foncé, perdu très loin dans le ciel pur que la brume avait étrangement dilaté.

« Le sang de Syra ! criait Ismaël. Le ciel lui-même en est taché. Le sang de Syra ruisselle partout ! O bien-aimée, c'est donc moi qui t'ai tuée ! »

Brusquement, il se retourna vers la morte : son regard toujours fixe ne semblait pas pardonner. Ismaël sentit alors au plus profond de son être un dégoût immense de toutes choses et un infini besoin de mourir. Il regarda encore la femme morte, aussi longtemps qu'il put ; puis, rassasié d'angoisse, ivre de désespoir, il se frappa de son poignard et tomba mort sur le cadavre qu'il serra dans une suprême convulsion de ses deux bras robustes, raidis maintenant pour toujours.

Le disque rouge du soleil disparut bientôt derrière les montagnes à l'horizon.

La nuit vint tout à coup avec son lumineux cortège d'étoiles d'or ; l'ombre recouvrit de son chaste manteau l'horreur des deux cadavres saignants ; à peine le murmure de la source accompagnait-il le silence apaisé du désert. La grande nature indifférente continuait à vivre de sa vie inconsciente et forte, sans même paraître se soucier de reprocher son audace à ce mortel insensé qui avait osé réclamer l'immortalité pour nos amours d'un jour.

Beaucoup de livres justement réputés mauvais le sont moins que celui de Marc Sangnier.

Parmi les sept nouvelles qui le composent, il y en a d'autres, telle que *le Fiancé de la mer*, tout aussi immorales.

Comment immorales ! Marc Sangnier n'en a-t-il pas marqué la haute portée dans ces lignes finales de son introduction ?

Qu'il est doux, réconfortant et sûr de découvrir ainsi dans notre vie, toujours étroite, lassante et cruelle par quelque côté, ce qui dépasse et déborde notre vie même, ce que Dieu y a déposé d'immortel et de divin, comme pour nous donner le goût de pousser plus loin et d'aller jusqu'à lui ! Qu'il est utile de faire éclater le néant du cœur où Dieu n'habite pas et qui, pour peu qu'il s'élance en avant, rencontre partout *ce qui est au-dessus des forces humaines !*

Puissent ces confidences faire sentir à plusieurs, mieux que le récit d'actions extérieures, quel est le sens de cette vie que nous sommes nombreux en France à vouloir vivre pour la Démocratie future (1) !

La morale est sans doute qu'il faut se faire inscrire au *Sillon*, pour éviter le sort du *Fiancé de la mer* ou celui d'Ismaël, le bourreau de sa bien-aimée.

Malheureuse jeunesse, pleine de nobles aspirations et de généreuses ardeurs, que trop de dirigeants, mêlant les illusions politiques aux vues surnaturelles qui, seules, devraient les inspirer, ont poussée dans les bras d'un tel faux prophète !

(1) P. 16.

TABLE DES MATIÈRES

—

Poitiers. — Imp. Blais et Roy, 7, rue Victor-Hugo.